GALERIE

DE

MÉTAPHYSICIENS

CONTEMPORAINS

PAR

l'Abbé L. BOSSU

PROFESSEUR DE PHILOSOPHIE GÉNÉRALE ET D'HISTOIRE
DE LA PHILOSOPHIE
A L'UNIVERSITÉ CATHOLIQUE DE LOUVAIN

PREMIÈRE SÉRIE.

I. Le Docteur L. Büchner.

II. E. Vacherot. — III. F. Ravaisson.

LOUVAIN

TYPOGRAPHIE DE CH. PEETERS

—

1872

moins d'aliéner leur autonomie au pr... nité
allemande.

La Russie quoiqu'achevant la destruction du roy-
aume de Pologne renonce provisoirement à sa politique en Europe pour étendre ses frontières en Asie.

Pendant ce temps la France et l'Angleterre recol-
tent les fruits de leur politique en voyant se former
autour d'elles de grandes agglomérations; qui se
transforment en des camps immenses où sont réunis
et perfectionnés tous les moyens appelés à les écraser. Cette politique Anglo-Française, acceptée par
calcul et par crainte, sous prétexte de ne pas entraver les aspirations nationales, se fit une gloire de
consacrer le système de non intervention.

La Russie, dont la poli...
du testament de Pierre le...
avec la Prusse la nation q...
ment sa prépondérance en...
époque elle n'a trouvé une...
pour réaliser ses projets q...
ensuite sa domination jusq...
Dieu pour arrêter la marche...
il est facile de voir qu'elle c...
sion qui se présente à elle...
active à la politique Europ...
de la neutralité de la mer...
difficile q...
preuve su

GALERIE

DE

MÉTAPHYSICIENS

CONTEMPORAINS

PAR

l'Abbé L. BOSSU

PROFESSEUR DE PHILOSOPHIE GÉNÉRALE ET D'HISTOIRE
DE LA PHILOSOPHIE
A L'UNIVERSITÉ CATHOLIQUE DE LOUVAIN

PREMIÈRE SÉRIE.

I. Le Docteur L. Büchner.

II. E. Vacherot. — III. F. Ravaisson.

LOUVAIN

TYPOGRAPHIE DE CH. PEETERS

—

1872

APPROBATIO.

Opus quod inscribitur, *Galerie de métaphysiciens contemporains*, par l'abbé L. Bossu, ex auctoritate Illustrissimi ac Reverendissimi Archiepiscopi Mechliniensis et legum academicarum praescripto recognitum, quum fidei aut bonis moribus contrarium nihil continere visum fuerit, imprimi potest.

Datum Lovanii die 10 aprilis 1872.

J. Namèche,
Rector Universitatis.

PRÉFACE.

Il faut quelque courage pour publier aujour-
d'hui des livres de philosophie. On ne peut
songer à les offrir à la foule; et quant aux
savants, la plupart d'entre eux ont résolument
organisé autour de la métaphysique la conspi-
ration du silence. Il n'est ni facile ni agréable
de leur faire comprendre que leur étroit positivisme, loin de servir la cause du progrès, con-
tribue puissamment à niveler l'humanité et à
l'abaisser. C'est aux plus illustres d'entre eux
qu'il faudrait le dire : déserter les hauteurs
sereines où tous les princes de la pensée, depuis
Platon, se sont complus, c'est, de la part de la
dernière royauté qui nous reste, celle du génie,

une véritable abdication. Quand toutes les intelligences sont descendues dans la plaine, défrichant côte à côte le champ de la science, on compte les voix; et alors, sur des questions tellement profondes et tellement graves qu'elles jettent dans le trouble les plus puissants esprits, on entend l'arrêt du nombre au lieu de celui du penseur.

Les conséquences n'en sont pas petites.

C'est ainsi, par exemple, qu'une nation privilégiée perd le bénéfice des grands hommes qu'elle produit, et le goût des nobles choses, et le droit de régner, et sa place dans le monde.

C'est bien le moment de se plaindre ensuite d'avoir été vaincu par le nombre et par une politique de second ordre! Quand ce serait incontestable, n'avait-on pas accepté d'avance, en thèse générale, le triomphe de la médiocrité?

L'histoire contemporaine (civile, militaire, politique, sociale) me fournirait aisément vingt autres faits aussi frappants. Je préfère n'en rien dire, de peur que ce petit volume ne paraisse trop faible pour une si forte préface.

Louvain le 15 avril 1872.

LE DOCTEUR BUCHNER.

Personne n'ignore que le matérialisme nous envahit. De France, d'Allemagne surtout, il nous arrive une quantité d'ouvrages peu volumineux, accessibles à toutes les bourses comme à toutes les intelligences et qui, sous prétexte de répandre dans le peuple les découvertes les plus utiles des sciences naturelles, prêchent cette abjecte doctrine avec un zèle que le succès et la vogue peuvent seuls expliquer. Devant ce brusque triomphe d'un adversaire tant de fois confondu, la philosophie, digne de ce nom, semble tombée dans un profond découragement. De toute part on crie aux métaphysiciens : « Mais voyez donc monter le flot du matérialisme ; personne ne vous écoute plus ; que font au monde vos savantes querelles sur les points les plus obscurs de la Psychologie ou de la Théodicée ; on nie l'âme, on ne croit

1

plus en Dieu ; prouvez-nous d'abord que nous avons une âme et qu'il existe un Dieu. »

Que de fois j'ai entendu ce langage, et que de fois il m'a impatienté ! Réfuter le matérialisme, montrer que la métaphysique n'est pas un rêve ! Mais sur quoi se fonde-t-on pour exiger des philosophes une pareille abnégation ? Et où voit-on, je vous prie, que les physiciens ou les chimistes se donnent la peine de refaire sans cesse toute leur science, afin de la présenter sous une forme nouvelle, plus attrayante, à ceux qui n'en veulent pas ?

Les chimistes et les physiciens discutent entre eux et il font bien ; il y a plaisir et profit à s'entretenir de ce qu'on sait. Les philosophes aiment aussi à parler et à écrire pour des philosophes. Que si par hasard ils entendent quelque voix étrangère crier du dehors : « il n'y a point de philosophie, » cela les trouble médiocrement. N'en déplaise à nos modernes matérialistes, la métaphysique, pour les esprits qui l'étudient, est une science aussi certaine, aussi bienfaisante que toutes les autres. Que ceux qui en doutent en fassent l'expérience : qu'ils se donnent quelque peine ; qu'ils lisent d'abord quelques traités élémentaires, ils abondent ; puis, qu'ils s'efforcent d'entendre les maîtres. Ils comprendront alors ce mot de Balmès : « En pénétrant dans les profondeurs où ces » questions nous conduisent, l'entendement se trou- » ble, le cœur se sent oppressé d'une sorte de » terreur religieuse. Tout à l'heure nous contem-

» plions avec admiration l'édifice des connaissances
» humaines; notre orgueil se plaisait à mesurer ses
» dimensions colossales, ses formes élégantes, sa
» construction gracieuse et hardie. Nous voilà dans
» les entrailles du monument ; on nous conduit par
» des souterrains plein de ténèbres, et là, comme
» sous l'influence d'un rêve, il nous semble que les
» fondements s'atténuent, se vaporisent, et que
» l'édifice tout entier reste flottant dans les airs (1).»
Mais non, on prétend être philosophe sans même
avoir lu une page de logique. Est-on devenu à demi
physicien, chimiste, physiologiste, on se croit métaphysicien par le fait même et comme par dessus le
marché. De là ce déluge de petits volumes, où à la suite
d'un nombre d'observations naturelles très curieuses,
je le veux bien, très intéressantes, surgit tout-à-coup
une soi-disant conclusion, soi-disant philosophique,
tirée on ne sait d'où, d'après les lois de je ne sais
quelle logique et qui rappelle, qu'on me pardonne
cette comparaison, le bavardage d'un commis-voya-
geur sur les plus hautes questions de religion.

Comment trouver étonnant après cela que, dans la
lutte qu'ils engagent, les matérialistes soient cent
contre un? Tous les jours les sciences naturelles
font quelque nouvelle découverte et il se trouve toujours un médecin, un chimiste, un physiologiste
quelconque pour tirer de là une nouvelle preuve

(1) *Philosophie fondamentale*. t. I, ch. I.

que Dieu et l'âme sont désormais impossibles, qu'il n'y a plus de place pour eux dans l'univers. Cette preuve examinée de près, ou même de loin, se trouvera bien être, au fond, l'une de celles que Lucrèce mit en vers, il y a tantôt deux mille ans; mais elle a l'air d'être neuve, car elle se présente en compagnie d'une nouveauté. C'est de bonne foi peut-être que notre physicien l'expose, il y met de l'entrain; la foule, comme toujours, trouve l'argumentation sérieuse, décisive. Et pourquoi pas? C'est un savant qui parle. La foule se doute-t-elle qu'un chimiste peut ignorer, comme elle, la philosophie et rire de ce qu'il ne sait pas?

Mais c'est trop de préambules. Venons au fait et justifions par un exemple cette exécution sommaire de la bibliothèque matérialiste des vingt dernières années.

En 1863 parut à Bruxelles et à Paris celui de ces petits livres qui fit le plus de bruit. Il a pour titre : *Force et matière. Etudes philosophiques et empiriques de sciences naturelles mises à la portée de tout le monde, par Louis Büchner, docteur en médecine.*

La traduction, faite par un ami de l'auteur, (1) est d'un style parfaitement approprié aux idées; en la parcourant il est difficile de ne pas se dire devant certaines phrases laborieuses, grammaticalement im-

(1) On nous en a donné une autre depuis, mais on n'y a mis que des corrections purement littéraires, qui gâtent, à mon avis, l'un des agréments de cette lecture.

possible : « Vraiment, la forme vaut le fond. » De nos deux amis l'un s'est cru philosophe, l'autre a cru savoir le français.

« Le succès de l'ouvrage, nous dit ce dernier dans son *Avis*, prouve incontestablement son mérite ; car sept éditions en ont été épuisées dans le court intervalle de cinq ans, et il a été traduit en plusieurs langues étrangères. »

Nous verrons cela ; mais auparavant je tiens à faire une remarque. Quelques-uns de mes lecteurs me reprocheront peut-être ma manière un peu leste de ramasser le gant du matérialisme contemporain. Il est, je le sais, des critiques qui savent « traiter magnifiquement » tous leurs adversaires quels qu'ils soient. Monsieur Janet, par exemple, s'exprime ainsi dans la préface d'un ouvrage fort bien fait, mais trop court malheureusement. « Le livre de M. Büchner est » loin d'être méprisable. Il a très habilement groupé » et employé les théories récentes des sciences phy- » siques et naturelles, de manière à leur faire signi- « fier ce qu'elles ne contiennent certainement pas, la » démonstration de l'athéisme (1). » Franchement, je croirais mentir en écrivant que ce livre est habile. Ce n'est que par suite du malheur des temps, qu'on peut le mettre au seuil d'une *Galerie de Métaphysiciens*. Les connaisseurs en seront juges. Je vais l'analyser consciencieusement, chapitre par chapitre. C'est surtout à titre de curiosité que je l'offre au pu-

(1) *Le matérialisme contemporain*. Paris 1864.

blic; je me ferais scrupule de ne pas le citer souvent et textuellement. Il y a vingt-un chapitres, c'est beaucoup; mais quelques-uns ne demandront qu'un mot de réfutation ; encore pourrait-on le leur refuser sans injustice.

CHAPITRE I.

Force et matière.

« La force n'est pas un être séparé de la substance
» matérielle des choses... La matière n'est pas un
» coche auquel en guise de chevaux on mettrait et
» ôterait des forces. Une particule de fer est et reste
» en effet la même chose; qu'elle parcoure l'univers
» dans l'aérolythe, qu'elle roule comme le tonnerre
» sur la voie ferrée, dans la roue d'une locomotive
» ou qu'elle circule dans le globule sanguin par les
» tempes d'un poète. » Et plus loin : « La force est
» une simple propriété de la matière. » — « Point
» de force sans matière, point de matière sans
» force. »

L'auteur se doute-t-il des difficultés énormes que la raison rencontre lorsqu'elle veut pénétrer jusqu'à l'essence de la matière? Je ne le pense pas; je suis persuadé qu'il n'y a jamais réfléchi sérieusement; tout son livre en fait foi. N'est-il pas évident cependant qu'il fallait commencer par une bonne définition de la matière, un traité du matérialisme? Mais non,

le premier chapitre eut alors été trop préjudiciable
aux suivants ; le livre eut cessé d'être populaire, et,
le matérialisme le sait bien, il n'y a de succès possible pour lui que les succès populaires. D'ailleurs
il faudrait pour cela étudier les philosophes et, de
parti pris, on veut les laisser dormir en paix. « Les
» temps sont passés et ne reviennent plus où le ver-
» biage savant, le charlatanisme philosophique ou
» le batelage intellectuel... étaient en vogue (1). » —
    « La nature et l'expérience, voilà le mot d'ordre
» du temps.... Nous écarterons tout le verbiage phi-
» losophique par lequel brille la philosophie théoré-
» tique, notamment la philosophie allemande qui
» inspire un juste dégoût aux hommes lettrés et non
» lettrés (2). »
Contentons-nous donc de cette affirmation vague :
La matière a en elle-même des forces, elle peut produire certains effets, elle agit et travaille spontanément ; ou plutôt pour ne rien affirmer de trop, (car
nous verrons que l'auteur n'est pas bien certain que
la force soit quelque chose.) traduisons sa pensée le
plus exactement possible en disant : l'étendue et la
mobilité passive ne constituent pas toute la matière. C'est une définition purement négative. Ce
n'est pas un soleil capable d'éclairer toute la discussion, c'est à peine une nébuleuse ; mais enfin, si elle
ne dit pas grand chose, ce qu'elle dit est vrai, je

(1) Préface, p. x.
(2) Ibid. p. ix. Avouons qu'Hegel et ses partisans ont bien
mérité d'entendre ces boutades d'une aménité tout allemande.

pense, et je suis heureux d'être dès le début d'accord avec l'auteur.

Le monde de Descartes, le monde des géomètres, cette énorme machine dont toutes les pièces, simples portions d'espace, ne font que diversifier et transformer sans en jamais perdre une parcelle, la quantité de mouvement qu'elle a reçue, une fois pour toutes, à l'origine des choses ; cette vaste conception d'un génie trop mathématique n'est à mon avis qu'un monde imaginaire. Descartes a tort, c'est M. Büchner qui a raison. Mais qu'il y a loin cependant, pour qui sait un peu la logique, qu'il y a loin de M. Büchner à l'immortel auteur des *Principes !* Sur quelle vérité se basait Descartes pour nier l'existence des forces matérielles ? Sur l'impossibilité où nous sommes, non pas de les *concevoir* comme causes de mouvement, mais de les apercevoir par nos sens *et de constater* expérimentalement *leur existence.* Nous ne pouvons connaître, disait-il en substance, que les modifications des corps, et elles sont toutes réductibles à des mouvements ; le mouvement et ses lois doivent donc tout expliquer ; les forces sont des hypothèses dont on peut se passer et dont par conséquent la *physique rigoureuse* ne peut pas tenir compte (1). Ainsi raisonnait Descartes. M. Büchner

(1) .... Il n'y a rien qu'on puisse mettre au nombre des *phénomènes (de la nature)* sinon ce que nous pouvons apercevoir *par l'entremise des sens ;* mais excepté le mouvement, la grandeur, la figure et la situation des parties de chaque corps...,

dit au fond la même chose : « De tout temps,
» il n'y a rien qui ait pu nous découvrir l'existence
» d'une force, que les changements que nous
» observons dans la matière par le moyen de nos
» sens et ce sont ces changements, classés
» suivant leurs rapports entre eux sous des noms
» déterminés, que nous avons désignés par le
» nom de *forces*; toute autre voie pour les connaître
» est impossible.» A merveille. Mais on ne se douterait pas de la conclusion qui va sortir de là :
« Quelle est la conséquence générale et *philosophique*
» de cette notion aussi simple que naturelle? Que
» ceux qui parlent d'une force créatrice... ignorent
» le premier principe de l'étude de la nature... Une
» force dégagée de la matière... est une idée ab-
» surde.» Vous l'entendez : Il n'y a d'autre moyen de
constater les forces de la matière que les mouvements de la matière ; point de mouvement, point de
force saisissable ; donc la force n'est que le mouvement ; donc *il n'y a de vrai force nulle part, la force*
n'est qu'une abstraction, qu'il est absurde de vouloir
réaliser; il n'y a point de cause du monde en dehors
du monde. — Le lecteur jugera si cette conclusion est
philosophique. Passons au

nous n'apercevons rien hors de nous *par le moyen de nos sens* que
la lumière, les couleurs, les goûts, les odeurs, les sons et les
qualités de l'attouchement. Or... ces sortes de qualités ne sont
rien hors de notre pensée sinon les mouvements, les grandeurs
et les figures de quelques corps. » *Principes de la philosophie,*
4e partie, no 199.

CHAPITRE II.

IMMORTALITÉ DE LA MATIÈRE.

« Le fier César mort et changé en terre peut bou-
» cher une crevasse pour retenir le vent. Ah! que le
» mortel qui jadis a rempli le monde de terreur
» bouche à présent la crevasse d'un mur pour chas-
» ser les rigueurs de l'hiver!» — C'est par ces pro-
» fondes paroles que le grand Shakspeare annonçait,
» il y a plus de trois cents ans, une vérité qui, mal-
» gré sa clarté et sa simplicité, malgré son incon-
» testabilité, semble n'être pas encore généralement
» admise par les naturalistes mêmes de notre temps.
» La matière est immortelle, indestructible, nul
» atôme quelque petit qu'il soit ne peut se perdre
» dans l'univers, nul ne peut y être ajouté. »

Ce début promet; c'est du lyrisme, gare les solé-
cismes et les paralogismes! Quoi de plus banal cependant que cette immortalité de la matière?

« C'est à la chimie *des derniers lustres*, que nous
» devons ce grand résultat; elle nous a montré de
» la manière la plus évidente que la métamorphose
» continuelle des êtres... la naissance et la mort
» des... formations organiques et inorganiques... ne
» sont que la métamorphose continuelle et non in-
» terrompue des mêmes matières primitives.»

Mettons d'abord tout cela en français. Monsieur le
professeur Docq, dans un mémoire couronné par la

Société batave de philosophie expérimentale de Rotterdam, s'exprime ainsi : « Dans le monde physique actuel rien ne sort du néant, rien n'y rentre. » Ce principe, il l'applique d'abord aux impondérables, chaleur, lumière, électricité, magnétisme, puis il ajoute : « Il s'impose davantage encore quand on re-
» marque qu'il régit universellement la matière pon-
» dérable. Que le chimiste tourmente à l'infini les
» corps; ils changent d'état, ils se décomposent, ils
» deviennent invisibles et impalpables ; mais s'il
» veut les ramener à leur premier état, pas un atome
» ne manque à l'appel. Que la vie elle-même, com ·
» muniquée à la matière inerte la pare de ses innom-
» brables formes, la fasse végéter ou frétiller,
» l'abandonne ensuite à la mort pour la reprendre
» et la laisser encore ; et les éléments après avoir
» parcouru cet immense cercle, reviennent à leur
» point de départ tels qu'ils l'ont quitté : sans être
» multipliés ni amoindris, ni altérés (1). » Voilà qui est philosophique et souverainement raisonnable.

(1) A. J. Docq, *Examen des théories relatives à la nature des agents physiques*, chap. II, § 2, p. 70. Rotterdam 1865. Cet ouvrage est extrêmement précieux pour ceux qui sans être comme l'auteur parfaitement au courant des progrès continus de la physique, désireraient cependant savoir jusqu'où s'est avancé cette science dans ces derniers temps. Elle invoque aujourd'hui, parfois à titre d'axiome, des principes extrêmement vastes et féconds. L'auteur les discute et les juge. C'est vraiment la philosophie de la physique moderne. M. le professeur Gilbert a rendu compte de ce beau travail dans un numéro de la *Revue catholique* (Tom. XXIII, p. 647. Louvain 1865).

Il se peut que la « chimie des derniers lustres »
à l'aide de « ses balances et de ses retortes » ait pu
seule vérifier par une foule d'expériences très-déli-
cates cette grande loi de l'univers ; mais quant aux
philosophes ils l'ont presque universellement admise
dans tous les temps. J'en pourrais citer une foule
de témoignages. L'Orient, la Grèce antique, le
moyen âge l'ont formulée de mille façons ; et depuis
Descartes pas un philosophe n'en a douté. L'auteur
le sait bien ; du moins il en sait quelque chose, car
après avoir rapporté quelques mots de Sébastien
Franck (1528), de Bernard Gelesius (1508) et de
Bruno (1600) sur l'immortalité de la matière, il
ajoute : « Mais dans un temps encore plus éloigné
» du nôtre ou n'ignorait pas l'essence d'une vérité
» qui semble destinée à devenir la pierre angulaire
» de toute philosophie exacte. Empédocle, philo-
» sophe grec (450 ans avant J.-C.), dit : « Ceux qui
» s'imaginent qu'il naît quelque chose qui n'ait pas
» encore existé auparavant, ou que quelque chose
» meurt ou périt entièrement, sont des enfants ou des
» gens d'un esprit rétréci. »

Pourquoi ne pas citer la première page du plus
ancien de tous les livres ?

» Et ait : *Germinet terra* herbam virentem et facien-
» tem semen et lignum pomiferum faciens fructum.»
Gen. cap. I, v. 11. Et au verset 24 ; « *Producat*
» *terra* animam viventem in genere suo jumenta et
» reptilia et bestias terrae secundum species suas. »

» Et au chapitre suivant, verset 7 : « Formavit
» igitur Dominus Deus hominem de *limo terrae* et
» inspiravit in faciem ejus spiraculum vitae. » Ibid
» v. 19 : « Formatis igitur, *de humo* cunctis animan-
» tibus terrae et universis volatilibus coeli.... »
Comment affirmer plus ouvertement que le corps
de tout être animé est tiré du sol, du monde minéral
des éléments préexistants. — Mais ce que personne
n'avait vu jusqu'ici, ni dans la matière première
dont parlent les philosophes, ni dans cette page, la
plus lue et la plus méditée de toutes celles qui furent
jamais écrites, Monsieur Büchner l'a enfin trouvé.
Voici, quelle conclusion il tire de ses citations et des
pésées rigoureuses « des derniers lustres » :
« Jamais *en aucune matière* un atome ne peut être
» créé de nouveau ou cesser d'exister, il ne peut que
» changer de combinaison... Notre esprit ne pour-
» rait pas même en pensée ni ôter ni ajouter le
» moindre atome, sans concéder en même temps que
» le monde rentrât dans le cahos ; les lois de la
» gravitation en seraient altérées, l'équilibre néces-
» saire et invariable de la nature en serait détruit....
» C'est donc pour cette cause que la matière est
» immortelle, et c'est aussi pour la même raison que
» nous avons prouvé dans le chapitre précédent
» *l'impossibilité d'un monde créé. Comment est-il*
» *possible de créer ce qui ne peut pas être anéanti?*
» *La matière a été éternelle, est et sera éternelle.* »
Il y a dans ces lignes autant d'hérésies philoso-

phiques que de mots. Il suffit d'en relever deux :

L'expérience atteste que jamais un atome de matière ne s'anéantit — donc tout atome de matière existe de soi, nécessairement, éternellement !

La conclusion est trop manifestement fausse pour que je m'y arrête. Comme si Dieu ne pouvait produire que des ouvrages de tout point éphémères ! Comme s'il n'était pas digne de sa puissance et de sa sagesse infinies que ce monde matériel, sans cesse en travail pour réaliser quelque image imparfaite des perfections du Créateur, nous présentât aussi, par un de ses aspects, l'image de son éternelle immutabilité !

Mais le fort de l'argumentation n'est pas là. C'est principalement sur la nécessité mathématique des lois naturelles que M. Büchner s'appuie. Son raisonnement pourrait se formuler ainsi : Dans l'univers matériel tout est réglé, atome par atome, au moyen de lois mathématiques, inflexibles, immuables. Donc si un seul atome périssait, cet anéantissement causerait nécessairement chez ses voisins une perturbation qui, se communiquant de proche en proche, changerait l'équilibre et les lois de l'univers entier. Donc :

1° Le monde retomberait dans le cahos.

2° Les lois mathématiques qui sont l'expression la plus rigoureuse de la nécessité seraient renversées.

— Donc enfin il faut admettre que le monde est immuable, indépendant, incréé, éternel.

Quant à la première conclusion, la moins absurde des trois, elle est singulièrement exagérée ; s'il ne s'agit que d'un seul atome, je suis persuadé que M. Büchner ne s'apercevrait pas plus que moi de son anéantissement, dût-il vérifier le fait « à la retorte. »

Mais supposons qu'une notable partie de l'univers s'anéantisse ; le monde retombera dans le cahos... Eh bien, qu'y a-t-il là d'absurde ou d'absolument impossible ?

Toutes les théories cosmologiques ne recourent-elles pas au cahos primitif ? M. Büchner, comme nous le verrons, se contente d'un cahos déjà considérablement dégrossi. « Il fut un temps, dit-il (1), où notre terre semblable à un globe de feu,...» etc. C'est tout récent cela ; c'est presque de l'histoire moderne ; il fallait bien parler de cahos pour s'arrêter, en remontant le cours des âges, à l'époque où l'on pouvait déjà distinguer dans l'espace la terre et la lune ! Nos grands mathématiciens connaissent un cahos dont celui-ci ne peut donner une idée. Laplace parle, on le sait, du temps où notre système solaire n'aurait été qu'une nébuleuse ; et il ajoute : «Si l'on » conçoit par analogie toutes les étoiles formées de » cette manière, on peut imaginer leur état antérieur » de nébulosité, précédé lui-même par d'autres états, » dans lesquels la matière nébuleuse était de plus en » plus diffuse, le noyau étant de moins en moins

(1) Chapitre X, génération primitive.

» lumineux. On arrive ainsi en remontant aussi loin
» qu'il est possible à une *nébulosité tellement diffuse*
» *que l'on pourrait à peine en soupçonner l'exis-*
» *tence* (1).» Descartes a été plus loin encore, (c'était
donc possible). Il a annoncé qu'il se passerait de tout
noyau... mais cela nons mènerait trop loin. Que
M. Büchner se tranquillise donc ; dût notre monde,
par suite d'un anéantissement partiel considérable,
se résoudre en poussière imperceptible, les lois
mathématiques du mouvement y mettraient bon ordre
et le reconstruiraient, plus petit peut-être mais encore admirable, et qui plus est, exécuté sur le même
plan (2).

Mais vous oubliez que c'est précisément sur le
caractère mathématique immuable, nécessaire, éternel de ces lois que je me fonde pour affirmer l'éternité et la nécessité du monde, dira l'auteur. — Ceci
n'a pas le sens commun, c'est en dessous de la cri-

(1) Laplace, *Exposition du système du monde*, note septième
et dernière.

(2) Il est bien entendu que je n'accepte que comme de pures
hypothèses ce que disent Descartes et Laplace de la formation
des mondes. Je me sers ici de leurs opinions contre un auteur
qui les admet et j'en tire contre lui un argument *ad hominem*,
sans me charger de les défendre. Remarquons cependant que
ces explications mécaniques ne dispensent nullement de croire
en Dieu. Car enfin d'où vient cette poussière, cette matière
cosmique ? et peut-on croire qu'elle se condense de toute éternité !... Ces hypothèses ingénieuses peuvent bien nous révéler
quelques causes secondes du monde, mais il est de toute évidence
qu'elles ne peuvent rien dire de sa première origine.

tique; c'est comme si je disais : M. Büchner et son livre sont *deux* êtres nécessaires, indestructibles, immortels, car il est mathématiquement nécessaire que toujours et de toute éternité un plus un égalent *deux* : « Comment est il possible de créer ce qui ne peut être anéanti? » — M. Büchner « a été éternel, est et sera éternel.» Ce serait du luxe en fait d'éternité.

CHAPITRE III.

IMMORTALITÉ DE LA FORCE.

« Quoique l'immortalité de la matière soit une » vérité établie *depuis plusieurs lustres*, il n'est pas » de même de l'immortalité de la force qui... malgré » sa simplicité et son évidence, *n'a attiré l'attention* » *des savants que de nos jours.* »

Il faut une audace superbe ou une ignorance complète de toute la philosophie moderne, (on peut choisir,) pour imprimer avec ce calme imperturbable une pareille énormité. Ainsi donc, d'après notre auteur, on aurait cru jusqu'à nos bienheureux lustres que la quantité de force varie dans la nature. Voyons cela. Tout d'abord précisons rapidement mais nettement les points principaux de la question. « La science qui traite de la force, du changement » et de la transformation de cette dernière s'appelle » physique. Elle nous fait connaître huit forces

» différentes : pesanteur, force mécanique, chaleur,
» lumière, électricité, magnétisme, affinité, cohésion.
» Ces forces sont immanentes aux substances... elles
» forment et constituent le monde. *A peu d'exception*
» elles peuvent se transformer réciproquement, de
» la manière pourtant que dans cette opération rien
» ne se perd et que la force nouvellement formée
» est équivalente à celle qui a été transformée.... »
Ne cherchons pas querelle à l'auteur pour l'expression « elles peuvent se transformer réciproquement »
qui pèche par trop de hardiesse scientifique, (je ne
relève pas les hardiesses grammaticales). A parler
rigoureusement, on ne peut démontrer que ces
forces se transforment les unes dans les autres,
puisque l'expérience ne montre que la succession de
l'une à l'autre et que l'auteur, de son propre aveu,
ignore comme tout le monde la nature intime de ces
huit agents qu'on appelle des forces ; il ignore même
ce que c'est que la force. Mais enfin supposons que
tout phénomène physique s'explique par la transformation d'une force en une autre ; par exemple,
lorsqu'un boulet de canon frappe la cible et y perd
son mouvement de masse, il s'échauffe et la cible
aussi ; admettons qu'il y ait dans ce cas non seulement chaleur causée par le mouvement (ce qui est
évident), mais transformation réelle du mouvement
de cette masse en une force toute différente, sem-
blerait-il, et qu'on appelle chaleur; supposons même,
ce que l'auteur n'a pas osé affirmer, ce que la

physique la plus avancée ne saurait prouver, que
ces huit forces peuvent toutes se transformer, ainsi
les unes dans les autres. Allons plus loin; admettons
que la science connaisse si bien ces huit forces et
qu'elle ait à son service des instruments si perfectionnés, qu'aucun des effets produits par ces forces
ne puisse échapper à l'observation directe ; et
qu'ainsi, un rayon lumineux quelconque étant donné,
ou un courant électrique, peu importe, elle puisse
immédiatement trouver par le calcul et vérifier par
l'expérience la quantité de magnétisme, de chaleur
ou de toute autre force qui en sortira. Croit-on que
la métaphysique dût être étonnée ou prise au
dépourvu par ces découvertes, non seulement irréa-
lisées, mais irréalisables ?

Point du tout. La physique et la chimie n'auraient
fait en cela que constater à leur façon ce que de
grands métaphysiciens, très-persuadés de l'existence
de Dieu, ont affirmé depuis longtemps. Descartes,
mort en 1650, n'était certes point matérialiste et
pourtant il croyait non-seulement à l'immortalité de
la matière, mais à l'immortalité de tout ce que notre
ignorance appelle force et en quoi il ne voulait voir
que du mouvement. Voyez donc, je vous prie, à
quelle distance le génie froidement et logiquement
avantureux de cet immortel philosophe laisse derrière
lui les sciences expérimentales qui tournent la tête
à tant de naturalistes modernes. Ils ont vu à demi,
nos modernes, que les forces physiques et chimiques,

à peu d'exceptions près, peuvent se substituer les unes aux autres ; ils savent même, et c'est le plus clair de leur découverte, ils savent évaluer la quantité fixe de travail que peut effectuer une quantité donnée de chaleur ; pour ce qui est des autres forces ils ne peuvent pas encore les mesurer ; mais ils montrent, par de nombreux exemples, que chacune d'elles, lorsqu'elle vient à disparaître, en produit une ou plusieurs autres. Voilà tout. Ils ne font donc qu'entrevoir par induction leur grand principe : Il y a toujours la même quantité de force dans l'univers. Et ce principe, ils ne peuvent l'exprimer s'ils ne veulent pas marcher à l'aventure et affirmer ce qu'ils ignorent, que de la manière suivante : « Les forces matérielles se conservent en un mouvement *actuel* ou *virtuel* sans augmentation ni diminution (1). » Ils sont bien forcés d'ajouter le mot *virtuel*, car il y a des exemples de mouvements qui s'arrêtent sans se décomposer en d'autres mouvements sensibles ; c'est le cas du pendule au terme d'une oscillation. Ces scrupules de la science moderne n'embarassent point Descartes : il prouve hardiment, que tout mouvement est immortel, qu'il ne peut que se transformer en d'autres mouvements et que ces transformations, *toujours produites par des chocs*, suffisent à expliquer toute la nature. Voilà la physique toute entière, et Descartes y comprenait même la vie

(1) A. J. Docq, op. cit. chap. II, § 3.

végétale et animale, voilà tout notre monde, sauf les âmes humaines, soumis au calcul inflexible d'une science mathématique. Ce puissant logicien, ce génie si indépendant, si libre de préjugés, n'a point vu le matérialisme au bout de cette théorie ; c'est donc qu'il n'en découle pas. Tant que nos sciences naturelles resteront en deça des idées hardies du père de la physique moderne, la vieille métaphysique vivra. Elle dira comme un noble empereur dont on avait frappé les statues : «Je ne me sens pas blessée.»

Qu'on le remarque bien, M. Büchner ne gagnerait rien à dire que Descartes, en refusant la force à la nature, devait alors nécessairement chercher hors d'elle la cause de ses mouvements et de son activité. Descartes a cru d'une part à l'existence d'un Dieu créateur et de l'autre à l'immortalité non-seulement de tout atome, mais de toute oscillation d'atome, de tout mouvement quelque infiniment petit qu'on le suppose : «Dieu, dit-il, est l'auteur du mouvement et il en conserve toujours la même quantité dans l'univers. (Principes de philosophie, 2e partie, n° 36). Cela nous suffit. Vous, monsieur, vous n'allez pas si loin en physique ; vous hésiteriez à soutenir que tout mouvement se conserve en un mouvement actuel ; l'observation en effet ne le saurait constater, elle prouve même presque le contraire, et vous ne croyez qu'aux faits. C'est à bon droit que vous feriez au prince des physiciens une leçon de prudence et de circonspection scientifique ; mais aussi quel chapitre il vous ferait sur la logique !

Au reste, Leibnitz qui valait Descartes et qui, pour la question qui nous occupe, est, je crois, la plus grande autorité de la science, admet, lui, les forces naturelles et leur immortalité. « Vous savez, écrit-il » à M. Foucher, que M. Descartes a cru qu'il se » conserve la même quantité de mouvement dans les » corps. On a montré qu'il s'est trompé en cela ; » mais j'ai fait voir qu'il est toujours vrai qu'il se » conserve *la même force mouvante* pour laquelle il » avait pris la quantité du mouvement. » Bien plus : « Il y a encore une autre loi de la nature que j'ai » découverte et démontrée et que Monsieur Descartes » ne savait pas : C'est qu'il se conserve non-seule- » ment la même quantité de la force mouvante, mais » encore *la même quantité de direction vers quelque* » *côté qu'on la prenne dans le monde* (1). » Et pourtant Leibnitz croyait en Dieu et c'est lui, dit-on, qui a inventé ce beau nom de Théodicée ; il s'est constitué l'avocat, le défenseur de Dieu !

Ce qui fait qu'on devient matérialiste en ce siècle, ce n'est pas l'étude des lois de la nature, c'est l'ignorance de tout le reste ; on n'est pas trop savant pour croire en Dieu, on ne l'est pas assez.

(1) Leibnitz, *Etablissement du nouveau système de la communication des substances.* Dans l'édition d'Erdman, (Berlin 1840), c'est le nº 38, p. 132.

CHAPITRE IV.

L'INFINI DE LA MATIÈRE.

Dans ce chapitre M. Büchner présente d'abord quelques considérations sur les grandes découvertes dues au perfectionnement du microscope et du télescope : « Si la matière est infinie dans le temps, » c'est-à-dire immortelle, (on voulait dire éternelle), » elle n'a non plus ni commencement ni fin dans » l'espace... *Quelle que soit l'étendue que nous appli-* » *quions à la matière du macrocosme et du microcosme,* » *nulle part nous n'en apercevons ni fin ni dernière* » *expression.* » La phrase soulignée est très-vraie ; mais que conclure de la ? Que la matière est indéfiniment étendue ? L'auteur n'hésite pas à l'affirmer ; mais vraisemblablement il a senti lui-même combien il est absurde de dire : on *constate* au miscroscope qu'il n'y a point d'élément premier indivisible — on *voit* au télescope que le monde s'étend à l'infini. Il s'est donc mis en quête de quelque raison plus spécieuse et il en a trouvé deux, l'une tirée des sciences positives, l'autre de considérations philosophiques. Voici la première : « Une simple observation nous » prouve que ces étoiles mêmes (celles dont la » lumière ne nous serait parvenue qu'après trente » millions d'années!) ne nous indiquent pas les » limites de l'espace peuplé de corps célestes : tous » les corps célestes suivent les lois de la gravitation

» réciproque. Sitôt qu'on trace des limites à ce
» corps, l'attraction trouve son point de gravitation
» imaginaire au centre de ce monde et le résultat
» de cette attraction serait la conglomération de
» toutes les matières en un seul globe.... Mais
» comme ce fait n'arrive pas et n'est pas arrivé,
» malgré la durée infinie de l'existence du monde,
» on ne peut admettre une telle attraction vers un
» centre, et cette attraction... ne peut être empêchée
» que par l'existence d'autres globes qui se trouvent
» au-delà des bornes du monde visible... et ainsi à
» l'infini. *Toute limite imaginaire rendrait par con-*
» *séquent le monde impossible.* »

Que ne peut faire écrire la passion des systèmes ?
Monsieur Büchner est docteur en médecine ; qui
l'empêche de travailler au progrès de la médecine ?
Mais non, c'est la Matière qui est devenue la dame
de ses pensées ; et le voilà lancé par monts et par
vaux dans toutes les directions de la science, argu-
mentant, concluant, bataillant, au risque de prendre
cent fois des moulins pour des hommes.

Le plus sérieusement du monde, et avec l'imperturbable assurance d'un Newton, d'un Laplace, d'un
Lagrange, il avance ici une opinion qui ferait hausser
les épaules à tous ceux qui s'occupent de mécanique
céleste. Qu'on se rappelle l'hypothèse de Laplace
dont j'ai parlé plus haut. J'aime à citer Laplace ; son
autorité est grande dans la science et puis personne
n'a jamais songé à l'accuser de préoccupations théo-

logiques. « Lorsque l'empereur Napoléon demandait
» au célèbre astronome Laplace pourquoi il ne parlait
» nulle part de Dieu dans son système de la méca-
» nique céleste, celui-ci répondit : Sire, je n'avais
» pas besoin de cette hypothèse. » Voilà ce que
raconte M. Büchner lui-même (1). Le fait du reste
est très connu. Or, quand il s'agit d'expliquer la
formation de notre système solaire, Laplace a-t-il
recours à un espace et à une matière infinis ? Aucu-
nement, il suppose seulement l'existence d'une sphère
fluide parfaitement isolée dans l'espace, et cette
sphère est bornée ; il suffit qu'elle s'étende *au delà
de la planète la plus éloigné du soleil.* « Quelle que
» soit, dit-il, sa nature, (la nature de la cause de
» notre système solaire,) puisqu'elle a produit ou
» dirigé les mouvements des planètes il faut qu'elle
» ait embrassé tous ces corps ; et vu la distance
» prodigieuse qui les sépare, elle ne peut avoir
» été qu'un fluide d'une immense étendue. Pour leur
» avoir donné dans le même sens, un mouvement
» presque circulaire autour du soleil, il faut que ce
» fluide ait environné cet astre comme une atmos-
» phère. La considération des mouvements plané-
» taires nous conduit donc à penser qu'en vertu
» d'une chaleur excessive l'atmosphère du soleil s'est
» primitivement étendue *au-delà des orbes de toutes
» les planètes* et qu'elle s'est resserrée successive-

(1) Chap. VIII. *Du ciel.*

» ment jusqu'à ses limites actuelles. » (1). Une page
» plus loin il dit : « L'atmosphère du soleil *ne peut*
» *pas s'étendre indéfiniment :* sa limite est le point
» où la force centrifuge due à son mouvement de
» rotation balance la force de la pesanteur. »

Ailleurs il dit expressément (2) : « L'attraction
» peu faire naître et entretenir *sans cesse* le mouvement
» dans *un système de corps* primitivement en repos ;
» *car il n'est pas vrai de dire avec plusieurs philosophes,*
» *qu'elle doit à la longue les réunir à leur centre commun*
» *de gravité.* » Il y a, parait-il, erreur à soutenir, que
l'attraction seule puisse mettre en circulation un
système de corps ; il faut y joindre une impulsion
primitivement imprimée aux astres dans le sens de
la tangente à la courbe qu'ils décrivent. Le reste de
la phrase citée est incontestable. N'y eût-il dans
l'univers que le soleil et la terre décrivant autour de
lui son ellipse dans le vide, le mouvement de notre
planète serait perpétuel, immortel, au dire de tous
ceux qui font autorité dans ces matières. Et que
deviendrait le grand principe de l'inertie des corps,
que deviendrait la mécanique si les astres qui
peuplent les cieux devaient un jour perdre tout mouvement par cela seul que leur nombre est limité ?

Que penser après celà de nos matérialistes
modernes ? Ce n'est pas seulement en philosophie

(1) Laplace, *Système du monde*, Note VII et dernière.
(2) *Système du monde*, livre V, chap. 5, à la fin.

qu'ils se trompent. Quelle inconcevable légèreté s'ils sont sincères ! Quel fanatisme et quelle odieuse duplicité si, dans le but de mieux tromper le lecteur, ils affectent d'appuyer leur système sur des sciences exactes, trop relevées et trop abstraites pour être répandues !

L'autre argument, le métaphysique, est drôle : « Si donc nous n'avons pu trouver de limite à la » matière dans les plus petites choses, nous sommes » encore moins à même d'en trouver dans les » grandes ; nous la déclarons infinie de l'un et de » l'autre côté, au macrocosme et au microcosme, » indépendante des limites de l'espace et du temps. » *Si les lois de la pensée constatent une divisibilité de* » *la matière à l'infini,* si d'ailleurs *il est impossible* » *d'après ces lois de se représenter le néant,* nous » voyons en cette donnée une concordance remar- » quable et satisfaisante des lois logiques avec les » résultats de nos investigations. Nous aurons plus » tard occasion de prouver et de démontrer aussi » en d'autres points l'identité des lois de la pensée » avec les lois mécaniques de la nature extérieure, » et comment celles-là ne sont que le produit de » ces dernières. »

Outre la thèse sensualiste sur l'origine des idées, thèse que nous discuterons en son temps, il y a ici une erreur que l'on ne peut réfuter sans recourir aux premiers éléments de la logique. Notre esprit, dirons-nous à l'auteur, est doué de la faculté

d'abstraire. Sans cesse il détache des objets réels quelque qualité, quelque rapport, etc. et se crée ainsi des notions dont l'extention grandit à mesure que leur compréhension diminue. Par exemple, en présence d'un objet matériel quelconque, je puis faire abstraction de toutes les qualités et de toutes les relations par lesquelles il se distingue des autres corps et m'en tenir à ce seul rapport en vertu duquel lui et tous les autres existent simultanément dans un certain ordre que j'appelle l'étendue ; ce rapport fixe, invariable, toujours identique est très simple, très extensible. Mais plus il est simple et uniforme, plus il devient évident que ce n'est qu'une abstraction. Vous dites vous-même : « Point de force sans ma-
» tière — point de matière sans force. L'une ne peut
» se concevoir sans l'autre ; conçues séparément
» toutes les deux ne sont plus que de *vides abstrac*
» *tions*.... Représentons-nous une matière primitive
» quelle qu'elle soit. Il faudrait toujours qu'il y eut
» un système d'attraction et de répulsions mutuelles
» entre ses moindres particules ; sans ce système
» elles s'annuleraient et se confondraient dans l'im-
» mensité de l'espace. Un être sans propriété est un
» non-sens que la raison rejette et que l'empirisme
» cherche en vain dans la nature. (1) » C'est très-
vrai ; l'étendue prise en soi, séparée de tout le reste, n'est donc qu'une abstraction ; ce n'est pas de la

(1) Chap. 1, *Force et matière*.

matière, puisque rien ne le distingue du vide qui est la négation de la matière.

Or, quelle est la nature de toute abstraction et notamment de tout rapport abstrait? C'est de s'étendre à l'infini. Et pourquoi à l'infini ? *Parce que la raison du rapport reste toujours la même.* C'est ainsi qu'après avoir ajouté l'unité et obtenu le nombre 2, je puis y joindre une nouvelle unité et puis une autre à l'infini ; c'est ainsi encore qu'une formule d'algèbre s'emploie pour résoudre des problèmes semblables à l'infini. Rien n'empêche l'esprit de répéter sans cesse un rapport entre deux termes, lorsque par voie d'abstraction ou d'élimination (c'est tout un) il en est venu à ne plus voir ces objets que sous ce rapport-là. Mais est-il permis d'en conclure que dans la nature réelle, dans l'ordre des existences, les choses se passent comme nous pouvons les concevoir ou les rêver après les avoir décomposées à outrance par l'analyse logique ? Evidemment non. Au mouvement logique et en quelque sorte mécanique de l'entendement, il faut joindre deux choses : l'expérience d'abord qui seule peut nous faire connaître ce qui est réel sans être nécessaire, — et puis, ce que, pour être bref, j'appellerai la raison. J'entends ici par ce mot la faculté générale, souveraine, qui doit concilier entre elles, coordonner et systématiser toutes nos pensées. Les fonctions logiques, les répétitions indéfinies de l'entendement travaillant sur les abstractions particulières, abou-

tissent à des formules contradictoires, inconciliables.
La raison doit arrêter à temps cette activité aveugle.
Parfois il est nécessaire pour cela qu'elle se livre
à un examen minutieux de tout ce que peuvent nous
apprendre, sur un objet donné, nos différents moyens
d'investigation, nos sources naturelles et légitimes
de connaissances ; le plus souvent elle trouve immédiatement et dans cet objet même, le principe
évident qui doit servir de frein à l'entendement.
S'agit-il, par exemple, de ce rapport qu'on appelle
l'espace ? il est clair que pris en soi il est simple,
uniforme, partout et toujours identique à lui-même
et que par conséquent l'entendement peut sans cesse
le considérer, le répéter et l'étendre. Mais en réalité
le monde matériel est-il infini et indéfiniment
divisible ? Non, me dit ma raison ; car un être réel,
étendu, est un composé réalisé, achevé ; et un
composé indéfiniment décomposable est une conception absurde, contradictoire, puisque ce n'est
rien autre qu'un composé formé de parties imaginaires, ou une somme de rapports dont les unités
n'existent pas. Tout cela se résume en un mot :
l'indéfini ne peut jamais être qu'une conception de
notre esprit ; dans la réalité il n'y a que des êtres
finis et l'Infini. « La matière, dit ici l'auteur, et par
» conséquent le monde est infini dans ses plus
» petites choses et peu importe que notre esprit
» restreint dans ses limites et accoutumé à trouver
» partout une mesure et un terme s'épouvante à

» cette idée. » Il est bon cependant d'examiner si
c'est à tort ou à raison que notre esprit s'épouvante
d'une idée. D'où vient que si, au lieu de penser à
l'indéfini, j'évoque l'idée de l'Infini, qui m'apparaît
bien autrement grande et majestueuse, je n'éprouve
pas du tout d'épouvante à la concevoir et à l'affirmer ?
En voici je crois la raison : Toute erreur est une
maladie de l'esprit ; mais une absurdité, une contradiction dans les termes le tue ; il n'est plus rien
du tout, s'il n'est plus même logique à cette courte
portée. Quand la vie s'est retirée d'un organisme, il s'y
fait un travail de décomposition. C'est l'image de
l'activité que peut encore déployer une intelligence
sur qui l'évidence n'exerce plus d'empire ; elle travaille ou plutot elle est travaillée par les objets qu'elle
aperçoit ; elle affirme ou nie au hasard, obéissant
en tout à ses impressions et à l'imagination. Plus
d'ensemble, de système, d'organisme, plus de vie
enfin dans ses pensées. Tout esprit sait cela plus ou
moins distinctement et c'est d'instinct qu'à certaines
propositions il s'épouvante.

CHAPITRES V, VI, VII, VIII et IX.

DIGNITÉ DE LA MATIÈRE. — IMMUTABILITÉ DES LOIS DE
LA NATURE. — UNIVERSALITÉ DES LOIS NATURELLES.
— LE CIEL. — LES PÉRIODES DE CRÉATION DE LA TERRE.

Passons légèrement sur le chapitre cinquième :
Dignité de la matière. C'est la prise en pitié des idées

chrétiennes sur la mortification. « Mépriser la
» matière, dédaigner son propre corps parce qu'il
» fait partie de la matière ; considérer la nature et
» le monde comme de la poussière qu'il faut secouer ;
» maltraiter et tourmenter son propre corps, ce
» n'est que l'ignorance et le fanatisme qui puissent
» conduire à une telle « aliénation d'esprit. » —
« Saint Bernard avait perdu par une ascétique outrée
» le goût au point qu'il prit de la graisse pour du
» beurre... » — Quelle affaire ! — « Et Rostan
» raconte que les supérieurs des couvents avaient
» coutume de faire des saignées à leurs moines
» plusieurs fois l'année pour comprimer leurs passions
» prêtes à s'enflammer. » — « Le philosophe grec
» Demonax (1)... interrogé de quelle manière il
» voulait être enterré... répondit : N'en soyez pas
» en peine, le cadavre se fera déjà enterrer par
» sa mauvaise odeur. — Mais veux-tu donc servir...
» de pâture aux chiens ? — Pourquoi pas ?... J'ai
» fait de mon mieux pour servir les hommes tant
» que j'ai vécu, pourquoi ne devrais-je pas aussi
» donner quelque chose aux animaux après ma
» mort ? » L'auteur ajoute : « Notre société moderne
» ne peut en aucune manière s'élever à la hauteur
» de ces idées. »

(1) *Philosophe du 2d siècle de l'ère chrétienne.* Lucien lui met
ces autres mots dans la bouche au moment de sa mort : « Allez,
la farce est jouée. »

Cela viendra peut-être (1). En attendant je me demande ce que font ici ces sornettes. Qu'est-ce que cela prouve ? Nous savons bien que si nous n'avons point d'âme immortelle, libre, responsable, la mortification des sens, le respect des tombeaux sont de vieux préjugés qui nous mettent en retard sur les païens en décadence ; mais jusqu'ici je n'ai pas rencontré le moindre raisonnement sérieux en faveur de la thèse matérialiste. Ces conséquences auraient-elles la prétention de passer pour un argument tiré, comme on dit, de la sublimité de la doctrine ?

Les chapitres VI et VII se résument ainsi : « La loi de la nature est l'expression la plus rigoureuse de la nécessité. »Il s'ensuit que le miracle est une absurdité. Si on l'admet, « toute science devient un fatras » puéril, toute recherche sur cette terre un travail » nutile. » De plus, les lois qui gouvernent notre terre s'étendent à tout l'univers, « à tout le ciel étoilé » comme l'astronomie et la chimie ainsi que la physique le constatent,

Donc « le monde est un tout infini composé des mêmes matières, contenu par les mêmes forces. »

(1) Un ami de l'auteur est déjà arrivé à peu près là. De par l'autorité de la science, il nous somme d'abandonner la coutume des cimetières et des cercueils, de faire cesser « ce gaspillage des phosphates » qui seraient si utiles à nos champs ! « On peut hardiment prédire... qu'on considérera un jour nos cimitières du même œil que nous voyons le paysan timide enfouir un écu » Moleschott. *La circulation de la vie.* Conclusion ou vingtième lettre.

Je n'ai pas le courage de démontrer ici la possibilité du miracle ; il faut se plaire à brouiller toutes les notions, pour soutenir que dans la nature tout est nécessaire, en sorte que toute exception à une de ses lois serait absurde et absolument impossible. Car enfin pourquoi M. Büchner s'élève-t-il avec tant de force contre les spéculations philosophiques a priori, pourquoi s'écrie-t-il : « la nature *et l'expérience* voilà le mot d'ordre du temps ! » si dans le monde tout est logiquement nécessaire ? Voit-on les mathématiciens se mettre en peine de contrôler leurs solutions par l'expérience ? Notre planète décrit dans l'espace une ellipse dont le soleil occupe l'un des foyers ; *ce fait* est-il absolument nécessaire ? Sûrement non. Képler, le premier, le vérifia, puis l'affirma et lui-même crut longtemps que les astres se mouvaient dans un cercle parfait. « Les lois de la nature sont l'expression la plus rigoureuse de la nécessité! » Je le demande à tout homme de bonne foi, n'y a-t-il pas une grande différence entre cette proposition : le mouvement de la terre est elliptique, et celles qu'un mathématicien tire de l'analyse de l'ellipse ? Il y a plus de deux mille ans que l'on a déduit de la définition de cette courbe une foule de propositions certaines, évidentes ; il n'y a que deux cents ans que l'on a constaté que les astres la décrivent au ciel. Toujours on a distingué les faits et les sciences d'observations des vérités nécessaires et des sciences de raisonnement. Même dans les branches du savoir humain les plus voisines des mathématiques pures, il entre des éléments qui n'ont rien de nécessaire : « Dans notre système du monde, » dit un des plus grands mathématiciens de notre époque, « *dont les lois auraient pu être différentes de ce* » *qu'elles sont* et où les corps ne sont plus seulement » figurés comme la géométrie les suppose, mais maté- » riels, il est indispensable de demander *à l'observation* » *et à l'expérience* certains rapports entre les effets et » les causes ou forces (1). » Cela suffit : il faut être aveugle pour ne pas voir de différence entre la nécessité métaphysique et la loi physique, entre le surnaturel et l'absurde.

Mais M. Büchner s'est presque fait sur ce point une opinion nouvelle ; conception vague, indécise, qu'à plusieurs reprises il s'est efforcé de mettre au jour. La langue allemande se prête, malheureuse- ment pour la philosophie, à l'expression de ces pensées encore à l'état de formation ; en français cela ne va plus ; on désirerait plus de précision : « C'est avec raison que *Oersted* supposant l'identité » des lois de la nature et de la raison, suppose aussi » une égalité fondamentale de l'intelligence dans » tout l'univers. S'il y avait des êtres doués de » raison hors de notre planète — et il est probable

(1) J. M. C. Duhamel, *Des méthodes dans les sciences de raisonnement.* Chap. II : *Ce que c'est qu'une science de raisonne- ment.* Paris, 1865, in 8o.

» qu'il y en a, puisqu'il n'y a pas à disconvenir que
» les mêmes causes ne produisent partout les mêmes
» effets — leur intelligence devrait aussi être sem-
» blable à la nôtre, quoiqu'elle en différât peut-être
» en quantité. » Plus loin : « S'il y a aussi, dit *Zeise*,
» des êtres organiques plus parfaits aux globes
» lointains, ils seront incontestablement comme
» êtres intelligents, semblables aux hommes de
» notre terre... parce que dans tout l'univers on ne
» peut se figurer qu'une raison, qui est partout la
» même, raison qui nous montre que toutes les lois de
» la nature sont des lois rationnelles. » De même il
soutient que la matière inorganique est au fond la
même chose que la matière organisée et pensante,
« car l'expérience nous apprend aussi à chaque pas
» que les lois de la pensée sont les lois du monde. »
Et enfin plus explicitement : « La force principale
» de la preuve, dit *Oersted*, que les lois naturelles
» sont les lois rationnelles, consiste en ce que nous
» sommes à même de déduire par la pensée des lois
» naturelles d'autres lois naturelles. » A quoi M. Büchner ajoute de son propre fond : « L'âme humaine
» ignorant entièrement les idées qu'on appelle abso-
» lues, surnaturelles, immédiates, ou transcendantes,
» (il emploie plus haut le mot *idées inées*), acquiert
» toutes ses pensées et ses connaissances par l'ob-
» servation seule du monde objectif qui l'entoure,
» *n'est par conséquent qu'une production de ce monde*
» *et de la nature elle-même :* il s'en suit par là à

» l'évidence que les lois de la nature se réfléchissent
» et se reproduisent dans l'âme humaine. »

Tout cela tend à confondre les lois logiques avec
les lois physiques ; la nécessité hypothétique des
faits naturels avec la nécessité absolue, universelle,
des lois de la raison. Pourquoi avons-nous des principes qui règlent le travail de notre esprit et nous
permettent, après certaines observations, de déduire
à priori et de prédire tel mouvement, tel phénomène
de la nature ? Parceque dit notre docteur, la matière
et ses forces étant partout les mêmes et s'étendant
à l'infini, les lois qui règlent toutes ses combinaisons, soit organiques, soit physiques, soit
intellectuelles, (car la pensée est « un mouvement de
la matière, ») ont par le fait même une nécessité absolue et universelle; et cette nécessité on a tort de l'appeler métaphysique, car elle n'est que physique, bien
qu'éternelle, infinie, immuable. En d'autres termes,
l'innéité des idées n'est que la nécessité des lois par
lesquelles les atomes se combinent dans un cerveau
humain pour former la pensée.

Mais à ce compte, dirons-nous à notre tour, tout
ce que fait la nature est aussi bon, aussi nécessaire,
aussi sacré qu'un principe. Comprend-on que la
raison, pur résultat de lois qui s'imposent à titre de
nécessité absolue, puisse jamais trouver à redire à
une opération quelconque de dame nature, la mère
universelle, la cause efficiente, complète, totale, de
toute pensée et de tout mouvement ? Or, sans

m'arrêter aux conséquences morales, ou plutôt
immorales, d'un pareil système, essayez, je vous
prie, de concilier ces vues avec ce passage du chapitre qui suit immédiatement : « Les faits nom-
» breux *d'irrégularité, d'accidents* et de *non con-*
» *formité au but* dans l'ordre de l'univers et des
» globes, en particulier, excluent l'idée directe d'une
» activité personnelle *et analogue aux lois de l'intel-*
» *ligence humaine*... A quoi cet espace immense,
» désert... dans lequel nagent, comme des points
» presque imperceptibles, des soleils et des globes
» isolées ? » Pourquoi les autres planètes ne sont-
elles pas habitées ? « Pourquoi *cette absence*
» *complète de tout ordre, de toute symétrie, de toute*
» *beauté?*... Pourquoi le Créateur a-t-il donné des
» anneaux précisément à Saturne qui en aurait eu
» le moindre besoin parce qu'il est entouré de huit
» lunes ?... etc. » Comment ! l'idée, dites-vous,
n'est qu'un mouvement mécaniquement et mathématiquement réglé ; la raison de l'homme n'est que la
conscience que nous avons des forces absolues et
immuables, immanentes à l'univers ; et ce tout-passif
effet, ce tout-pur résultat, voudrait juger, corriger
et redresser sa cause ? Autant vaudrait dire que les
palmiers, les tours ou les montagnes qui penchent
seront un jour redressés par leur ombre.

Dieu a créé l'homme à son image ; il a mis dans
notre intelligence, et sans cesse il y fait briller un
reflet des pensées éternelles, types achevés, modèles

inépuisables de formes, de mouvements et de vies.
Voilà pourquoi nous pouvons souvent deviner les lois
de la nature et souvent la prendre en défaut. C'est
aussi pour cela que nous avons de ses merveilles
une admiration intelligente. Toute autre explication
de l'innéité des idées est entachée de panthéisme ou
de sensualisme, deux aspects de la même erreur
qu'on peut voir confondus et confus dans la vapo-
reuse hypothèse de M. Büchner.

Après cela je n'ai qu'un mot à dire du CHAPITRE IX :
Les périodes de création de la terre.

On y trouve d'abord un résumé de géologie et
puis ceci : « Quelle singularité, quelle extravagance
» même n'y a-t-il pas de parler d'une force créatrice
» qui ait fait passer la terre et ses habitants, par des
» degrés de transition et à travers des espaces de
» temps infinis, à des formes toujours plus dé-
» veloppées ? Faut-il à une force arbitraire, douée
» de la suprême puissance, faire de tels efforts pour
» parvenir à ses fins ? Ne peut-elle pas faire et créer
» immédiatement, sans hésitation tout ce qui lui sem-
» ble bon et utile ?... A quoi des détours et des singu-
» larités ?... » Il est singulier qu'on écrive encore de
pareils arguments. Quel homme tant soit peu sérieux
n'a pas fait réflexion, une fois du moins en sa vie,
qu'il nous est impossible de pénétrer tous les desseins de Dieu, et qu'il nous suffit de comprendre un
certain nombre de merveilles, par exemple l'admirable structure de nos organes de la vue, de l'ouïe,

du tact et leur parfaite appropriation à leurs objets,
pour affirmer sûrement la sagesse de leur Auteur?...
Et puis comment ignorer les raisons péremptoires
que Malebranche, que Leibnitz, que tous les manuels
de philosophie développent quand il s'agit d'expliquer les irrégularités et même les monstruosités de
la nature? Mais du moins ne lit-on plus Lafontaine?
Ne l'aurait-on jamais traduit pour les blonds petits
enfants de l'Allemagne? Pourquoi ces périodes?...
A quoi ces détours?... A quoi ces anneaux de Saturne?... Eh mon Dieu! A quoi des chefs-d'œuvre
comme *le Gland et la Citrouille,* si jusqu'à la fin des
siècles on doit voir se perpétuer la lignée des Garots?

Ici je me vois forcé de changer de méthode. Dans
le dessein d'éviter les redites et aussi d'avancer
rapidement dans une réfutation trop facile pour être
bien intéressante, je n'ai employé contre chacune
des erreurs que j'ai relevées qu'un seul argument,
et toujours le plus direct, sinon le plus fort.
Néamoins j'arriverais infailliblement à me répéter si
je continuait à suivre servilement l'auteur dans tous
ses détours et dans toutes redites.

En rassemblant les idées principales des douze
chapitres qui restent, et en les coordonnant, on peut
les ramener à quatre questions importantes : 1o L'origine de la matière mécanique et organique, 2o l'unité
de la pensée et de la conscience, 3o l'acquisition des
idées nécessaires ou de la raison, 4o le sentiment de

la liberté et la loi morale. Tel est l'ordre que je suivrai désormais.

CHAPITRES X ET XI — XVIII ET XIX.

ORIGINE DU MONDE INORGANIQUE ET ORGANIQUE.

« Il y eut un temps où notre terre, semblable à un
» globe de feu... devait être entièrement hostile à
» toute existence d'organismes de végétaux et d'ani-
» maux. Peu à peu... la superficie de la terre prit
» une forme qui, dans son développement successif,
» devait rendre possible l'existence de diverses
» formes organiques (1). »

Une chose me frappe dans ce que disent tous les matérialistes des premiers végétaux ou animaux qui parurent sur la terre. Tous, ils partent d'un temps où n'existaient dans le monde qu'une matière et des forces purement minérales, réglées par des lois mathématiques ; bien plus, en suivant la tendance logique de leur système, ils arrivent à mettre, à l'origine de tout ce qui existe un quasi néant, la chose du monde la plus semblable à rien, une poussière infinie, mais insaisissable, dont les éléments ne sont ni des forces, ni des atomes étendus, et qui pourtant doit tout produire, les corps, les mouvements, la vie, la pensée, la liberté. On rit d'Hégel ; on applaudit à ces amères paroles de Schopenhauer : « Le panthéisme est tombé si bas et » a conduit à de telles platitudes, qu'on est arrivé

(1) Chap. X, *Génération primitive.*

» à l'exploiter pour en faire un moyen de vivre
» soi et sa famille. La principale cause de cet
» extrême applatissement a été Hégel, tête médiocre,
» qui par tous les moyens connus a voulu se faire
» passer pour un grand philosophe et est arrivé à
» se poser en idole devant quelques très-jeunes gens
» d'abord subornés et ensuite à jamais bornés. De
» tels attentats contre l'esprit humain ne restent pas
» impunis (1). » — Qu'on y prenne garde cependant,
on pourrait être plus hégélien qu'on ne le pense.
Hégel partant de l'être-néant et de la plus vide des
abstractions, nous fait assister à l'épanouissement
de l'univers créé de rien, grâce à l'éternelle puissance
du *devenir*. Certes, on a raison de dire que c'est
absurde. Mais fait-on mieux? Qu'est-ce que la matière
d'où l'on part ? C'est de l'étendue et de la force. Mais
quelle étendue et quelle force ? Une étendue sans
élément premier ou simple, sans atome. Or, un
composé sans composant est-ce quelque chose ?
N'est-ce pas plutôt un être-néant ? Et la force ? C'est
quelque chose qui « séparé de la matière n'est rien. »
comme on se plait à le répéter. C'est donc quelque
chose qui séparé d'un rien n'est rien. Si on était plus
franc, au lieu de s'arrêter à la « poussière cosmique » ou
à une « nébulosité tellement diffuse que l'on pourrait
à peine en soupçonner l'existence (2) » on descendrait
nettement jusqu'au rien, et on le ferait père de tout ;

(1) Cf. Foucher de Careil. *Hégel et Schopenhauër*, p. 148.
(2) Laplace, *Système du monde*, note VII.

car enfin que cherche-t-on ? une matière première capable de tout devenir, n'est-il pas vrai ? Eh ! ne voit-on pas que tout ce qui est réel est déterminé, que tout être a ses propriétés constitutives, essentielles, forcément exclusives de leurs contraires ? Seul le néant est sans propriété, seul il est indifférent à tout, seul il peut tout devenir. — Mais dira-t-on, il exclut évidemment l'être ; s'il y a au monde quelque chose de certain c'est que rien ne vient de rien. — C'est très-vrai, répondrai-je ; il faut que la raison se suicide pour devenir hégélienne. Mais il y a mille manières de se suicider. Hégel l'a fait avec éclat, lestement, brutalement. Sa formule est foudroyante ; on ne trouvera jamais rien de mieux pour se brûler la cervelle. D'autres se suicident par une absorption lente de l'hégélianisme : on part d'une matière indéfinissable et qu'on renonce, on l'a vu, à définir ; puis de ce quasi-rien on tire l'étendue, les huit forces physiques et leurs lois mathématiques ; peu à peu ces forces se combinent de manière à créer des organismes, qui à leur tour produisent la pensée. Manifestement il y a dans ces évolutions de la matière une application continue de la méthode hégélienne. N'est-il pas évident qu'une plante, qu'un animal, qu'un homme, sont des êtres supérieurs à ces nébulosités toute puissantes dont on nons parle ? « L'homme n'est qu'un roseau, le plus faible de la » nature ; mais c'est un roseau pensant. Il ne faut » pas que l'univers entier s'arme pour l'écraser...

» Mais quand l'univers l'écraserait, l'homme serait
» encore l'homme, plus noble que ce qui le tue,
» parce qu'il sait qu'il meurt, et l'avantage que
» l'univers a sur lui, l'univers n'en sait rien (1). »

D'où sont donc venues à l'univers ces perfections, cette quantité d'être qu'il n'avait pas à son origine ? D'où vient que le monde a progressé ? Répondre que le progrès est sa loi, c'est répéter la formule hégélienne, car enfin je ne vois pas ce qui distingue ici le progrès du « devenir. » Tirer le monde, le cosmos, l'ordre du cahos ; la vie de la matière brute, la pensée des combinaisons chimiques, la liberté de la mécanique, je le demande, n'est-ce pas admettre implicitement que les contraires peuvent devenir peu à peu identiques ? Et que vient faire ici « la nuit des temps ? » En logique les siècles et les milliers des siècles ne sont rien ; Hégel triomphe si nos matérialistes ont raison.

Précisons davantage ; mettons à nu la plaie incurable de ce système. Quelle est sa méthode ? Il le dit bien haut, l'expérience, l'observation « C'est
» le mot d'ordre du temps !... Nous ne répondrons
» qu'à ceux qui nous suivront sur le terrain des faits
» ou de l'empirisme. Que messieurs les philosophes
» continuent leurs joûtes spéculatives du haut du
» point de vue qu'ils se sont créé eux-mêmes... La
» spéculation est la philosophie en ivresse (2). »

(1) Pascal, *Pensées. Grandeur de l'homme*, III.
(2) *Préface*, pag. x.

Il serait extrêmement facile de montrer que rien n'est plus spéculatif, plus en dehors de toute expérience, que l'origine du monde, l'éternité de la matière et de la force dont les matérialistes nous parlent sans cesse ; plus facile encore de faire remarquer que la matière première, leur principe universel, est une pure conception de raison qui échappe évidemment à toute investigation expérimentale ; mais passons-leur ces inconséquences ; poussons plus loin la générosité ; acceptons comme un être réel, substantiel, cette matière primitive qui porte dans ses flancs un mystère (la force) et une contradiction logique (la divisibilité infinie), cet être impossible qu'une analyse un peu sérieuse résout en trois abstractions : les idées générales de substance (ou de cause), d'étendue et de mouvement. Pour l'imagination cela fera une sorte de fluide étendu, infini, doué d'une énergique activité moléculaire. Certes il y a loin de cette nébuleuse à notre monde. Voyons comment l'expérience a pu révéler aux matérialistes qu'elle a tout ce qu'il faut pour devenir tout ce qui est.

Tout d'abord, qu'est-ce qui empêche tous ces atomes de s'agiter éternellement à la distance où on les suppose, de manière « qu'on puisse à peine soupçonner leur existence ? » — Belle question, s'écriera l'auteur, et digne d'un rêveur qui n'a jamais rien *observé !* Ne sait-on pas encore partout que l'action et la réaction énergiques des premiers

atomes, unique source des huit forces physiques,
devait donner au nuage cosmique une chaleur extraordinaire ? Ne sait-on pas qu'à la longue ce gaz a dû
se refroidir ou, ce qui est tout un, se condenser ? —
Mais n'avait-on pas supposé ce gaz infini et homogène ? — Sans doute. — Et j'ajouterai qu'il le
fallait bien ; vous le voulez infini pour en écarter
Dieu et expliquer sans Lui le caractère infini, absolu
de nos idées ; vous le voulez homogène afin de
satisfaire à la loi de tout système et de toute explication de la nature, l'unité, la simplicité, la fécondité.
C'est même cette grande simplicité qui explique la
popularité du matérialisme. Mais ne voyez-vous pas,
que par le fait même, vous rendez à tout jamais
impossible le moindre refroidissement de cette
masse primitive ? La chaleur d'un corps n'étant rien
d'autre que les vibrations de ses molécules, on
conçoit que ce mouvement interne diminue quand il
s'étend à d'autres molécules voisines et s'y disperse
en les agitant ; il faut bien qu'on perde ce qu'on
donne. Mais dans cet univers primitif, infini et
homogène, comment admettre qu'une seule molécule
puisse perdre la moindre quantité de son mouvement initial ? Comment expliquer même qu'un seul
atome puisse changer la direction de son mouvement ? Dès le premier instant de son existence ce
monde imaginaire est tout ce qu'il sera à jamais.

On insistera : N'est-il pas généralement admis
que les huit forces de la physique sont toutes

réductibles à des mouvements, et dès lors ne suffit-il pas d'atomes en mouvement pour les produire? — Non, le mouvement en général, la force en général, ne suffit pas pour expliquer l'origine de mouvements déterminés, de forces particulières, distinctes. Le général, l'abstrait n'est jamais que la *condition logique* du particulier, ce n'en peut être la *cause efficiente*. Les huit forces physiques se ressemblent, en ce qu'elles sont des mouvements ; soit ; vous ne sauriez pas le prouver, mais je l'accorde. Elles se distinguent pourtant les unes des autres, tout au moins par la qualité de leur mouvement ; quelle est la cause de cette différence ? Dans l'hypothèse matérialiste il n'y en a d'autre que le progrès, le devenir. Une abstraction travaillant des abstractions ! l'abstrait, le général devenant peu à peu le concret, le réel ! N'est-ce pas le procédé d'Hégel ? Toujours le moins produisant le plus, le néant devenant l'être par sa propre vertu ou par la grâce du devenir.

Nouvelle instance :

Vous m'accorderez, au moins, qu'à l'origine de toutes choses, il a pu se trouver, dans l'immense agrégat des atomes, de petites différences soit de force, soit de mouvement, soit de configuration ; et qu'en vertu des lois mécaniques, « l'expression la plus rigoureuse de la nécessité, » ces inégalités en ont produit d'autres, d'où sont enfin sorties, comme résultantes, les forces physiques et chimiques. — Mais ne dites-vous pas que le monde est éternel ?

Et pouvez-vous concevoir que l'effet mathématiquement nécessaire de causes éternelles ne soit pas éternel lui-même ? Voyez, je vous prie, si vous pourrez trouver un seul instant où les huit forces physiques n'existaient point nécessairement ; si vous n'en trouvez pas, il est donc absurde de dire qu'originairement il n'y avait que des atomes homogènes ou presque homogènes ; il est trop évident que ces atomes ne sont pas les éléments du monde, mais seulement sa condition logique et abstraite.

Prenons donc les choses de moins haut. Ne remontons que jusqu'aux forces physiques et chimiques. Disons qu'elles ont toujours existé dans l'univers et que toujours elles y ont produit des effets semblables à ceux que nous y voyons : un ciel étoilé, des planètes, de la matière inorganique avec toutes ses propriétés physiques, chimiques, mécaniques ? Dans l'éternelle série des siècles, ajouterait-on, le concours et l'antagonisme de ces forces ont infailliblement produit des perturbations dans le mouvement des astres ; ces perturbations, légères à l'origine, mais rapidement augmentées par les lois bien connues du mouvement, ont amené des cataclysmes tels qu'à un moment donné notre terre est devenue une portion de la « nébuleuse » de Laplace et longtemps plus tard le « globe de feu » de M. Büchner.

Cette hypothèse est beaucoup plus sage que celle de la poussière infinie ; mais on ne la propose guère, pour la raison, je pense, qu'elle n'a pas de chance d'être admise. Elle est trop prudente. On l'accusera de répondre à la question par la question. Il s'agit de savoir, n'est-il pas vrai, d'où vient le ciel, d'où vient la terre, d'où viennent les lois qui règlent mathématiquement la matière inerte. On répond : toujours il en a été de même. Pour un philosophe cela vaut mieux que les atomes ; mais pour la foule, elle portera toujours son admiration devant les planches des prestidigitateurs-atomistes-hégéliens : il ne faut point, dira-t-elle, se donner pour habile lorsqu'on ne peut tirer de sa manche que ce qu'on y a mis.

Quant au philosophe il pourra faire à ce sujet bien des réflexions ; constater, par exemple, que cette réponse est une véritable reculade et se dire ensuite : Je ne vois pas, après tout, ce que le matérialisme peut gagner à se montrer si circonspect. Lui sera-t-il plus facile de passer du monde physico-chimique au monde organique, que de transformer sa matière primitive homogène en matière physique et chimique ?

. Voyons cela. M. Büchner, tout disposé qu'il est à croire aux « évolutions progressives » et au merveilleux, ne laisse pas d'être préoccupé des résultats, facheux pour sa cause, auxquels ont abouti une longue série d'expériences sur les générations dites spontanées. On sait que jusqu'à ce jour aucun savant n'a pu alléguer un fait certain à l'appui de cette thèse ; chaque fois qu'elle a cru triompher elle s'est nui à elle-même en donnant lieu à des investigations plus patientes, plus profondes, au terme desquelles on constatait une fois de plus l'uriversalité du vieil adage : *omne vivum ex vivo,* ou comme on l'exprime maintenant d'une manière plus précise : *omne vivum ex ovo.* « C'est avec une » certaine satisfaction que des croyants naturalistes » font valoir *ce fait.* Ils nous montrent la construc- » tion ingénieuse et compliquée du monde organique, » et en concluent avec conviction, qu'il n'y a que » l'activité immédiate et personnelle d'une puissance » créatrice qui ait créé le monde selon ses desseins : » Une énigme insoluble, dit B. Cotta, dont nous ne » pouvons appeler qu'à la puissance impénétrable » d'un créateur, est toujours l'origine première de » la matière terrestre *ainsi que la naissance des* » *êtres organiques* (1). »

M. Büchner n'a pas jugé prudent d'insister longue- ment sur la manière dont le cahos primitif homogène s'est transformé en matière terrestre inorganique ; cette première phrase de la question est trop philo- sophique ; on la néglige avec succès lorsqu'on écrit pour le grand public. Quant au monde organique, un matérialiste doit absolument l'expliquer par les atomes s'il veut expliquer quelque chose ; si on l'osait cepen- dant on reculerait peut-être : « On pourrait répondre » à ces croyants, écrit-on d'abord, que les *germes*

(1) Chap. X, *Génération primitive.*

» de tout ce qui vit, *doués de l'idée de l'espèce*, ont
» existé de toute éternité et n'ont attendu, dans cette
» masse nébuleuse et informe dont s'est formée et
» consolidée peu à peu la terre, que l'influence de
» certaines circonstances extérieures ; ou que ces
» germes qui existaient dans l'espace de l'univers,
» sont descendus sur la terre... et ne sont parvenus
» à l'éclosion... qu'accidentellement, à ces endroits
» et au temps où se trouvaient précisément les
» conditions extérieures nécessaires... Cette inter-
» prétation serait sous tous les rapports moins
» aventureuse et moins forcée que l'admission d'une
» force créatrice qui s'est amusée, à chaque période
» de la formation de la terre, à créer de nouvelles
» espèces de plantes ou d'animaux... (1) »

Belle manière de déchiffrer les énigmes ! En
voilà-t-il des espèces d'atomes ! des germes éternels,
éternellement doués de l'idée de l'espèce ! C'est très-
joli ! Quelle admirable diversité au sein de l'unité
primitive ! Quel dommage que notre terre dans ses
interminables pérégrinations autour du soleil et, à
la suite de cet astre, dans l'immensité de l'espace,
ne rencontre plus de ces petits vagabonds ! La
physiologie aurait donc un jour ses aérolithes !

« Cependant, continue l'auteur, il ne nous convient
» pas de recourir à un tel subterfuge ; au contraire
» les faits établis par la science, indiquent avec
» évidence que les *êtres organiques qui peuplent la*

(1) Chap. X.

» *terre, ne doivent leur existence et leur propagation*
» *qu'à l'action réciproque de matières et de forces*
» *physiques.* »

Voilà qui vaut mieux ; non pas que cette hypothèse soit plus près de la vérité que celle des germes éternels ; au contraire. Mais au moins ceci se rattache à un système, à une méthode, et c'est justement de méthode qu'il est question entre nous.

Je laisse donc de côté tous les argumens accumulés par la science contre les générationts spontanées et pour la fixité des espèces, et cet innombrable quantité d'observations d'où l'on a conclu que jamais la matière inorganique n'a pu former une cellule vivante, ni une espèce se transformer en une autre. Je me borne à écouter l'explication de mon adversaire et à peser la valeur logique de ses raisonnements. Voici le problème : Etant données la matière inorganique et ses huit forces, prouver « que l'apparition des corps des animaux sur la surface de la terre est une expression de telles forces, une fonction de ces mêmes forces, laquelle résulte des rapports existants avec une certitude mathématique (1). » Ce qui veut dire en français : la vie n'est que le produit du jeu mécanique des atomes et de leurs combinaisons nécessaires, mathématiques. C'est au chapitre dix-huitième. *Force vitale*, que cette théorie est développée ; les chapitres

(1) Epigraphe du chapitre X. signé : Burmeister.

dixième : *Génération primitive*, et onzième : *La destinée des êtres dans la nature, Téléologie*, n'en sont que des compléments, des aperçus secondaires.

« De toutes les idées qui ont fasciné la vue des
» philosophes de la nature... il n'y en a pas qui ait
» fait plus de mal au progrès de la science que celle
» que nous connaissons sous le nom de force vitale
» et que la science moderne, basée sur l'empirisme,
» a reléguée au nombre des fictions. On prétendait
» que cet singulière force organique... constituait
» pour les êtres vivants des lois exceptionnelles
» dans la nature... Il serait possible à ces êtres de
» se soustraire à l'influence et à l'action des lois
» générales de la nature... et de former, pour ainsi
» dire, un état dans l'état. Si un tel principe venait
» à prévaloir, il infirmerait notre thèse de *l'univer-*
» *salité des lois physiques* et de *l'immutabilité de*
» *l'ordre mécanique du monde* (1). » C'est net, précis,
tranchant ; on a honte, semble-t-il, d'avoir un instant
parlé des germes éternels. Admettre dans la nature
« des lois qui se refusent à tout calcul, ce serait le
» déchirement du plan de l'univers... Heureusement
» la science... a amassé un nombre de faits si
» éclatants que la force vitale n'est plus qu'une
» ombre sans corps dans les sciences exactes, et
» ne se trouve plus nichée que dans la cervelle de
» ceux qui ne sont pas à la hauteur de la science. ...

(1) Chap. XVIII, *Force vitale*, passim.

» Personne ne peut plus douter que la vie ne soit
» que le produit des forces inorganiques (1). » Pour
ceci, c'est évidemment trop fort ; car enfin, s'il est
vrai que tout le monde est du même avis, pourquoi
discuter avec tant d'ardeur ? N'écrirait-on ce livre
que pour les esprits arriérés ?... Mais ne nous
arrêtons pas à démontrer que la science contemporaine est bien loin d'être unanime à rejeter la force
vitale ; ses plus illustres représentants, nous le
verrons bientôt, comprennent la nécessité de l'admettre, elle ou quelque chose d'équivalent. Voyons
plutôt les « *faits* » sur lesquels repose la robuste
conviction de M. Büchner.

« En premier lieu la chimie a été à même de con-
» stater... que les éléments de la matière du monde
» organique et inorganique sont partout les mêmes...
» Elle a décomposé les corps organiques dans leurs
» éléments... elle nous a créé chacun de ces derniers
» (éléments) comme elle l'a fait pour les corps inor-
» ganiques. Ce fait seul aurait pu suffire pour bannir
» de la science toute idée d'une force vitale... Les
» qualités des atomes sont indestructibles... C'est
» pour cette raison qu'un atome, n'importe où il se
» trouve... dans la nature organique ou inorganique,
» ne peut se produire partout et dans toutes les
» circonstances que de la même manière, développer
» les mêmes forces, manifester les mêmes effets. .

(1) *Ibid.*

» La force vitale n'est donc pas un principe, mais
» seulement un résultat (1). »

Faux raisonnement, fausse conséquence tirée de
faits véritables Sans doute les éléments des corps
organisés sont les mêmes que ceux des minéraux ;
sans doute ces éléments conservent leurs propriétés
quand ils sont entraînés dans le tourbillon de la
vie et chacun d'eux y déploie toute sa force ; mais
s'ensuit-il que pour expliquer l'origine de la vie,
il ne faille recourir qu'à ces éléments et à leurs
énergies mécaniques ? Évidemment non, sous peine
de confondre encore une fois la condition d'un
phénomène, ou même sa cause partielle, avec sa
cause totale. En effet, quelle idée se faut-il faire de
la vie, quel est son caractère essentiel ? Voici sur ce
sujet quelques lignes d'un des maîtres de la science,
le célèbre et classique physiologiste J. Mueller :
« L'activité continuelle qui se déploie dans la
matière organique vivante jouit *d'un pouvoir créateur
soumis aux lois d'un plan raisonné, de l'harmonie ;*
car les parties sont disposées de telle sorte qu'elles
répondent au but en vue duquel le tout existe *et
c'est là précisément ce qui distingue l'organisme.* Kant
dit que la cause du mode d'existence dans chaque
partie d'un corps vivant est contenue dans le tout,
tandis que, dans les masses mortes, chaque partie
la porte en elle-même (2). »

(1) *Ibid.*
(2) J. Mueller, *Manuel de Physiologie.* Prolégomènes : *De
l'organisation et de la vie.* Paris, 1851, tom. 1, pag. 16.

On voit donc qu'avec les éléments chimiques et leurs combinaisons mécaniques on explique l'organisme *moins ce qui le distingue*. Car enfin d'où vient qu'au dessus de ces lois que constate le chimiste et en vertu desquelles il répète ses expériences avec une assurance imperturbable, il y en a d'autres d'un caractère essentiellement différent ? D'où vient que sur cet océan d'atomes et de forces isolées, forces élémentaires, similaires, soumises une à une à telle courte formule mathématique, infaillible, on voit s'élever depuis plus de six mille ans, des assemblages de molécules disposées en nombre immense avec un art et des combinaisons infinies, avec une telle délicatesse, que le plus petit dérangement peut les réduire en poussière ? Ah ! sans doute la science peut constater que dans ces merveilleux édifices chaque pierre, chaque portion de matière, chaque molécule conserve toute la puissance, toute l'énergie qu'elle avait avant d'y entrer ; mais d'où vient que toutes ces activités qui primitivement s'ignoraient (comme on le suppose) conspirent maintenant en nombre incalculable, s'aident les unes les autres à triompher de leur propre nature, de leur loi mécanique, et produisent une espèce vivante, un tout indestructible, quoique dans un équilibre éminemment instable ?

A cette question on peut faire trois réponses, trois seulement.

La première est celle de notre auteur et d'Hegel :

C'est, dit-on, la grande loi de la « transformation
de la matière. » Qu'est ce que cela peut signifier
ici? Cette loi où existe-t-elle? Dans notre esprit?
mais l'intelligence humaine est le dernier résultat
de ces méthamorphoses ; elle n'a donc pu en être la
cause réelle, efficiente. Dans la matière physique?
Mais alors il y a dans cette matière autre chose que
les huit forces ; il faudra dire qu'elle renfermait une
tendance originelle à l'organisme, une prédisposition innée à devenir vivante ; n'est-ce pas ce que
tantôt on appelait les « germes doués de l'idée de
l'espèce. » Or, souvenez-vous-en bien, vous venez
de le dire : « il ne vous convient pas de recourir à
un tel subterfuge. »

Que si l'on s'abaissait jusqu'à soutenir que c'est
le hasard qui a formé les premiers organismes et
leur a donné la puissance de se reproduire indéfiniment, je pourrais ne rien répondre, car parler de
hasard c'est ne rien dire ; d'où vient cependant que
le hasard ne produit jamais plus rien de semblable?
d'où vient que tous les organismes sont assujettis à
la mort? S'il n'y a point de loi qui préside à la formation des organismes, ne devrait-on pas voir se
réaliser le fait étrange d'un animal ou d'un homme
vivant bien au-delà de l'âge ordinaire? Sûrement il
est plus facile de concevoir qu'un organisme domine
indéfiniment la matière organique, et l'entraîne pendant des siècles dans le tourbillon qui constitue sa
vie, qu'il ne l'est d'expliquer sa formation savante,

compliquée, délicate, par le jeu fortuit des forces justement appelées rudimentaires et brutes.

Et pourtant, il faut bien le reconnaître, il y a une pensée vraie, une idée féconde au fond de cette insuffisante et fausse explication. La chimie appliquée à la biologie en éclaircit chaque jour quelque nouveau mystère. Dès 1852, un physiologiste trop connu, Moleschott écrivait : « Les médecins qui ne font pas » usage consciencieusement du progrès de la chimie » et de la physique, méritent plutôt le nom d'infir- » miers que de médecins ; ils n'appartiennent pas à » la science et ne sont pas capables de rendre compte » de leurs actes devant son tribunal (1). »

Certes, il y a lieu d'espérer qu'on fera longtemps encore dans cette voie des découvertes si précieuses, si utiles à l'humanité ; et l'on conçoit le dépit que doivent éprouver les maîtres et leurs disciples quand, sous prétexte que toutes leurs explications sont suspectes de matérialisme, on refuse de voir dans la vie autre chose que de *purs effets* de la force vitale. Ils ont raison de dire que c'est se payer de mots et rester en dessous de la science. Car enfin, c'est trop clairement prouvé pour qu'on en puisse douter : la vie est, en partie du moins, le résultat des forces physiques et chimiques.

Mais il faut bien aussi l'avouer, nos modernes physiologistes font, dirait-on, tout ce qu'il peuvent

(1) *La circulation de la vie.* — Lettres sur la Physiologie, Troisième lettre, Paris, 1866, tome I. page 23.

pour discréditer leur méthode et leurs découvertes.
Au lieu de s'avancer avec circonspection, de n'affirmer que ce qu'ils savent, à peine ont-il constaté que
la chaleur, l'électricité, etc. les phénomènes de capil-
larité, d'endosmose et d'exosmose et une foule d'autres de la physique unis aux lois des combinaisons
chimiques concourent à la production et à la conservation de la vie; à peine sont-ils parvenus à
force d'essai, en employant tour à tour les moyens
les plus énergiques et les combinaisons lentes les
plus minutieuses, à former les matières qui tiennent
comme le milieu entre les deux mondes organique et
inorganique, qu'ils s'écrient dans l'enthousiasme de
leurs découvertes : La force vitale n'est qu'un vain
mot; c'est le *Deus ex machina*, des ignorants et des
malhabiles... «une idée qui construit le corps, un
» rien autocrate avec lequel on peut disposer et ar-
» ranger tout, parce qu'il n'a pour cause, pour limite,
» pour fondement aucune réalité. » C'est toujours
Moleschott qui parle (1) et il ajoute un peu plus loin :
« A mon avis personne n'a expliqué les conséquences
» morales de ce procédé d'une façon plus énergique
» et plus saisissante que du Bois-Reymond quand il
» dit : La force vitale est comme un fossé large,
» infranchissable, dont le coureur a entendu dire
» faussement qu'il barrait une route semée d'obsta-
» cles; il croit le trouver derrière chaque haie, et

(1) *Op. cit.*, tom. II pag. 131.

» cette crainte lui ôte sa force morale (1). » Eh! messieurs! qui vous empêche quand vous étudiez physico-chimiquement la vie, de ne point penser du tout à la force vitale, ni pour la nier ni pour l'affirmer? De la sorte elle n'arrêterait point votre essor et vous verriez le monde savant tout entier, même les philosophes, applaudir à vos travaux, les louer sans réserve. Le moyen de ne pas se rendre à vos démonstrations expérimentales et de rester indifférent à des découvertes qui nous touchent de si près! Mais cette sagesse et cette modération sont, croirait-on, au dessus de la nature. L'enthousiasme peut seul soutenir les esprits qui se lancent dans des voies nouvelles et leur donner le courage d'aller jusqu'au bout de leurs pensées. Aussi que d'exagérations vaniteuses, juvéniles, enfantines, echappées même aux plus grands hommes, dans ces moments d'ivresse qui suivent une immortelle découverte! A-t-on entrevu que toutes les manifestations sensibles de la matière sont réductibles à des mouvements, on prononce hardiment, même si on a le génie de Descartes, que la matière n'est que l'espace divisé et mobile, que la mécanique est la seule science naturelle et qu'un animal ne peut être qu'un automate. A-t-on reconnu quelques combinaisons chimiques dans l'organisme, il n'y a plus que de la chimie dans la vie.

(1) *Ibid.*, pag. 132.

Naïveté de savants!

Supposons en effet que ces nouvelles études physiologiques soient arrivées à leur dernier degré de perfection, à leur irréalisable idéal, et qu'un homme puisse se dire un jour : Je connais tous les éléments qui entrent dans le corps humain; je sais en quelle quantité chacun d'eux s'y trouve, et je puis expliquer par les lois chimiques toutes les combinaisons qui s'y opèrent, à tel instant donné. Ce géant de la science aura-t-il le droit de soutenir que la vie n'est que le résultat des combinaisons chimiques? Pas encore; tout comme aujourd'hui on se trouverait alors en présence des deux solutions, car le problème en comporte deux sérieuses, outre celle qui ne l'est pas et que je viens de réfuter. Il faudrait toujours se demander pourquoi ces innombrables éléments, dont l'activité est mécaniquement expliquée, se trouvent rassemblés et disposés comme ils le sont.

J'éclaircis ma pensée par un exemple.

Que penserait-on d'un mathématicien qui, après avoir rigoureusement décomposé et calculé toutes les forces qui mettent en mouvement les différentes pièces d'un moulin, dirait : Tout peut s'expliquer au moyen du vent, des ailes, des pivots, des roues dentées et des meules; c'est sortir de la science que de chercher une autre cause à cette machine? — Sans doute ce serait sortir de la science, des sciences mathématiques, cela s'entend. Mais n'y en a-t-il point d'autres que celles-là? Se contenter d'une explication mécanique, qu'il s'agisse d'un moulin, d'un animal ou du monde, c'est systématiquement refuser d'aller jusqu'au bout de sa raison. *D'où vient* cette machine dont je connais maintenant tout le détail? *D'où vient* tel organisme dont les innombrables pièces élémentaires sont réglées une à une par une inflexible formule? Plus j'aperçois que chaque atome continue d'y être enchaîné à sa loi individuelle, plus je me persuade qu'il n'a d'autre puissance, que celle dont cette loi est l'idée et l'essence même; plus il devient évident que la cause de cet harmonieux assemblage ne peut être dans ses parties. Et où sera-t-elle cette cause, et que sera-t-elle? j'ai dit qu'il y a ici deux réponses plausibles; celle qui me plait le plus, c'est la plus antipathique au matérialisme; ce n'est pas pour cela que je la préfère, on le verra, mais ce n'est pas non plus une raison de la croire moins solide. Il y a, je pense, dans tout organisme, dans la plante comme dans l'animal, une force vitale; c'est elle qui primitivement a employé les forces inférieures pour former les organes, et qui se sert depuis lors des organes pour conserver les individus et les reproduire (1). Je ne vois à cela qu'une

(1) Au moment même où je revois ces lignes, le plus vénérable représentant de la science belge, M. d'Omalius d'Halloy, se fait l'avocat et le défenseur des forces vitales à l'académie de Bruxelles. C'est la quatrième fois, en moins de deux ans, qu'il donne à ce sujet des explications fort précises qu'on n'a com-

objection sérieuse : Ne croyez-vous pas, me dira-t-on peut-être, qu'il n'y a dans un organisme d'autres mouvements, que ceux dont la mécanique pourrait nous rendre raison si l'on parvenait un jour à la connaissance parfaite de toutes les forces inorganiques qui le composent? — J'incline à le penser, répondrais-je. — Que peut faire alors votre force vitale? et quelle action peut-elle exercer si elle ne peut pas même inquiéter un atome dans son mouvement mathématique?

J'ai hâte de le dire pour n'induire personne en erreur, ce n'est point M. Büchner, ni même Moleschott, qui m'a suggéré cette difficulté; c'est aux beaux jours de la métaphysique, en plein dix-septième siècle, que de pareilles questions passionaient les esprits. Il semble que nos savants naturalistes ne sauraient plus même les poser; elle est merveilleusement d'accord, cependant, avec les théories physiques et chimiques les plus récentes, car on marche à grands pas vers le mécanisme de Descartes.

Mais que répondre? Recourir à l'harmonie préétablie de Leibnitz (1) c'est une défaite; que serait la

battu par rien de bien solide jusqu'ici. Voir les *Bulletins de l'académie* t. XXIX p. 680 cf. t. XXX pp. 469 seq. 680 seq. t. XXXII, no 8.

(2) Faut-il dire ce que voulait Leibnitz! Que le corps et l'âme, en suivant séparément leur loi d'évolution, sans exercer l'un sur l'autre la moindre influence, marchent toujours d'accord comme deux horloges parfaitement (divinement) réglées une fois pour toutes.

force vitale si elle n'agissait pas sur la matière du corps organisé? Disons donc que cette force immatérielle, ou du moins inétendue, agit réellement sur les agrégats étendus mais en respectant toujours les lois assignées aux phénomènes, c'est-à-dire aux manifestations qui relèvent toutes de l'étendue comme d'une condition nécessaire. De la sorte on pourra dire comme Leibnitz : «tout se fait mécaniquement dans la nature» et y admettre pourtant des forces qui n'ont rien de mécanique. Qui oserait prétendre qu'une substance inétendue ne peut exercer sur d'autre substances, qui prises individuellement sont aussi inétendues, une action réelle, déterminante, mais que la mécanique, toujours à la surface apparente des choses, ne peut ni contrôler ni soupçonner? Au reste si cette explication déplait, ou semble insuffisante, compromettante même pour ma thèse de la force vitale, qu'on fasse réflexion que jamais la science n'arrivera à ce haut point de perfection que j'ai supposé ; jamais, elle le sait bien, elle ne pourra résoudre, en forces mécaniques connues, la vie du plus simple des organismes ; jamais par conséquent elle ne sera en droit d'affirmer que tout ce travail s'exécute sans l'intervention d'une force vitale.

L'autre explication raisonnable de la vie admet sans aucune restriction qu'il n'y a dans les plantes et les animaux aucune autre force ni aucune autre loi que les forces et les lois physico-chimiques ; mais, ajoute-t-on, il a fallu qu'à i'origine une puissance; autre que ses forces, ait opéré la combinaison harmonique qui constitue la vie ; en d'autres termes, c'est suivant une loi distincte, et non en suivant chacun leur loi propre, que les éléments chimiques se sont primitivement organisés ; la vie n'est qu'une résultante de forces simples, combinées *suivant une idée*. Cet organisme persiste ensuite indéfiniment, et se reproduit, parce que ces éléments ont été si habilement groupés, que chacun, en suivant sa loi individuelle, concourt à l'harmonie de l'ensemble. Voilà comment il faut entendre certains physiologistes qui répugnent à admettre la force vitale et qui pourtant ne sont point satisfaits de la solution matérialiste. « La physiologie, dit l'un des plus célèbres d'entre eux (1), doit arriver à expliquer et à régler les phénomènes de la vie en se fondant sur la connaissance des propriétés des éléments histologiques ; mais, à raison de la nature périssable des êtres vivants, elle doit rattacher les modifications et les manifestations de ces propriétés à la *loi* évolutive, organotrophique ou *créatrice de la matière organisée*. »

Dans le même ouvrage il écrit : « L'organisation » d'un être vivant est la conséquence d'une *loi orga-* » *nogénique qui préexiste* d'après une idée préconçue » et se transmet par tradition organique d'un être à » l'autre. » — « Ces lois des phénomènes sont en

(1) M. Claude Bernard, *Rapport sur les progrès de la physiologie générale*, pag. 139. Paris, 1867. in-8o.

» quelque sorte les *idées de la nature* (1). » Personne
cependant ne s'est acquis de nos jours plus d'autorité dans ces matières que M. Claude Bernard ; personne ne s'est plus obstiné que lui à décomposer la
vie pour l'étudier dans ses éléments simples. Mais
il n'est point de ceux qui se contentent du «devenir»
ou de la «loi du progrès» pour expliquer les perfec-
tionnements successifs de l'univers depuis les « nébuleuses» et les «globes de feu» jusqu'à l'homme ;
il n'est point de ceux qui croient aux générations
spontanées, c'est-à-dire à des faits sans exemples
en sciences et sans cause devant la raison. Dès 1865
il disait franchement : « L'œuf représente une sorte
» de formule organique qui résume les conditions
» évolutives d'un être déterminé par cela même qu'il
» en procède ; l'œuf n'est œuf que parce qu'il pos-
» sède une virtualité qui lui a été donnée par une ou
» plusieurs évolutions antérieures dont il garde en
» quelque sorte le souvenir. C'est cette direction
» *originelle que je regarde comme ne pouvant jamais*
» *se manifester spontanément et d'emblée; il faut né-*
» *cessairement une influence héréditaire* (2).»

Quelques pages plus loin (3), il appelle l'attention
du physiologiste et du médecin sur les idées de
finalité sans lesquelles il est impossible de rien com-

(1) *Ibid.* Notes, pag. 220.

(2) *Introduction à l'étude de la médecine expérimentale*,
pag. 140. Paris, 1865.

(3) Pag. 152 seq. et 161.

prendre dans un organisme; il fait remarquer que la science de la vie diffère en cela de la chimie et de la physique. Il est donc évident que pour le «premier physiologiste de notre époque (1),» la vie n'est pas un pur résultat. Mais l'explication qu'il en donne est-elle sàtisfaisante? Je ne puis m'empêcher de le faire remarquer, si chaque organisme, chaque espèce, n'avait pour se conserver que « la disposition de ses éléments» on expliquerait assez difficilement la fixité de ses formes pendant des milliers d'années. Ne voit-on pas l'espèce s'efforcer, pour ainsi dire, de revenir à la pureté de son type, après en avoir été plus ou moins écarté par des influences extérieures? le contraire n'arriverait-il pas, et un petit changement ne disposerait-il pas à un plus grand, si la force vitale ou typique n'était que le résultat de l'équilibre savant et compliqué des éléments inorganiques primitifs? Mais je n'insiste pas. Je me borne à ajouter que si l'on s'élève au-dessus du règne végétal, jusqu'aux animaux d'un ordre un peu élevé, cette hypothèse devient de moins en moins satisfaisante. Il faut déjà nécessairement, semble-t-il, recourir à une force centrale pour expliquer l'accord qui existe entre les sensations et les mouvements qu'elles provoquent chez un insecte; que sera-ce si l'on réfléchit aux actes multiples de sensibilité, de

______

(1) C'est ainsi qu'en parle M. Caro dans son récent ouvrage : *Le matérialisme et la science*, Paris, 1868.

mémoire, de locomotion que nous admirons dans les animaux les plus parfaits. Enfin, dans l'homme du moins, il faut de toute nécessité reconnaître une force centrale; pourquoi donc n'en point admettre dans les organismes inférieurs? *Natura non facit saltum*, disent à la fois Linné et Leibnitz. Par leur forme extérieure, les êtres organisés s'élèvent par degrés contenus depuis la plante ou l'animal le plus simple jusqu'au corps humain; notre âme ne serait-elle pas aussi le dernier anneau d'une chaîne qui descendrait jusqu'aux derniers vestiges d'organisation et de vie? Leibnitz le disait expressément, on le sait, et à ce propos, il parlait de la hiérarchie des anges. M. Büchner eut refusé de l'écouter jusque-là.

CHAPITRES XII. XIII. XIV.

LA PENSÉE ET LA CONSCIENCE.

Vaine et insoutenable quand elle veut expliquer la vie, l'hypothèse matéraliste devient insupportable quand elle veut rendre compte de la pensée. Trois propositions résument la doctrine de M. Büchner sur ce point :

1° *L'âme* (si nous avons une âme) *ne reside que dans le cerveau.* C'est le sujet du Chapitre XIV : *Siége de l'âme.*

2° *A tous les degrés de la vie animale il y a une*

proportion si rigoureuse et si constante entre les cerveaux et les intelligences, que la pensée ne peut être qu'un produit du cerveau. Proposition développée au Chapitre XII : *Cerveau et âme.*

3o *La pensée n'est qu'un mouvement de la matière.* Parole de Moleschott mise en tête du Chapitre XIII : *La pensée.*

Cette dernière proposition est la seule qui doive nous arrêter quelque temps. L'auteur ne la discute guère; il avait ses raisons pour cela. Au contraire, les deux autres lui ont fourni matière à de longs développements; mais quelque soit l'importance qu'il attache aux observations physiologiques qu'on y rencontre, nous verrons qu'elles sont loin de prouver la thèse en faveur de laquelle il les invoque.

Proposition première : l'âme réside dans le cerveau.

« Le cerveau est non seulement l'organe de la
» pensée et de toutes les fonctions supérieures de
» l'esprit; mais il est encore *le siége unique et exclu-*
» *sif de l'âme....* Cette vérité si simple, si claire, si
» irréfutable, démontrée par des faits innombrables
» de physiologie et de pathologie n'a été reconnue
» que bien tard, et de nos jours il est même difficile
» d'en prouver l'évidence au plus grand nombre de
» ceux qui ne sont pas médecins .»

Je sais même des médecins pour qui cette proposition est loin d'être évidente. Mais peu importe; il

n'y a point deux sortes d'évidence, l'une au service
des médecins, l'autre au service de leurs clients.
Monsieur Büchner, tout médecin qu'il est, fera bien
de se soumettre aux exigences de la logique ordinaire.

Or voici toute cette argumentation qu'il regarde
comme décisive :

« Les nerfs ne ressentent pas la sensation en eux-
» mêmes ; mais ils font naître les sensations par les
» impressions qu'ils reçoivent du dehors en les
» transmettant au cerveau... Que l'on coupe quelque
» part le filament du nerf sensitif.... il arrivera qu'au
» moment toute faculté de sensation cesse pour ces
» parties du corps dont ce nerf fait partie.... Quand
» on enlève une partie de la peau frontale et qu'on
» la transplante sur le nez, l'individu qui a subi cette
» opération croit sentir l'impression au front quand
» on lui touche le nez.... Des personnes qui ont
» subi une amputation ressentent toute leur vie, aux
» changements de température, des douleurs à la
» jambe ou au bras amputé!» — De même pour la
volonté : « Ce n'est pas dans les muscles, mais
» dans le cerveau seul que la volonté excite un
» mouvement quelconque, et ce n'est que dans cet
» organe que puisse se former un acte de volonté.
» Les nerfs.... ne sont que les messagers qui trans-
» mettent aux muscles les ordres du cerveau. Si l'on
» interrompt cette communication, toute action vo-
» lontaire cesse.... Il faut que les rudiments des

bre, elle réglerait tous nos mouvements avec la plus grande facilité et avec une infaillible précision.

— Oui, si l'âme pouvait se diviser en se répandant dans le corps ; si elle pouvait sentir ou vouloir en quelque sorte par portion et dans plusieurs membres à la fois. Mais nous soutenons, nous spiritualistes, que l'âme est une substance simple, inétendue ; si elle veut se rendre compte de ses actes, penser à ce qu'elle fait, elle ne peut voir distinctement qu'une seule sensation à la fois, ou ne vouloir qu'un seul mouvement. Sur un champ de manœuvres très-inégal, très-accidenté, placez un général à la tête de cent mille hommes ; supposez-lui le don d'ubiquité et la puissance de mouvoir un escadron par un seul acte de volonté. Tout marchera-t-il toujours au gré de ses désirs ? assurément non ; car il ne peut à chaque instant penser à tout. L'âme est aussi forcée de négliger certains détails ; son service est trop compliqué ; elle a beau être partout, son attention ne peut être partout éveillée. De là le soin qu'elle prend de se former des habitudes qui la dispensent de réfléchir ; de ces habitudes et de l'inexpérience primitive viennent les bévues dont on nous parle. Il y aurait ici bien d'autres choses à dire ; mais pourquoi s'appesantir sur cette erreur de détail et sur cette peccadille ? Un matérialiste en aveu en a bien d'autres à confesser.

Seconde proposition : c'est le cerveau qui produit la pensée.

« L'anatomie comparée.... nous montre par toute
» l'échelle des animaux jusqu'à l'homme que l'éner-
» gie de l'intelligence est en rapport constant et
» ascendant avec la constitution matérielle et la
» grandeur du cerveau. »

On ferait un gros livre, livre aussi plaisant qu'instructif, si l'on voulait discuter toutes les hypothèses imaginées, depuis un siècle, pour expliquer par
les qualités physiologiques du cerveau les divers
degrés de l'instinct, chez les animaux, et de l'intelligence, chez l'homme. Soutient-on que pour juger un
cerveau à ce point de vue il suffit de le peser? On doit
admettre alors, pour être logique, que l'éléphant et
la baleine sont plus intelligents que l'homme; et si
l'on se récrie en prétendant qu'il faut tenir compte
de la grandeur de l'animal et comparer la masse du
cerveau à la masse du corps dont il fait partie, voilà
que les petits oiseaux et plusieurs espèces de singes
passent avant nous; ils ont le cerveau relativement
plus développé que l'homme. Ces résultats attestés
par les autorités les plus respectables en cette
matière n'empêchent pas M. Büchner d'écrire :
» L'homme, l'être supérieur, a absolument et relati-
» vement le plus grand cerveau,» mais cela le force
à ajouter immédiatement cette restriction significa-
tive : « Si le cerveau de quelques animaux.... sur-

» passe en masse celui de l'homme, cette anomalie
» apparente ne provient que du volume de ces par-
» ties célébrales qui président comme organe cen-
« tral du système nerveux du corps aux fonctions
» de relation et de sensations.... tandis que ces
» parties du cerveau qui président principalement
» aux fonctions de la pensée n'approchent en aucun
» animal la proportion de grandeur et de forme
» de celle de l'homme.» A quoi on a répondu, il
y a déjà bien des années, qu'en échelonnant les
animaux suivant le rapport qui existe entre le
volume de la partie antérieure et celui de la partie
postérieure de leur cerveau, on arrive à un résultat plus singulier encore : l'homme devrait s'in-
cliner d'abord devant le lapin juché, tout tremblant
sans doute, au sommet des choses ; puis viendrait
le chat, puis l'âne, puis l'hyène, et d'autres animaux que, pour ma part, je ne connais point, ne
les ayant jamais crus si hauts personnages. L'homme
viendrait immédiatement après le macaque....

Mais, dit Moleschott que nous appellerons ici au
secours de M. Büchner, ce n'est pas ainsi qu'il faut
s'y prendre. « Sœmmerring, le plus grand anatomiste
» du corps humain qu'ait produit l'Allemagne.... a
» découvert une loi importante, à savoir que le
» cerveau de l'homme comparé à la masse des nerfs
» céphaliques est plus grand que le cerveau de
» n'importe quel animal (1).»

(1) *La circulation de la vie,* dix-huitième lettre : *La pensée,*
t. II, p. 156.

C'est vrai, et il aurait pu ajouter qu'à ce point de vue l'orang-outang suivrait immédiatement l'homme; mais les poissons passeraient avant le chien, le cheval, etc. Evidemment cette «grande loi» est encore exclusive et trop courte; il faut nécessairement recourir à des mesures moins précises et plus complaisantes. M. Büchner l'avoue. « Pour déterminer » l'intelligence d'un cerveau, il ne suffit pas, dit-il, » d'en considérer la *grandeur* et le *poids*, mais aussi » l'organisation, par conséquent la *forme*, la *struc-* » *ture*, la *conformation de ses anfractuosités* et la » *composition chimique.*»

Dieu sait le nombre de crânes que ces messieurs se préparent à mettre en pièces!

Nous n'avons sur tout cela que «très-peu de données» au dire de notre auteur lui-même. Si du moins on les admettait sans conteste! «Les cerveaux » des animaux d'un ordre supérieur ont *en général* » plus de graisse.... et plus de phosphore. — Le » cerveau du fœtus a moins de graisse que celui de » l'homme adulte. »

« De très-petits cerveaux d'animaux, par exemple » celui du cheval, du bœuf contiennent... une très- » grande masse de graisse, de sorte que la quantité » semble compensée par la qualité. » — « Le poids » de la graisse du cerveau des animaux qu'on sou- » met à un jeûne involontaire, ne diminue en rien, » preuve évidente que les fonctions du cerveau ré- » clament une certaine quantité de graisse. » — « Le

» cerveau du nouveau-né a déjà plus de graisse que
» le cerveau du fœtus et la graisse semble, selon
» Bibra, augmenter assez vite en quantité avec l'âge
— Enfin la graisse et le phosphore qu'elle contient
voilà l'élément d'où jaillit l'esprit et l'on s'écrie en
citant Moleschott : «Sans phosphore point de pensée.»

Après cela vous croiriez, n'est-il pas vrai, qu'il
suffit d'avoir un cerveau riche en phosphore pour
être un grand homme, tout au moins un esprit lucide. Il n'en est rien cependant, car voici comment
Moleschott réduit à néant les affirmations de son
trop ardent disciple.

« J'ai parlé, dit-il, de la présence du phosphore
» dans la graisse célébrale et von Bibra l'a démontré
» depuis lors par une série des plus scrupuleuses
» recherches. » — Mais «en 1850 j'ai déjà démontré,
» avec insistance, qu'on ne peut conclure du rap-
» port nécessaire qui lie le cerveau à la graisse
» phosphorée, qu'une intelligence puissante ait pour
» terme corrélatif la présence d'une plus grande
» quantité de phosphore dans le cerveau. Je le ré-
» pète, en insistant davantage, la composition d'un
» organe souffre du trop aussi bien que du trop
» peu (1). »

M. Büchner s'appuyait principalement sur l'autorité de von Bibra ; or Moleschott continue impitoya-
blement. « Il faut que le lecteur ait sous les yeux

(1) *La circulation de la vie*, dix-huitième lettre, *la pensée*.

» les propres termes de von Bibra : Je suis arrivé
» par une série de recherches à me convaincre que
» le phosphore qu'on trouve dans le cerveau est une
» partie constitutive intégrante de cet organe, et,
» en conséquence il n'y a pas de doute qu'il ne soit,
» d'une manière générale, absolument nécessaire
» à la composition du cerveau ; *mais je suis con-*
» *vaincu qu'une plus ou moins grande quantité de ce*
» *corps n'a aucune influence sur le plus ou moins*
» *d'intelligence, qu'elle ne peut servir de caractère à*
» *l'idiotie et au délire, et qu'*IL N'Y EN A PAS CHEZ LES
» ANIMAUX SUPÉRIEURS UNE PLUS GRANDE QUANTITÉ QUE
» CHEZ CEUX DES CLASSES INFÉRIEURES (1). »

M. Büchner devrait bien indiquer où il prend ses
citations. Il se borne toujours à en nommer les
auteurs. Tout au moins devrait-on alors avoir grand
soin de ne pas leur faire dire exactement le contraire de leur pensée.

Les anfractuosités du cerveau sont un autre signe
qu'il faut « surtout considérer, » dit notre auteur :
« Huschke a trouvé qu'une race animale était supé-
» rieure et plus intelligente en raison que les an-
» fractuosités du cerveau montraient plus de sinuo-
» sités, plus de profondeur dans les sillons, plus
» d'empreintes et de ramifications, d'asymétrie et
» d'irrégularité.... Le cerveau de l'ingénieux Beet-
» hoven présentait des anfractuosités encore une

(1) Loc. cit. p. 147.

» fois plus profondes et plus nombreuses que celles
» d'un cerveau ordinaire. » — « Les stries très-
» visibles au cerveau de l'adulte ne se montrent
» pas au cerveau de l'enfant. Plus ces stries de-
» viennent visibles , plus l'activité intellectuelle
» augmente. » —

Je me borne à mettre en regard de ces textes
quelques lignes de Moleschott : « Chez les singes
» et même chez ceux que la perfection de leurs
» facultés intellectuelles rapproche le plus de l'hom-
» me, *les circnovolutions ont une figure régulière* (1). »

Quelques pages plus loin je lis : « Les singes et
» en particulier les lémuridés n'ont pas les circon-
» volutions aussi ondulées que celles des éléphants
» et de la baleine (2). »

Et encore : « Il y a des animaux qui à l'état sau-
» vage vivent en société comme les *phoques*, les
» éléphants, les chevaux, les rennes, les *moutons*
» et les bœufs, et les dauphins; ils ont pour carac-
» tère l'irrégularité et le grand nombre de leurs
» circonvolutions (3). »

Ceci devient passablement ennuyeux; c'est d'un
plaisant trop uniforme. Laissons donc cette école
s'efforcer de faire jaillir la lumière du choc de ses
opinions et bornons-nons à deux réflexions mo-
destes, simples, vieilles, solides comme le bon sens :

(1) Loc. cit. p. 157
(2) Ibid. p. 160.
(3) Ibid. p. 157.

Sans doute on a prouvé par une foule d'observations que l'âme dépend étroitement du cerveau, mais il y a aussi un très grand nombre de cas cités par les plus célèbres physiologistes, où l'ou a vu des hommes conserver toutes leurs forces intellectuelles malgré les plus graves altérations du cerveau, et des lobes antérieurs du cerveau. De même, une foule d'auteurs affirment que l'aliénation mentale n'a souvent pour cause aucune altération sensible, aucune faiblesse, aucune difformité de cet organe. Les manuels de psychologie citent à ce propos des aveux remarquables échappés à Broussais, à Cabanis, etc.; j'y pourrais joindre ceux de Moleschott et de M. Büchner.

Ensuite, et ceci devrait glacer l'enthousiasme des plus ardents, que gagneront les matérialistes à démontrer, qu'en thèse générale au cerveau de tel poids, de telle forme, de telle composition chimique est plus favorable qu'un autre à l'exercice de la pensée? Tout le monde est d'accord que pour penser, du moins pour manifester sa pensée à ses semblables, l'homme a besoin de corps et de son cerveau. Comment en pourrait-il être autrement? Comment parler aux yeux et aux oreilles, sans employer les organes corporels ?

Si donc la science parvenait un jour à déterminer ce que doit contenir un cerveau pour être celui d'un grand homme, d'un esprit médiocre ou d'un sot, la thèse matérialiste n'aurait rien gagné à ces découvertes; on lui reprocherait toujours de confondre la cause d'un phénomène avec sa condition naturelle. Si toute sensation, tout mouvement, toute idée exprimée est un résultat de l'action combinée des deux substances, un produit de deux facteurs, dont l'un est matériel, il faut bien qu'elle dépende jusqu'à un certain point de conditions matérielles. C'est si simple que j'ose à peine l'écrire. Cessons donc une dispute qui ne peut aboutir; négligeons même de relever une foule de faits intéressants qui montrent l'âme humaine s'affranchissant, dans certaines circonstances extraordinaires, des lois qui l'assujettissent à son corps et agissant directement sur le monde extérieur, par des opérations surprenantes, ou même miraculeuses. J'ai hâte d'arriver à ce qui doit faire le fond de ce débat; et, pour en finir, j'accorde que c'est le cerveau qui pense, si je ne puis démontrer que le cerveau ne peut penser.

Troisième proposition. « *La pensée n'est qu'un mouvement de la matière.* »

Tout d'abord quelques lignes de texte à titre de renseignements et de curiosité : « Le sujet de ce » chapitre nous a été fourni par la déclaration » connue de Vogt : « Il y a le même rapport entre » les pensées et le cerveau qu'entre la bile et le » foie, ou l'urine et les reins.... » Bien loin de nous

» associer à ceux qui ont fulminé une condamnation
» contre son auteur, nous ne pouvons pourtant
» nous empêcher de dire que la comparaison n'est
» pas heureuse... L'urine et la bile sont des ma-
» tières palpables, pondérables et visibles, en outre
» (ce sont) des matières excrémentielles que le
» corps a usées et qu'il rejette. La pensée, l'esprit,
» l'âme, au contraire, n'a rien de matériel, n'est
» pas substance elle-même, mais *l'enchaînement de*
» *forces diverses réunies en unité, l'effet d'une con-*
» *currence de beaucoup de substances douées de forces*
» *et de qualités.* »

Ces deux dernières lignes résument tout le chapitre ; mais la pensée qu'elles expriment est mieux
rendue par cette épigraphe empruntée à Huschke et
que M. Büchner eut bien fait d'exploiter : « Il y a le
» même rapport entre la pensée et les vibrations
» électriques des filaments du cerveau qu'entre la
» couleur et les vibrations de l'éther. »

Ce mot, c'est tout ce que j'ai trouvé de plus spé-
cieux, dans nos modernes traités de matérialisme,
pour expliquer la conscience et la pensée. L'éther en
vibrant, dirait-on en développant cette comparaison,
frappe la rétine de l'œil avec une telle rapidité que
les impressions successives, parfaitement distinctes
en elles-mêmes, s'y confondent en une seule qui
parait continue et produit la sensation de la lumière ;
les diverses couleurs ne sont que le résultat des différences de longueurs ou d'intensité des ondes

éthérées. Qu'y a-t-il d'étonnant que des vibrations électriques dans le cerveau puissent y produire l'illusion de la pensée, de la conscience, et que de légères modifications dans ces mouvements, il résulte des phénomènes très-dissemblables en apparence, des idées, des passions, des actes de volonté, etc.

Voilà l'exposition de la doctrine : en voici la réfutation sommaire.

De prime abord et à la simple énonciation de cette thèse : la pensée est un mouvement de la matière — on se prend à songer qu'il n'y a peut-être pas au monde deux idées plus disparates que le mouvement dans l'espace et la pensée. Voici un grain de sable ; est-il plus éloigné de penser maintenant qu'il est immobile que si le vent le soulève ? Au lieu d'un grain de sable en mouvement, supposez une masse en ébullition ou en fermentation ; voyez-vous là rien qui approche d'une pensée ? Multipliez tant que vous le voudrez les pièces d'une machine, son activité en se diversifiant davantage se rapprochera-t-elle pour cela de l'activité du sujet pensant et de la conscience ? Or, qu'on le remarque bien, le mouvement dans l'espace, est d'après nos matérialistes eux-mêmes, la seule action réelle qui existe dans la matière. La comparaison de Huschke rend exactement le fond de leur pensée ; et les vibrations sont évidemment des mouvements. Qu'on se rappelle du reste cette phrase du docteur Büchner : «De tout temps il n'y a rien

» qui ait pu nous découvrir l'existence d'une force
» que les changements que nous observons dans la
» matière par le moyen de nos sens » et qu'on la
rapproche de cellle-ci : « Les phénomènes des choses
» ne sont rien autre chose que les produits des
» combinaisons diverses, variées, fortuites ou abso-
» lues des *mouvements matériels* entre eux (1).» C'est
d'après cette conception de la force que l'on énonce
l'axiome : « Point de force sans matière,» c'est-à-dire
sans corps en mouvement.

Mais tous les mouvements matériels sont soumis
aux lois de la mécanique, comme le répètent à l'envi
tous nos matérialistes ; que peuvent-ils donc répondre à ce mot de Leibnitz ? « On est obligé de con-
» fesser que *la perception est inexplicable par des*
» *raisons mécaniques*, c'est-à-dire par les figures et
» par les mouvements. Et feignant qu'il y ait une
» machine dont la structure fasse penser, sentir,
» avoir perception, on pourra la concevoir agrandie
» en conservant les mêmes proportions en sorte
» qu'on y puisse entrer comme dans un moulin. Et
» cela posé on ne trouvera, en la visitant en dedans
» que *des pièces qui se poussent les unes les autres et*
» *jamais de quoi expliquer la perception*. Ainsi c'est
» dans la substance simple et non dans le composé
» ou dans la machine qu'il la faut chercher (2).»

(1) Chap. I. *Force et matière.*
(2) *Monadologie*, no 17.

Choisissons en effet parmi les diverses classes de nos idées celle qui est la plus voisine de la matière, l'idée sensible et voyons s'il est possible de l'attribuer à notre système nerveux.

J'aperçois ma plume, et j'en conçois l'idée ; où cette idée se forme-t-elle ? Entre cette plume et mon œil, il y a des vibrations éthérées qui, dirigées par des lois mathématiques, viennent agiter ma rétine et l'ébranler de telle façon que ses mouvements, à elle, reproduisent ceux qu'excite dans l'éther l'objet que j'aperçois ; de là une image qu'on peut voir dans mes yeux. En réalité il n'y a là que des vibrations de molécules «qui se poussent les unes les autres.» Le nerf optique en s'ébranlant ne fait que transmettre au cerveau les mouvements qu'il reçoit ; jusqu'ici rien qui ressemble à une idée. —· Mais au cerveau ? — Eh bien, ici la machine se complique singulièrement, je l'avoue ; les mouvements moléculaires se subdivisent en oscillations variées à l'infini ; mais chacune de ces molécules fait-elle autre chose qu'obéir à la résultante des forces qui agissent sur elle ? peut-elle recevoir ou exécuter à la fois deux mouvements ? Non, elle n'en peut exécuter qu'un seul quelque soit le grand nombre de forces qui concourent à le lui imprimer ; et quand elle le communique aux autres, ce mouvement se divise mathématiquement, tout comme celui qui résulte des diverses pièces d'une machine où nous pourrions entrer. Or, dans toute machine, le mouvement produit en dernier lieu et en vue duquel les autres ont été combinés est aussi simple, en soi, que s'il était produit par une seule force, c'est-à-dire par la résultante de toutes les autres. Lors donc que transmises de molécules en molécules, les vibrations de l'éther, cause extérieure et première de la sensation, arriveront aux derniers atomes de mon cerveau, elles ne pourront leur donner que ce qu'elles ont donné aux premières molécules qu'elles ont ébranlées, sauf une vitesse ou une direction différentes. Mais qu'importent ici la vitesse et la direction, et que peuvent-elles pour transformer un mouvement en une pensée?

C'est donc se payer de mots que de dire avec Moleschott : « Toute idée vient de l'observation par » les sens. Mais l'observation par les sens est l'im-» pression que fait sur nos nerfs *un mouvement maté-» riel qui se propage jusqu'au cerveau.* La pensée est » un mouvement de la matière (1)...»

Ce n'est pas cela, dira Huschke ; vous raisonnez comme si le cerveau était une machine qui, s'emparant d'une impression brute venue de sens, lui ferait traverser divers appareils afin de l'élaborer peu-à-peu et la transmettrait enfin à un dernier organe chargé de lui donner sa dernière forme. Je reconnais que la transformation est impossible de cette manière. Pour expliquer l'idée par l'impression sensible, il faut dire que le frémissement du nerf

____

(1) *Circulation de la vie,* dix-huitième lettre.

impressionnée, se répand rapidement dans le cerveau tout entier, y cause une agitation générale qui dure quelques instants et où tous les mouvements particuliers se mêlent et se confondent ; de là l'illusion qui nous fait voir un continu qui n'est pas réel, à savoir l'unité de la pensée, ou du moi, ou de la conscience. — On m'accorde donc qu'une intelligence qui verrait ici la réalité pure et simple résoudrait toute idée en mouvements d'atomes, de même qu'avec des organes plus parfaits nous percevrions directement et une à une les vibrations de l'éther, au lieu d'éprouver les sensations trompeuses de la lumière et des couleurs.

Dès lors penser et vouloir ne sont plus que de vaines apparences. Voyons si cette explication vaut mieux que l'autre.

La pensée, la conscience, une illusion !

Quel sera, demanderai-je tout d'abord, le sujet qui se fera cette illusion ? La chose est facile à concevoir dans l'hypothèse spiritualiste ; l'âme impressionnée à la fois par une foule de mouvements ne peut plus suffire à les distinguer ; ils se confondent alors pour elle dans le temps ou dans l'espace et voilà l'illusion du continu, la couleur, le son, etc. Mais s'il n'existe rien que les atomes et leurs mouvements, où est donc l'être qui les rassemble tous et les voit confondus ? Ne faut-il pas nécessairement que, pour avoir cette idée du continu et en avoir conscience, cet être existe véritablement et par conséquent soit une substance? Or, abstraction faite de l'âme, qu'y a-t-il d'être réel et substantiel dans le cerveau ? Rien sinon les molécules, les forces élémentaires dont il se compose. Prises chacune en particulier, nous venons de le démontrer, et on nous l'accorde, elles ne peuvent avoir conscience du mouvement qu'elles exécutent; car il n'y a rien de commun entre une oscillation d'atome et une pensée; d'ailleurs si le mouvement de chaque molécule était une pensée, il y en aurait toujours une fourmilière dans le cerveau ; or, nous n'en avons qu'une à la fois, et nous sentons que le moi, sujet de nos pensées, est un, indivisible, simple dans tous ses actes.

— Mais c'est en masse, vous dit-on, qu'il faut les considérer.

— Soit, mais je vous ferai remarquer que tout ce qu'il y a d'être et de vraie causalité dans cette masse appartient aux atomes; il faut tout expliquer par eux, tout tirer d'eux. Dès lors voici ce que vous dites en soutenant que les mouvements du cerveau pris en masse constituent la pensée : Un atome de matière poussé en différents sens par d'autres atomes en mouvement, en reçoit *autre chose* qu'un mouvement d'une certaine direction et d'une certaine vitesse, représenté par la résultante mathématique des forces qui lui sont appliquées. *Ce* que les molécules se communiquent ainsi les unes aux autres forme, en s'additionnant, la conscience et la pensée. N'est-il pas vrai que, pour parler ainsi, il vous faut renoncer à votre axiome : il n'y a de force réelle, de cause véritable que celles qui gouvernent la matière suivant les lois mathématiques? Car enfin il faut bien attribuer à une cause quelconque, distincte des forces purement mathématiques, un effet qui échappe complètement au calcul rigoureux, infaillible de la mécanique.

Autre difficulté. Vous affirmez, n'est-il pas vrai, que chaque élément pris à part est un être réel, distinct, une substance qu'aucune autre ne peut anéantir, « qui a été, est et sera éternelle; » vous proclamez avec emphase que chacun de ces éléments a ses propriétés fixes, inaliénables, qu'aucune force au monde ne peut lui ravir : « Un atome d'oxygène, » d'azote de fer est et reste partout et sous tous les » rapports une et la même chose, *doué des mêmes* » *qualités qui y sont immanentes et ne peut jamais* » *en aucun temps devenir quelque autre chose.* » Qu'il se trouve n'importe où, il représentera le » même être; que la combinaison soit des plus hété- » rogènes, à la décomposition le même atome repa- » raîtra comme il est entré. Jamais et en aucune » manière un atome ne peut être créé de nouveau » ou cesser d'exister, il ne peut que *changer de* » *combinaison* (1).» Et encore plus explicitement, puisqu'il s'agit ici des combinaisons du cerveau : « Une particule de fer est et reste la même chose;

(1) Chap. II, *Immortalité de la matière.*

.» qu'elle parcoure l'univers dans l'aérolithe, qu'elle
» roule comme le tonnerre sur la voie ferrée, dans
» la roue d'une locomotive, ou qu'elle *circule dans le*
» *globule sanguin par les tempes d'un poète* (1).»

Voilà certes des individualités respectables. Maintenant, si vous accordez que chacune d'elles a conscience de son mouvement, n'est-il pas absolument nécessaire qu'il y ait à la fois autant de consciences ou d'affirmations distinctes du moi qu'il y a d'atomes dans le cerveau? — Mais non, dit-on, chaque molécule s'ignore et ne fait qu'osciller; mais il y a à chaque instant une résultante de tous ces mouvements, un effet général produit par toutes ces forces réagissant à la fois les unes sur les autres.

— Et où subsiste cet effet? N'est-il pas évident que, séparé des atomes, de sa cause matérielle, il n'est qu'une abstraction? Que si vous le réduisez aux modifications des atomes, comme ils ne font qu'osciller, cet effet se confond avec les oscillations mêmes.

Je reviens donc toujours avec ma question. Si la conscience est une illusion produite par le fourmillement des filaments du cerveau, quel est le sujet, la victime de cette illusion? Il est devenu évident, je pense, que c'est un être distinct des substances qui la causent par leur agitation; ce n'est donc pas le cerveau en masse qui s'illusionne lui-même; il est

(1) Chap. I, *Force et matière.*

impossible que «son état électrique» comme le veut M. Büchner, constitue la pensée.

Il resterait à dire qu'il y a quelque part dans le cerveau une particule de phosphore, d'oxygène, que sais-je? d'un élément matériel enfin, qui, essuyant à la fois l'effort de tous les autres et réagissant sur eux tous, acquerrait par le fait même la conscience. Quoiqu'elle n'en mérite pas une, je ferai trois réponses à cette dernière hypothèse.

1o Je l'ai déjà fait remarquer, un atome auquel arrive par un très-grand nombre d'intermédiaires une impulsion quelconque, ne peut en recevoir que ce que lui apporte la molécule qui le touche immédiatement. Voilà donc notre élément de fer ou de phosphore complètement isolé du cerveau et réduit à n'être plus que le centre d'activité d'une sphère infiniment petite, puisqu'elle s'arrondit autour d'un atome. Qui pourra jamais croire qu'il y a là tout ce qu'il faut pour faire d'un grain de poussière une intelligence, une personne?

2o Encore pourrait-on demander si cette molécule est réellement simple, indécomposable, inétendue, ou bien si c'est un corps matériel, étendu et par conséquent multiple et décomposable. Dans le premier cas j'accorde qu'elle peut penser, c'est précisément l'être simple, identique, immortel que je cherche. Dans le second cas, on démontre que cette particule, tant qu'elle sera étendue, sera dans l'impossibilité d'arriver à l'unité de la pensée et de la conscience. Je renvoie pour cela à tous les traités élémentaires.

3° Enfin, et c'est une justice à leur rendre, nos matérialistes modernes ne recourent pas à cette supposition. Tous ils rattachent la pensée à la vie et la vie n'est, comme ils disent, que l'échange de la matière, une combustion, un tourbillon, le tourbillon vital. S'il y avait quelque part dans les profondeurs du cerveau une molécule qui échappât à la circulation qui crée les hommes, celle-là ne pourrait en rien concourir à la production d'une pensée ; la pensée n'est qu'une certaine phase de la circulation incessante de la matière : «Végéter, dit Moleschott, » signifie combiner des corps simples en des corps » susceptibles d'organisation... Manifester la sensi- » bilité, le mouvement, la pensée à tous les degrés... » en brûlant des combinaisons organiques, cela veut » dire être animal. Nous pensons parce que la plante » végète (1).» Ceci me suggère une dernière réflexion.

Il est clair que pour chaque idée il faut un mouvement particulier du cerveau, en sorte que dans son ensemble il se modifie chaque fois que la pensée change. Quelles ne doivent pas être la mobilité, la délicatesse et l'infinie variété de ces fluctuations moléculaires pour qu'elles puissent produire, avec toutes leurs nuances, les innombrables actes d'intelligence, d'imagination, de sensibilité, de sentiment,

(1) *Circulation de la vie,* huitième lettre : *Les plantes et les animaux.*

de volonté dont la conscience la plus exercée, la plus réfléchie, la plus prompte ne parvient à saisir que la moindre partie. Les flots de la mer ne sont ni plus profonds ni plus mobiles. Dans l'hypothèse matérialiste, tous ces mouvements sont produits par les impressions du monde extérieur, et ils doivent varier sans cesse de direction et d'énergie, dans la mesure des variations que subissent nos sens. Le matérialisme est faux si l'on peut démontrer que la pensée n'est pas entièrement soumise aux changements incessants du milieu physique où elle se produit. Or, ceci est un fait d'expérience. Préoccupé d'une question sérieuse et après y avoir réfléchi longtemps, je suppose, dans votre cabinet, vous sortez brusquement dans la campagne en réfléchissant toujours. L'air est vif et pur ; la respiration s'active ; un rayon de soleil vient baigner votre front, etc.... N'est-il pas vrai que tout cela modifie considérablement l'état électrique de vos nerfs ? D'où vient donc que le courant de vos idées reste le même? d'où vient que votre cerveau, la partie la plus impressionable de tout le système nerveux, continue à s'agiter de manière à produire sans cesse par l'addition de ses mouvements ces dix, quinze, vingt idées que vous comparez ensemble depuis si longtemps, que vous tournez et retournez et tourmentez de mille façons pour en faire jaillir un nouveau rapport, une idée nouvelle? Quel matérialiste expliquera ce fait si simple? Qu'est-ce donc que l'étude, qu'est-ce que l'attention pour un matérialiste, qu'est-ce pour lui qu'un penseur, une puissante intelligence? Si c'est à force d'être subtile, mobile, impressionable que la matière du cerveau peut transformer un courant électrique en une pensée, c'est-à-dire en un système d'ondulations beaucoup plus compliqué, il faut apprécier un cerveau ou une intelligence comme on apprécie un baromètre, un thermomètre, un hygromètre; le plus sensible, le plus mobile est le meilleur. A ce compte, l'esprit réfléchi, absorbé, sera un instrument grossier, l'homme de génie, une girouette.

Mais ce n'est pas ici qu'il faut demander compte au matérialisme de l'attention et de tout ce qui en nous est manifestement spontané, volontaire ou libre. Je me borne maintenant à démontrer, qu'il y a, dans tout travail intellectuel suivi, un fait qui accable ce système. Pas un industriel, pas un artiste, pas un écrivain, pas un orateur ne peut prévoir ce qu'il fera, écrira ou dira dans quelques jours, dans quelques instants, si la pensée n'est «qu'un mouvement de la matière.» Dieu sait ce que pourrait devenir une grave leçon de philosophie ou de mathématiques donnée par un chœur d'atomes! Et les poètes, et les grands orateurs! Voyez d'ici Démosthène s'élançant à la tribune, l'âme émue, c'est-à-dire le cerveau électrisé, magnétisé, chauffé : que de mouvements dans cette tête! Que de frémissements, de bruissements dans ces atomes! Leurs combinaisons et leurs mouvements contiennent, rangés par ordre,

les raisonnements, les images, les passions dont le
tissu serré, animé, pressant, éblouissant, doit convaincre et enthousiasmer six mille auditeurs les plus
distraits, les plus railleurs, les plus insouciants qui
furent jamais. Ah! s'il savait, le grand homme, ce
que c'est que la pensée! S'il avait pu deviner ce que
le calcul et la balance ont enfin révélé au zèle infatigable de l'école restée fidèle à Démocrite, qu'il
mettrait de précaution à porter son cerveau jusque
sur la place publique! qu'il hisserait doucement et
lentement, au-dessus de la foule, ce système de
forces si savamment équilibrées, ce merveilleux fruit
de ses veilles! Et qu'arrivera-t-il grand Dieu! si le
temps se met à l'orage, si l'air, si la tribune s'élec-
trisent!... Qu'on y songe, tout est perdu; l'orateur
est sifflé, Eschine vengé, Philippe vainqueur, Athènes
conquise, si à telle minute, à telle seconde, un seul
atome exécute imparfaitement la vibration qui lui
est assignée précisément pour cet instant. Mécaniquement parlant (et c'est ainsi qu'on nous parle) il
faut nécessairement que cette perturbation gran-
disse, s'étende à tout le cerveau qui, par le fait
même, commencera une série de pensées de plus
en plus différentes de celles que l'orateur se pré-
parait à exprimer.

Cet argument est bien simple, bien facile à saisir;
mais il est sans réplique et vraiment écrasant pour
le matérialisme. On pourrait l'étendre, le généraliser
et lui donner encore une nouvelle force en le rap-

prochant de tout ce que la science moderne nous apprend de l'échange de la matière et de la vie. Le tourbillon vital, si nous n'avions pas d'âme, ferait de chaque homme un être qui changerait sans cesse, et en qui serait impossible le sentiment du *moi* et la conscience qu'il a de son identité. Tous les traités élémentaires le disent, et jamais on n'a répondu sérieusement à cet argument devenu banal. Si dans notre corps aucune molécule ne reste en place, celles qui arrivent et chassent les autres peuvent-elles former un être *identique* à celui qu'elles ont démoli et reconstruit à neuf tout entier? Si c'est le cerveau qui pense, il est impossible qu'il se persuade être ce qu'il n'est pas, c'est-à-dire cet autre cerveau auquel il a succédé. Quelque rigoureuse précision que puissent mettre les atomes à se remplacer un par un (et cela n'est pas, car le cerveau croît et puis décroît), en réalité il sont des substances nouvelles, des sujets nouveaux de la pensée; on a beau dire que le nouvel organe ressemble au précédent on reçoit pour réponse péremptoire, que deux êtres, quelque semblables qu'on les suppose, ne sont pas pour cela plus près de ne faire qu'un seul et même être.

Enfin, au lieu d'opposer seulement au matérialisme la conscience invincible que nous avons de notre idendité, on pourrait l'obliger à rendre compte de l'enchaînement rationnel de toutes les pensées dont le *moi* est le sujet permanent. Voici le problème

que devrait alors résoudre M. Büchner : Etant données les lois purement physiques des combinaisons
et des mouvements qui forment la pensée, expliquer
comment le cerveau, malgré l'écoulement incessant
de ses parties constitutives, peut reproduire à tout
instant les connaissances acquises pendant une longue vie

Je m'explique. Entre deux érudits surgit à l'impro-
viste une discussion sur l'opportunité de telle mesure, prise tel jour, par tel prince, dans telle
circonstance difficile. Depuis des années peut-être
ni l'un ni l'autre n'avait songé à ce point d'histoire.
Mais, la discussion aidant, les souvenirs se réveillent
de part et d'autre; on rappelle force événements,
on cite force noms de princes ou d'auteurs, force
raisonnements que l'on a lus, ou faits par soi-même,
quand on consultait les sources. N'est-il pas vrai
que ces deux cerveaux ont fort à faire et qu'ils sont
tout entiers agités par cette querelle? Mais hier,
mais tantôt, ces mêmes savants discutaient d'autres
points, lisaient d'autres ouvrages; ils n'ont fait
qu'interrompre une étude, où ils vont se replonger,
et où ils retrouveront à l'instant un monde de souvenirs tout différents. Or, pendant qu'ils discutent,
lisent, écrivent, leur cerveau change et se consume
en se renouvelant, d'autant plus rapidement qu'il se
meut davantage. Il faut qu'il y ait de la suite dans
leurs idées que les éléments matériels qui arrivent
reproduisent fidèlement tous les mouvements, exé-

7

cutés par les éléments éliminés. Certes ce ne doit pas être chose facile; pourtant c'est là la moindre difficulté. Il ne suffit pas qu'ils représentent par leur agitation la pensée qu'énonce ou pense actuellement le cerveau; il faut qu'ils reproduisent encore exactement la part d'activité que prenaient leurs devanciers à ces myriades de sourds ébranlements ou d'idées acquises antérieurement et auxquelles on ne pensera plus peut-être avant quelques années. Tout à l'heure nous tremblions pour la harangue de Démosthène; mais qu'est-ce qu'un discours en comparaison de la science d'un Aristote, d'un Leibnitz, de ces hommes qui ont su tout ce que savait leur siècle? Quand même le cerveau humain ne se renouvellerait point, je demande s'il est concevable qu'au milieu des perturbations du monde physique, il représente, par les seules combinaisons de ses mouvements, les connaissances accumulées par le travail d'un de ces hommes. Car il faut bien le remarquer, tout souvenir quelque confus qu'il soit doit être représenté quelque part dans l'agitation du cerveau, si la pensée n'est que cette agitation. Mais quel trésor de souvenirs nous pouvons amasser chaque jour! et combien les mouvements du cerveau doivent se compliquer pour les élaborer toujours! Comment se fait-il donc que mes pensées actuelles (c'est-à-dire mes mouvements actuels) ne sont pas gênés par les mouvements qui correspondent à telle vérité que j'ai tantôt apprise? J'éprouve, au contraire, que plus j'enrichis mon intelligence (plus j'augmente ce tumulte de mon cerveau) plus claires, et plus distinctes, et plus précises, deviennent toutes mes pensées. Et l'on croira qu'en n'obéissant qu'à sa force individuelle, chaque molécule de fer, d'oxygène, de phosphore, etc., se pliera à toutes ces exigences, satisfera à toutes ces conditions ?

Certes, il est difficile d'admettre qu'actuellement j'aie dans l'encéphale une modification quelconque qui corresponde à chacune des connaissances que m'ont données depuis trente ans mes sens, ma raison et mon expérience. Tout homme qui y réfléchira, devra dire que l'explication de la mémoire par des traces laissées dans le cerveau, est insuffisante et fausse. Que sera-ce quand on songera au tourbillon vital ? Qui prendra soin de régler si bien toutes choses dans ma tête, que telle molécule de fer ou de phosphore aille justement remplacer tel atome, qui parmi bien d'autres rôles qu'il doit remplir, concourt par son mouvement à reproduire telle date, telle formule, tel argument dont j'aurai besoin l'an prochain. Et si d'ici là j'ai la fièvre, que deviendront tous ces petits mouvements d'arrière-plans, ces agitations confuses perdues dans l'ombre du tableau que m'offre ma conscience ? Lorsque, dans le délire, mon cerveau sera tellement bouleversé que je n'aurai plus une seule idée distincte, qui le rétablira dans son état antérieur ? Je conçois, si l'on veut, que le calme, revenu dans mon organisme, mes sensations reprennent leur cours et me donnent des connaissances nouvelles, mais mes chers souvenirs, mais mon petit trésor de philosophie si péniblement amassé, qui me le rendra?

Ah! je ne m'étonne plus d'avoir parfois à me plaindre de ma mémoire. Mais comment se fait-il qu'il y ait dans le monde si peu de fous? Car enfin, que, dans le tourbillon de la vie, quelques molécules soient imparfaitement remplacées, voilà une perturbation qui peut avoir pour moi des conséquences incalculables. Qui saurait dire en effet quelles sottes images peut me donner le nouveau mouvement qui en résultera dans mon cerveau? Pascal, dit-on, se croyait toujours au bord d'un précipice. Qui est-ce qui a pu arrêter le trouble de son organisme et empêcher ce mouvement désordonné de s'étendre successivement à toutes les fibres de son cerveau? Fatalement, mathématiquement, cette infirmité devait, en quelques jours, le conduire aux petites maisons, si la thèse matérialiste est vraie.

Mais si elle était vraie, qui échapperait aux petites maisons? Un matérialiste convaincu ne devrait-il pas s'y rendre par mesure de prudence?

CHAPITRES XV et XVI.

NATURE DES IDÉES ET DE LA RAISON.

Aux faits de conscience, c'est-à-dire aux plus certains, aux mieux connus de tous les faits, il faut nécessairement pour sujet et pour cause un être simple, permanent, qui ne peut être considéré ni comme le résultat du tourbillon vital, ni comme un de ses éléments. C'est la conclusion légitime de notre dernière étude.

Soumettons le matérialisme à une nouvelle épreuve, demandons-lui compte, non plus seulement de la *pensée* et de la *conscience*, mais de l'*idée* et de la *raison*. Je m'explique.

On n'a pas tout dit sur l'intelligence quand on a démontré que son acte général, la perception, est radicalement distinct de l'activité matérielle et spé·cialement de l'agitation moléculaire du cerveau. L'acte intellectuel a bien d'autres conditions à remplir. Il faut notamment qu'il ait un objet ; en d'autres termes, il faut qu'il atteigne à une réalité quelconque, distincte de lui-même ; il faut qu'il la saisisse, qu'il la comprenne jusqu'à un certain point. C'est par là seulement qu'une pensée peut être vraie, et la vérité est évidemment ce qui fait le prix de la pensée.

Or, le matérialisme, nous allons le voir, enlève tout objet à la pensée, tout sens au mot *vérité*. Dès lors plus de connaissance possible, plus de science, plus de raison. Sans règle et sans objet, l'intelligence s'évanouit ; le monde intelligible, à son tour, devient « ce cahos primitif, » cette « poussière infinie et indéterminée, ce « devenir » qu'on nous a déjà présenté comme le père de l'univers et auquel doit aboutir, dans toutes les directions, la spéculation suivant la méthode hégélienne.

Dans un ouvrage destiné à tous les esprits cultivés et qui n'est qu'un ensemble de règles pratiques pour la recherche de la vérité quelle qu'elle soit, Balmès a dit : « Qu'est-il besoin de savoir pour bien » penser si l'idée est ou n'est point distincte de la » perception? Si elle est ou n'est point une sensa- » tion transformée? de savoir d'où elle vient enfin, » si elle est acquise ou innée? *La solution de ces » questions.... exigerait des observations psycholo-* » *giques auxquelles on ne peut se livrer qu'en aban-* » *donnant tout autre travail, sous peine d'entraver* » *ou de fourvoyer son intelligence* (1). »

Certes, M. Büchner a d'autres soucis que ceux de la psychologie. Cependant il est bien vite parvenu à se donner sur ce point difficile tous les apaise- ments désirables. « *En nous fondant sur des faits clairs et palpables, nous n'hésitons pas* à nous inscrire contre les idées innées. »

A vrai dire rien n'est plus curieux que la manière dont il envisage la question : « Elle n'est pas de » celles qui peuvent être noyées dans un déluge de » phrases philosophiques et embrouillées, mais elle » a de la chair et du sang.... et peut être discutée » par des faits établis par l'expérience et sans cli- » quetis de mots. C'est pour cette raison que ce sont » principalement les Anglais et les Français qui ont » proposé et discuté cette question; car l'esprit et » la langue de ces peuples s'opposent à cette manie

<hr>

(1) *Art d'arriver au vrai*, chap. XIII, § I.

» puérile de se jouer des idées et des mots, manie
» que les Allemands appellent philosophie et pour
» laquelle ils se croient, à tort, en droit de regarder
» les autres nations par-dessus l'épaule.... On a
» souvent émis l'avis, et non sans cause, de traduire
» les œuvres philosophiques des Allemands dans
» une langue étrangère pour les purger de tout le
» fatras puéril et inintelligible ; certes la plus grande
» partie ne passerait pas le tamis.... Après la courte
» période où la philosophie de Hégel a jeté quelques
» éclats passagers, les philosophes allemands tristes
» et abattus se glissent à l'ombre ; ils ont perdu
» presque tout crédit, on ne les écoute plus, on ne
» les écoute que d'une oreille. »

Je n'ai pu m'empêcher de reproduire ces lignes.
C'est un hors-d'œuvre sans doute, mais qui est plus
curieux et plus instructif que tout le reste du chapitre. La grande cause du matérialisme contemporain
en Allemagne, c'est Hégel. Après l'orgie de la spéculation, le dégoût de la spéculation ; après un en-
goûment sans exemple, une amère déception, et
puis la dérision et le mépris. Ajoutez que la logique
de ce « bateleur de la pensée (2)» avait pourri les
derniers liens qui rattachent l'esprit à la vérité ;
ajoutez que tout son système d'abstractions n'était
que de l'empirisme déguisé, du matérialisme volati-
lisé et vous comprendrez que l'Allemagne matéria-

(1) L'expression est de Schopenhauer à qui M. Büchner l'a
empruntée.

liste, c'est l'Allemagne encore hégélienne mais dégrisée et refroidie.

Cependant en quelque discrédit que soit tombée chez nos voisins la plus noble des sciences humaines, la «science première» comme l'appelle si justement Aristote, comment expliquer qu'on y puisse imprimer et réimprimer quinze ou vingt fois un ouvrage où on lit entre autres énormités : «Le phi-» losophe français Descartes admit que l'âme entrait » au corps douée de toutes les connaissances possi-» bles et qu'elle ne les oubliait qu'en sortant du » corps maternel pour se les rappeler peu à peu plus » tard.» Platon, et Platon surfait, défiguré, au lieu de Descartes! Quelle érudition pour un Allemand!

On sait que Locke, dans la guerre qu'il fit aux idées innées, les confondit perpétuellement avec la connaissance explicite, actuelle. Notre auteur fait la même méprise et les deux chapitres que nous analysons ici sont presque exclusivement consacrés à démontrer que l'homme n'a de *connaissances* que celles qu'il acquiert dans le cours de sa vie et qui varient suivant le milieu où il se trouve, l'enseignement qu'il reçoit, etc. «Tout observateur exempt de préjugés » s'est convaincu que la pensée ne se développe » qu'insensiblement dans l'homme.... Le fœtus ne » pense pas, *n'a pas la conscience de lui-même.* Nulle » trace d'un *souvenir* de cet état ne revient à l'homme » dans le cours de sa vie ultérieure.... Encore n'est-» il pas possible d'admettre qu'à la naissance une » âme quelconque, toute formée.... se précipite pour

» prendre possession de la nouvelle demeure; au
» contraire, cette âme se développe insensiblement
» et très lentement en suite des rapports qui s'éta-
» blissent, par le réveil des sens, entre l'individu et
» le monde extérieur.»

Viennent ensuite une foule d'arguments tirés de
l'ignorance complète de la lumière chez les aveugles;
du son chez les sourds; de Dieu et de tout chez les
malheureux qui ont été dès leur enfance séquestrés
de la société : puis enfin un tableau, triste par le
sujet mais gai par la peinture, des singularités et
des misères observées chez les peuples sauvages.
Après cela on croit avoir surabondamment démontré cette thèse inouïe : «C'est par les sens qui se for-
» tifient par l'exercice, c'est par les impressions du
» dehors qui s'accumulent et se répètent, que se
» forme lentement et insensiblement un *tableau in-*
» *térieur* du monde objectif sur *le fond matériel de*
» *l'organe présidant à la fonction de la pensée.* »

C'est la «table rase,» la vieille métaphore des sensualistes que M. Büchner doit prendre, lui, à la
lettre; car, dans son système, c'est le cerveau même
qui pense; c'est le cerveau qui doit être cette surface parfaitement neutre, cette toile parfaitement
blanche où rien ne guide, rien ne dirige, rien n'en-
richit le travail des sens créant la pensée.

Or, nous l'avons vu, cette prétendue surface
n'existe pas, elle se fait et se défait et s'écoule sans
cesse. Supposons pourtant qu'elle demeure. Admettons même contre l'évidence que son étendue ne

s'oppose.pas à la pensée. Après toutes ces concessions, on peut encore prouver que cette substance soi-disant simple, active et permanente n'a pas encore tout ce qu'il faut pour devenir une intelligence. C'est l'âme de Locke, ce n'est pas l'âme de l'homme.

En quelques pages on peut démontrer cette proposition :

Le sensualisme (la doctrine de la table rase) détruit toute connaissance et toute science.

Il n'est pas si facile qu'on paraît le croire d'expliquer la perception d'un objet ou la connaissance. « Un tableau intérieur du monde extérieur» c'est bien vite dit, mais comment comprendre la formation de ce tableau ou de ces images? J'ai déjà fait entrevoir les insurmontables difficultés que rencontre cette théorie, même sur le terrain de la perception sensible externe. Quand j'examine une fleur, il se produit bien sur ma rétine une image de cet objet, mais pourra-t-on jamais se persuader que le nerf optique, qui traverse des espaces obscurs, transporte cependant cette *image* jusqu'au cerveau et l'y reproduise sur une toile où ne pénétrera jamais un rayon de lumière?

Il en est de même du toucher, de l'ouïe, du goût, de l'odorat; il n'est pas concevable que l'impression faite par les objets extérieurs sur l'extrémité des nerfs qui s'épauouissent en ces divers organes puisse se transmettre jusqu'au cerveau, *sans se transformer.* Enfin, qu'on y réfléchisse un instant, et l'on verra combien il est absurde de penser que le cerveau puisse devenir une copie matérielle de l'univers, une photographie non pas seulement lumineuse, figurée, colorée, mais solide, mobile, froide ou chaude, dure ou tendre, rude ou polie, etc. — mais sonore, discordante, harmonieuse, etc., mais douce ou amère, etc., mais odorante et parfumée, ou nauséabonde, etc.

Cependant si le cerveau ne peut pas devenir tout cela, nos adversaires doivent avouer qu'il n'en peut avoir l'idée véritable ; car, d'après eux, l'idée n'est que l'image matérielle des objets sensibles et pour être vraie l'image doit ressembler aux objets. Tous nos matérialistes souscriraient à cette déclaration de leur père en idéologie, dans les temps modernes : «Puisque l'esprit n'a d'autre objet de ses pen- » sées et de ses raisonnements que ses propres » idées, qui sont la seule chose qu'il contemple » et qu'il puisse contempler, *il est évident que ce n'est* » *que sur nos idées que roule toute notre connais-* » *sance* (1). » Il n'y a donc aucun moyen pour eux, de suppléer à l'insuffisance de l'image ou de la corriger, en la comparant à l'objet lui-même. Le cerveau en pensant ne fait que se sentir, se voir lui-même. Penser n'est pour lui que *se trouver dans tel état matériel, et cet état n'est pas du tout semblable à celui des objets auxquels il pense.* On voit déjà combien il faut rabattre des prétentions de M. Büchner et le peu qui reste de son «tableau» sur le «fond matériel

(1) Locke, *Essai sur l'ent. hum.*, lit. IV, chap. I, § I.

de l'organe.» Toute la ressemblance de la pensée avec son objet doit nécessairement se borner à un rapport d'une nature inconnue entre l'agitation du cerveau et celle de la matière extérieure.

Moleschott dit aussi : « La pensée n'est que la » page sur laquelle viennent s'inscrire les faits.... » elle n'a d'autre privilége que celui de les raconter, » privilége qui résulte de l'observation et des » sens (1) ; » mais voyez à quelles conséquences cette doctrine le conduit : «Tous les faits, l'observation » d'une fleur ou d'un insecte, la découverte d'un » monde ou l'examen des caractères de l'homme, » que sont-ils sinon des *rapports* des objets à nos » sens? Si le rotifère a un œil composé d'une simple » cornée, ne recevra-t-il pas d'autres images que » l'araignée qui nous présente un cristallin et un corps » vitré? *Voilà pourquoi le savoir de l'insecte* ou la » connaissance des effets qui composent le monde » extérieur pour l'insecte *n'est pas le savoir de* » *l'homme* (2).»

Cette expression « le savoir de l'insecte » est tout une révélation. Si l'insecte sait quelque chose, ce qu'il sait est sans doute la *vérité* ou *ce qui est ;* évidemment on ne peut savoir ce qui n'est pas. Pourtant un même objet fait sur l'insecte et sur l'homme une impression fort différente; car une impression ne peut être qu'un rapport, et tout rapport change

(1) *La circulation de la vie,* 2e lettre.
(2) *Ibid.*

essentiellement quand l'un des deux termes varie.
Qu'est-ce donc que la vérité dans l'hypothèse matérialiste? Exactement ce que sont le froid et le chaud,
le doux et l'amer, toutes choses qui varient d'un
organisme à l'autre, qui sans les êtres organisés
et sensibles ne seraient pas. La logique, les mathématiques elles-mêmes ne sont qu'un rève ; péniblement élaborées par l'intelligence humaine, c'est-à-
dire dégagées de nos perceptions sensibles, elles
s'éloignent de la réalité plus encore que la sensation,
source première de toute vérité c'est-à-dire de toute
agitation du cerveau sous l'impression venue de
l'extérieur. Mais à ce compte qui voudrait se donner
la peine de chercher la vérité pour elle-même? En
quoi l'homme de génie l'emporte-t-il sur l'homme
du peuple, sur l'animal même? Que signifie l'expression « trouver, découvrir la vérité? » Tout ce qui
est senti, tout ce qui paraît, est, et il n'y a que cela.
L'εὑρηκα d'Archimède était un non-sens, et l'enthousiasme de ce grand homme une sottise. Nous voilà
revenus à la doctrine des Sophistes grecs. « Prota-
» goras, dit Aristote (1), prétendait que *l'homme est la*
» *mesure de toutes choses*, ce qui veut dire simplement
» que *toute chose est en réalité ce qu'elle paraît à*
» *chacun*. S'il en est ainsi, il en résulte que le même
» peut être et n'être pas, être à la fois bon et mau-
» vais et ainsi de toutes les autres affirmations
» opposées, puisque souvent la même chose paraît

(1) *Métaphysique*, X, 6.

» bonne à ceux-ci, mauvaise à ceux-là, et que ce qui
» paraît à chacun est la mesure des choses. » —
« Si tout ce qui nous apparaît est la vérité, comme
» le prétend Protagoras, *il faut bien que tout soit en
» même temps vrai et faux*. Car la plupart des hommes
» pensent différemment les uns des autres ; et ceux
» qui ne partagent pas nos opinions, nous les
» croyons dans l'erreur. *La même chose est donc et
» n'est pas* (1) »

Je voudrais pouvoir reproduire ici quelques-unes
de ces pages immortelles où Platon s'est amusé à
mettre en relief les conséquences absurdes qui
découlent de la thèse sensualiste. Ironie puissante
qui rappelle le mot des anciens à propos de Thucy-
dide : « ici le lion a ri. » L'espace me manque. J'ai
préféré citer Aristote ; il est plus court et puis je
voulais montrer que Moleschott a bien eu tort
d'écrire : « Tant que cette opinion (l'opinion spiri-
» tualiste) trouvera des défenseurs, il faudra que
» le monde nouveau travaille pour la conquête d'un
» principe élémentaire qu'*Aristote possédait déjà*, à
» savoir : *que toute vérité vient des sens*. Il n'y a rien
» dans notre entendement qui ne soit entré par la
» porte des sens (2). »

L'autorité d'Aristote est trop grande pour que je
tolère qu'on en fasse un sensualiste. Nos modernes
materialistes se plaisent à citer, en le lui attribuant,

(1) *Ibid.*, III, 5.
(2) *Circulation de la vie*, 2e lettre.

le fameux adage : nihil est in intellectu quod non fuerat in sensu. M. Büchner en fait même l'épigraphe de son chapitre des idées innées. « Cette proposition, » dit Monseigneur Laforet (1), n'est énoncée dans » aucun des écrits du Stagirite ; mais elle exprime » néanmoins d'une manière très-exacte la pensée » de ce philosophe. » S'ensuit-il qu'Aristote n'ait pas aperçu la différence radicale qui existe entre *penser* et *sentir?* Aucun historien de la philosophie ne lui fait ce reproche, et moins que personne le juge éclairé que je viens de citer. Aristote savait parfaitement que la sensation n'est qu'un « rapport » par conséquent une apparence, tandis que par l'intelligence l'homme atteint *ce qui est.* Pour Aristote comme pour Platon, il y a dans toute *pensée* un élément qui ne vient pas des sens. Ce qu'il appelle l'*intellect actif*, est distinct (χωριστος) de l'âme sensible, et s'en sépare à la mort ; il est immortel et éternel (αθάνατος και αιδιος), immuable et exempt de toute passion (απαθης), ou encore, dans le langage qui lui est propre, *essentiellement en acte.* Qu'importe après cela que ce grand homme compare l'intelligence humaine à une table rase, à des tablettes sur lesquelles rien n'est écrit? Les tablettes (l'intellect passif) sont neutres, soit ; d'elles-mêmes elles n'ajouteraient rien aux sensations, toute relatives, toute contingentes, toute phénoménales, mélanges confus d'être et de non être, comme disait Platon. Mais l'ouvrier,

(1) *Histoire de la Philosophie*, t. II, p. 26.

l'intellect actif, qui donnera la « forme » à cette
« matière, » n'est-ce rien? N'avons-nous pas vu qu'il
est immortel, éternel, immuable comme la vérité
même? Sans doute il ne peut penser, former une
idée, sans l'aide de la sensation recueillie dans la
partie inférieure de l'âme, dans « l'intellect passif, »
mais qui pourra trouver étrange que, dans toute
idée, Aristote ait remarqué un élément sensible?
Il suffit qu'il ait senti l'impérieuse nécessité d'y
joindre une autre « essence, » pour que la philosophie sensualiste ait le droit de la revendiquer parmi
ses adeptes. Quand donc on viendra nous répéter :
« Aristote a mis à néant les « idées » de Platon; il a
démontré que tout vient de l'expérience, » nous
répondrons : rien n'est plus propre à éloigner du
sensualisme que l'étude attentive de cette mémorable
lutte livrée sur le terrain de l'idéologie entre les
deux plus grands génies de l'antiquité. Tous deux
le répètent à l'envi, la science est une illusion si la
sensation *seule* doit en fournir les matériaux ; car
la sensation prise à part ne donne qu'une vaine
apparence, aussi variable que les conditions de
l'organisme, soit dans le même homme, soit chez
des hommes différents, soit même chez les animaux.
Si la sensation est la vérité, tout ce que sent un
organisme quelconque *est* ou *existe* au même titre,
ce qui aboutit fatalement à l'idendité des contraires,
à la négation du principe de contradiction, par conséquent à la ruine complète de toute science. Comment donc est-il possible d'arriver à la vérité ou à

ce qui *est*? Autrefois, dit Platon, notre âme, débarrassée de l'appareil trompeur de nos sens, a vécu dans le monde de la réalité; elle y a contemplé les essences des choses; il lui en reste un vague *souvenir* qui se réveille à l'occasion de la sensation, et ainsi *l'apparence sentie nous rappelle la vérité.* Cette solution du maître déplaît au disciple, c'est l'ordinaire en philosophie. Non, s'écrie-t-il, nous ne nous souvenons pas; «sans la sensation il n'y a pas de pensée possible; » et le voilà accumulant contre la théorie de la réminiscence toutes les objections que lui peuvent fournir le génie, l'amour de la vérité et la passion de faire école. Mais si parfois il s'emporte jusqu'à l'injustice, jamais cependant il ne s'aveugle jusqu'à méconnaître la nécessité manifeste d'un élément suprasensible dans toute connaissance raisonnable; cette vérité que, selon lui, l'esprit humain n'a jamais pu contempler, il la fait descendre du ciel, il la confond avec la substance même de l'âme humaine; l'intellect actif, nous l'avons vu, la partie principale de notre âme, celle qui élève la sensation à la dignité de la connaissance, de la science, est une *portion* de l'Être absolu, immuable, parfait, infini.

Voilà comme Aristote a résolu le problème. Nous, spiritualistes chrétiens, nous trouvons dans le dogme de la création, (cette clef de la métaphysique) l'explication véritable de l'idée en tant que radicalement

8

distincte de la sensation. La Vérité, disons-nous, nous a créés à son image, et par la conservation ou la création continuée, elle réimprime sans cesse dans notre âme ce caractère, cette ressemblance, cette «marque de l'Ouvrier sur son ouvrage,» comme dit Descartes. Si notre esprit n'agit qu'en sortant à chaque instant des mains de Dieu ; s'il est à chaque instant «l'ouvrage de Dieu, dans sa matière et dans sa forme,» qui oserait dire qu'il ne peut être en relation qu'avec les seuls êtres sensibles, que son activité n'a d'autre objet que les impressions qu'il en reçoit ?

En voilà bien assez, semble-t il, pour démontrer que notre intelligence ne peut pas être définie « le produit de nos sens,» ainsi que le veulent MM. Büchner et Moleschott. Pour traiter cette question avec les développements qu'elle comporte, je devrais achever d'analyser la connaissance et mettre en pleine lumière l'immutabilité, l'universalité, l'absolue nécessité, de ce qu'on appelle communément les «données de la raison ;» il me faudrait ensuite démontrer qu'aucune accumulation de faits et d'expériences ne saurait enrichir notre esprit d'idées de cette nature. Mais si l'on voulait jeter à la face du matérialisme tous les motifs qu'on a de le tenir pour faux, on n'aurait jamais fini. A proprement parler, un matérialiste n'est qu'un non-philosophe ; la meilleure réfutation qu'il puisse lire, c'est un cours complet de métaphysique. Evidemment cela n'entre pas dans mon plan.

Pourtant je voudrais exprimer ici un regret.

Il est encore aujourd'hui des philosophes spiritualistes, et même chrétiens, qui, dans la grave question *de l'origine et de la nature de nos idées,* se tiennent aux explications d'Aristote. Sans jamais parler de virtualités ou de principes quelconques primitivement innés à l'esprit humain, ils n'offrent à son activité, (activité qui, prise en elle-même, leur paraît vague et indéterminée comme la réflexion de Locke), que les *faits* perçus soit par les sens externes soit par la conscience. C'est, me semble-t-il, dangereusement affaiblir la raison. En considérant l'idée rationnelle, Aristote, nous l'avons vu, y a parfaitement distingué un élément absolu; il a échoué dans l'explication qu'il en a tentée, car il a donné à la substance même de l'âme ce qui n'appartient qu'à l'objet de la pensée. C'était tomber dans le panthéisme, c'était faire de notre esprit une portion de l'Etre nécessaire. Mais d'où vient qu'en reproduisant sa doctrine des deux intellects actif et passif, on n'ait pas universellement senti qu'il fallait absolument remplacer par quelque chose la prétendue consubstantialité de l'intellect actif avec la vérité? L'intellect actif, se borne-t-on à dire, saisit l'essence des objets dont les sens n'atteignent que les qualités extérieures et apparentes. Fort bien. Mais n'y a-t-il

rien en lui qui le prédispose à cette noble fonction?
Tout être actif n'a-t-il pas en lui-même, antérieurement à son action, la loi de son activité? Une substance ou une cause dont l'action est indéfinie,
indéterminée, n'est-elle pas une abstraction aussi
irréalisable qu'une table sans forme, qu'une surface
sans limite? Il faudrait s'efforcer, me semble-t-il, de
faire ressortir ces lois innées; dès l'origine, elles
alimentent, dirigent et règlent l'activité de l'esprit
humain, le différencient spécifiquement des âmes
qui, pour n'avoir pas été créées raisonnables, ne le
deviendront jamais. Il faut insister sur cette remarque que si l'entendement, avant la sensation, était
absolument solitaire et vide, il ne tirerait jamais de
la sensation rien d'absolu, rien de nécessaire, rien
de vrai, par conséquent, ni rien d'intelligible, pas
même l'idée de l'être ou du non-être, du oui ou du
non. Voyez avec quel empressement nos matérialistes s'emparent de la «table rase» pour démontrer
que «l'âme se forme peu à peu,» qu'elle n'est qu'un
«résultat» et un «produit.» Cela s'ajuste si bien à
leur méthode, à leur théorie du «devenir» et du
progrès sans cause! Qu'on vienne les tourmenter en
leur demandant la définition de la vague entité qu'ils
appellent « les atomes » ou « la matière première; »
qu'on leur démontre que ce cahos absolument
informe ne peut être qu'une abstraction parce que
tout ce qui existe véritablement a des propriétés

rigoureusement définies, ils répondront : Quand vous m'aurez dit ce que c'est qu'une intelligence sans aucune idée primitive, sans aucun acte essentiel, sans aucune loi innée, je vous dirai ce que c'est qu'une matière sans forme.

J'aime beaucoup ces réflexions de Leibnitz : «Cette » «table rase» dont on parle tant n'est à mon » avis qu'une fiction... comme la matière première » qu'on conçoit sans aucune forme. Les choses uni- » formes et qui ne renferment aucune variété ne » sont jamais que des abstractions, comme le temps, » l'espace et les êtres des mathématiques pures... » Ceux qui parlent tant de cette table rase, après » lui avoir ôté les idées, ne sauraient dire ce qui lui » reste, comme les philosophes de l'école qui ne » laissent rien à leur matière première. On me » répondra peut-être que cette table rase des philo- » sophes veut dire que l'âme n'a naturellement et » originairement que des facultés nues. Mais les » facultés sans quelque acte, en un mot les pures » puissances de l'école, ne sont aussi que des fic- » tions que la nature ne connait point et qu'on » n'obtient qu'en faisant des abstractions. Car où » trouvera-t-on jamais dans le monde une faculté » qui se renferme dans la seule puissance sans » exercer aucun acte? (1)»

(1) *Nouveaux essais*, livre second, chap. II, § 4.

Les partisans de l'innéité des idées ont quelquefois
exagéré leur doctrine ; mais il semble que tout philosophe sérieux devrait leur accorder ces deux
points : l'âme humaine pense toujours (quoique
souvent sans conscience) et de plus sa pensée suit
forcément certaine direction originelle qui la prédispose à penser vrai. Surtout, il faudrait se garder
d'écrire que l'analyse de la pensée ne peut fournir
aucun sérieux argument contre le matérialisme et
qu'on ne peut le combattre victorieusement que sur
le terrain de la cosmologie. Sans doute on peut démontrer, et je crois l'avoir fait, qu'il faut une force
simple, inétendue, immatérielle pour cause et pour
sujet de la pensée et de la conscience ; mais tant de
génies de premier ordre ont trouvé la pensée inexplicable par l'activité pure et simple de ce sujet
inétendu sur les seuls matériaux fournis par le
monde sensible ! Laissez-nous croire après eux que
si vos longs raisonnements basés sur les faits cosmologiques et sur la pensée en général peuvent suffisamment démontrer l'existence de l'âme, l'étude
approfondie des conditions de la science fait autrement resplendir ce dogme philosophique. Vous avez
légitimement conclu à l'existence d'un point im-
matériel, d'une force simple et indécomposable ;
vous avez démontré qu'il n'y a point de pensée,
point de conscience possibles dans l'étendue.
C'est très-bien ; mais l'esprit humain n'est-il ori-

ginellement qu'une force inétendue et consciente ? Montrez au matérialiste, que cette substance simple a dans son essence même le *germe de la science*, des *aspirations* qui seules peuvent expliquer la passion du vrai chez le savant, la passion du beau chez l'artiste, la passion du bien dans tout cœur honnête. Étalez devant lui toutes ces richesses innées ; prouvez-lui que la science, l'art, la vertu ne peuvent être que l'épanouissement d'une âme. Il niait l'existence d'un point lumineux, d'une étoile ; il aura honte peut-être de nier le soleil.

Et qu'on ne dise pas que ces observations psychologiques sont trop délicates, trop relevées pour être accessibles au commun des matérialistes. M. Büchner, si profondément étranger à la philosophie, a senti lui-même qu'il y a là un mystère, une importante question à éclaircir. Nous avons vu plus haut (1) la solution désespérée qu'il en donne.

CHAPITRES XVII ET XX.

La Liberté et la Morale.

« Du Bois-Reymond a fait voir que lorsque nous contractons le bras, il y a un courant électrique qui

(1.) Pages 35 à 38.

se dirige de la main vers l'épaule. En règle générale ce courant est plus fort à droite qu'à gauche.

» Le courant... et les modifications qu'il subit ne proviennent que des états matériels des nerfs résultant des excitations ou des impressions des sens. Sans une modification de cette nature dans le système nerveux et, disons-le, dans le cerveau, il ne se fait pas de mouvement volontaire.

» Mais cette modification vient du dehors.

» La modification est par rapport à l'excitation comme un effet à la cause qui le produit.

» Cette raison fait voir d'une manière tout à fait probante que le mouvement n'émane pas d'une volonté prétendue libre.

» On ferait mieux de dire que la volonté est *l'expression nécessaire d'un état de cerveau produit par des influences extérieures* (1).»

Voilà dans toute sa crudité et dans toute sa force le principal argument du matérialisme contemporain contre la liberté. Les mouvements du corps dépendent d'actions chimiques et physiques soumises au calcul, donc la liberté est impossible. C'est, on le voit, exactement le même paralogisme que nous avons rencontré dans la question du principe vital ; la même confusion de la condition, ou de la cause partielle, d'un phénomène avec sa cause totale : Le

(1) Moleschott, *Circulation de la vie,* dix-neuvième lettre, — t. II, p. 190.

mouvement de mon bras ne se peut faire que dans l'étendue, relève par conséquent des lois mathématiques ; donc la mécanique explique à elle seule ce phénomène à tous égards ; et la liberté n'est qu'un vain mot.

Inutile, je pense, de revenir sur ce point. Il est démontré par ce qui précède qu'il faut absolument reconnaître dans l'homme un principe de *vie* et de *pensée* distinct de la matière. Ce principe voit directement en lui-même, par son propre sens intime, qu'il a le pouvoir de se déterminer à l'action pour des motifs connus, pesés, qui le décident sans le nécessiter. Plus j'y réfléchis, et plus je me sens libre, maître de moi-même, sinon toujours, du moins très-souvent ; j'aperçois très distinctement des dégrés dans ma liberté ; je puis comparer ensemble diverses déterminations et les ranger d'après le degré d'attention, d'inclination, etc. avec lequel je les ai prises. On me soutient que c'est une illusion. Singulière illusion qui depuis six mille ans règle tous les actes de l'homme, tous les usages et toutes les législations de tous les peuples ! Illusion qui se fortifie par l'étude et par l'examen ; puissante et enracinée surtout chez les penseurs qui, comme Maine de Biran, passent une vie entière à s'étudier, à s'interroger, à se surprendre dans toutes les circonstances, pour démêler dans toutes leurs volitions la part exacte des influences extérieures et de la liberté.

Quel esprit volontairement retréci ne faut-il pas reconnaître à un homme qui ne veut pas même essayer de concilier ensemble deux séries de vérités d'un ordre différent, sans doute, mais parfaitement démontrées l'une et l'autre, par le genre de preuves qui leur convient !

Il est vrai on a encore certains autres motifs de croire que l'homme n'est pas aussi libre qu'il pense. M. Büchner s'attache à démontrer longuement que le climat, la nourriture et en général les circonstances matérielles où se trouvent les peuples et les individus exercent sur eux une influence décisive, et diminuent d'autant leur liberté. Il va même jusqu'à dire : « Telle que la plante dépend du sol où elle a
» pris racine, non seulement par rapport à son
» existence, mais encore par rapport à sa grandeur,
» à sa forme et à sa beauté ; tel que l'animal petit
» ou grand, apprivoisé ou sauvage, beau ou vilain,
» *selon les rapports extérieurs qui l'ont vu naître* (sic),
» tel qu'un entozoaire change de forme selon l'animal
» dans lequel il séjourne, tel l'homme dans son être
» physique et intellectuel n'est pas moins le produit
» des mêmes rapports extérieurs, des mêmes acci-
» dents, des mêmes dispositions, et *n'est pas par*
» *conséquent cet être spirituel indépendant et libre*
» *comme les moralistes nous le dépeignent à l'ordi-*
» *naire* (1). »

(1) Chap. XX. *Libre arbitre.*

Mon cher M. Büchner, si nous fussions nés, vous à Madagascar et moi en Laponie, nous ferions tous deux à l'heure qu'il est une autre figure et nous aurions d'autres idées , par conséquent d'autres volontés; les Romains doivent beaucoup aux Grecs et les Français beaucoup aux Romains... «Ce peu de
» développement du système glandulaire, qui prête
» à la figure des Américaines cette expression tendre
» et éthérée; l'épaisseur, la longueur et la sécheresse
» des cheveux peuvent bien provenir de la sécheresse
» de l'air du climat. On croit avoir remarqué que
» l'exaltation des américains augmentait beaucoup
» par le temps que souffle le vent du nord-est... ;
» tout le caractère de l'Anglais porte l'empreinte du
» ciel sombre et nébuleux, de l'air pesant, des limites
» circonscrites de son pays natal ; l'Italien au con-
» traire etc...» Mais en bonne logique qu'est-ce que tout cela prouve? Il s'agit uniquement de savoir si l'homme en général, Iroquois ou Allemand, peu importe, se décide librement entre les alternatives, plus ou moins raisonnables, que lui offre son intelligence plus ou moins développée. Où est le sauvage qui ne voit aucune différence entre un événement fortuit et une résolution prise de propos délibéré entre un accident et un crime? Qui a pu lui donner la notion de la liberté sinon sa conscience, et quelle peut être la valeur d'une hypothèse qui contredit directement un *fait d'expérience* universel. Ce n'est

pas ainsi que l'entendait la sagesse antique. A ceux qui voulaient devenir capables d'enseigner à l'homme son origine et sa destinée elle criait : « connais-toi toi-même.» Mais comment se connaître sans interroger sa conscience? Et comment ose-t-on se proclamer l'apôtre de l'expérience quand on s'obstine à édifier, à force d'hypothèses, un système que contredisent ouvertement les plus certains, les plus nombreux et les plus importants de tous les faits?

Je passe sous silence les conséquences affreuses du fatalisme; l'immoralité, le désespoir, la ruine universelle où s'abîmerait le monde s'il devenait matérialiste. M. Buchner pense bien qu'une société imbue, en partie du moins, de ses principes pourrait subsister, mais il ajoute : «Si on ne pouvait défaire » *la partie éclairée de la société* de ses préjugés sans » causer quelque dommage à la société entière, il » ne resterait à la science et à la philosophie empi- » rique d'autre alternative, sinon de dire : que la » vérité est au-dessus de toutes les choses divines » et humaines et qu'il n'y a pas de raison assez forte » pour s'en séparer. «La vérité, dit Voltaire, a des » droits imprescriptibles; comme il est toujours » temps de la découvrir, il n'est jamais hors de sai- » son de la défendre.»

C'est en prendre bravement son parti. Périsse le monde plutôt que mes idées! On conviendra cependant qu'il faut une singulière confiance dans ses propres lumières pour oser ainsi s'attaquer à ce qu'on voit servir de base indispensable à la société. Et puis voyez à quelles étranges contradictions on aboutit: On nous dit, que si l'intelligence humaine peut réfléchir et pressentir les lois de la nature, en d'autres termes «si les lois, naturelles sont des lois rationnelles,» c'est parce que l'intelligence et l'univers sont toujours une seule et même matière soumise aux même lois, et voici qu'il devient absolument nécessaire à la conservation de la société humaine, c'est-à-dire de l'intelligence, que l'homme se croie libre et responsable, capable de s'affranchir de ces lois absolues! Voilà un monde qui pour se développer et pour subsister doit produire l'illusion! Il y a donc des vérités dont la connaissance tuerait l'homme et l'intelligence! Quel renversement de tout ordre et de tout principe!

Mais un matérialiste ne doute de rien. Sa foi robuste, naïve, est le plus grand obstacle qui le détourne de la vérité. De nos jours le champ de la science s'est tellement agrandi et tant de gens n'y travaillent que dans un but pratique bien déterminé, qu'une foule d'esprits ne se développent plus qu'en un sens. Glaces polies et réfléchissantes, mais d'une surface vicieuse, où les objets se rétrécissent d'un côté pour s'allonger demésurément de l'autre. Tel qui voit tout un monde dans l'oreille d'un mollusque, biffera d'un trait de plume la morale toute entière et traitera de rêve et d'imagination les dépositions les plus claires, les aspirations les plus vives de la conscience humaine. Esprits incomplets et par conséquent faux. Instruments qui n'ont pas toutes leurs cordes, comme disait De Bonald. Juges prévenus, passionnés, iniques, des discussions qui s'élèvent autour d'eux et dans leur propre cœur. « Villageois qui ne sont jamais sortis de leur pays, au delà de leur horizon accoutumé ils s'imaginent que finit le monde (1). »

Que faire pour rompre ce charme? Avant tout, il faut, semble-t-il, leur ôter des yeux les objets sur lesquels ils ont concentré toute leur attention, toute la puissance de leurs convictions. Du point de vue matériel où ils se sont placés, ils croient embrasser l'univers; ils se vantent de l'avoir emprisonné dans leurs étroites formules. Pour l'ajuster à ce lit de Procuste, ils l'ont singulierement raccourci, ils ont beaucoup nié : il faut les pousser dans cette voie de négations; il faut les aider à ruiner toute certitude; il faut les conduire jusqu'au doute universel, s'il est possible. Quand, avec Dieu et l'âme, le monde sensible aura disparu pour eux, ils apprendront, à connaître le prix de la conscience, la valeur de la raison. C'est pour des esprits de cette sorte surtout, que Descartes a écrit son *Discours de la méthode* et

____

(1) Balmès, *Art d'arriver au vrai*, Chap. I, § 3.

ses *Méditations*. Qu'ils se mettent à l'école de celui qu'ils devraient appeler le père de leurs sciences, il leur fera deux précieuses leçons. La première : *Des raisons de douter*, les guérira de leurs préjugés, de leur folle confiance dans leurs vaines hypothèses, et leur enseignera la prudence, la défiance, l'humilité scientifiques. La seconde : *Des raisons d'affirmer*, les convaincra que si le doute n'est pas sans remède, si de l'édifice en ruines de nos connaissances il reste quelque part une colonne inébranlable, c'est dans la conscience humaine qu'elle se dresse. Oui, la conscience, c'est à elle d'abord qu'il faut croire.... Et le phare qui la surmonte et qui l'éclaire elle-même, la lumière innée des premiers principes, peut seule donner un corps, une figure, une forme intelligible quelconque aux ombres fantastiques qui s'agitent autour de nos sens.

Brisons là.

Bienveillant lecteur, puisque vous m'avez suivi jusqu'ici, vous êtes, à tout le moins, tant soit peu philosophe. N'est-il pas vrai que le docteur Büchner fait une triste figure de métaphysicien ? N'est-il pas vrai que son livre est au-dessous de la critique ? que de pareilles élucubrations font la honte d'une nation, d'un siècle ? Pour moi, je le confesse, plus d'une fois la rougeur m'a monté au front pendant que je dévoilais ces infirmités de logique, ces prostrations de pensée, ces basses visées, ces plaies morales. Cette clinique est finie; j'en suis bien aise. Cherchons un air moins lourd, et, dans des sphères plus hautes, un adversaire plus digne de nous.

II.

M. E. VACHEROT.

Il y a en France, à l'heure qu'il est, quelques hommes de talent beaucoup trop délicats pour oser se dire matérialistes, beaucoup trop élevés ou trop curieux pour se contenter du positivisme et qui pourtant ne peuvent se résoudre à croire en Dieu. Il faut ranger dans cette classe des romanciers et des poètes jadis en grande vogue; des érudits frottés de poésie autant que de métaphysique, comme M. Renan, qui, on le sait, trouve le mot Dieu « un peu lourd; » des philosophes, à la fois littérateurs, artistes et historiens, comme M. Taine, et même des métaphysiciens de profession, comme M. Renouvier, l'auteur de quatre longs volumes intitulés : *Essais de critique générale*. La critique tour à tour ingénieuse et vive, patiente et consciencieuse ; un peu vague d'ordinaire, surtout lorsqu'il faudrait dire par quels dogmes nouveaux on entend remplacer les croyances qu'on voudrait détruire ; la critique pour elle-même et pour le plaisir de n'être satisfaite de rien, tel est le caractère distinctif de cette école qui, sans doute, ne serait jamais parvenue à formuler nettement ses prétentions si un esprit d'une tout autre vigueur n'eût puissamment saisi tous ces doutes timides, toutes ces aspirations vagues, et ne se fût laborieusement appliqué à leur donner un corps et un visage, dans l'espoir d'arriver enfin à un système de métaphysique assez sûr de lui-même pour forcer tous les autres, même le scepticisme, à déposer les armes.

C'est M. Vacherot qui s'imposa ce rude travail, en publiant un ouvrage assez volumineux : *La métaphysique et la science* (1).

M. Vacherot est de l'Institut ; ses travaux philosophiques ont pu seuls lui en ouvrir les portes, car il n'a jamais fait autre chose que de la philosophie. Il a plus de 60 ans. C'est un écrivain infatigable, un esprit pénétrant, subtil même et subtil à l'excès ;

(1) La seconde édition revue et corrigée est de 1863, en trois volumes, Paris, Chamerot. C'est celle dont je me servirai.

mais sincère, explicite et franc. S'il est quelquefois difficile de le suivre ; si on a même lieu de soupçonner parfois que l'inexorable logique ne trouverait plus son compte au bout des longs détours où se perdent ses raisonnements, au moins est-on toujours parfaitement certain de saisir le sens précis de ses conclusions. Voici comment ses adversaires les plus éminents apprécient la fermeté de ses convictions et le talent qu'il met à les défendre.

« De tous les esprits indépendants qui depuis une dizaine d'années ont cherché leur voie en dehors des sentiers tracés, *le plus distingué* et le plus fort ne doit pas être le plus populaire...» disait de lui M. Janet en 1864. «...Il mérite plus qu'aucun autre le respect et l'examen... Il vit, il respire, il plane avec une joie sereine et candide, avec une liberté et une souplesse singulières au sein des idées métaphysiques (1).»

M. Caro l'appelle « un des plus intrépides chercheurs de vérité qu'il y ait en ce temps-ci (2). » — «Tout le travail critique qui s'est produit sourdement dans les âmes, ouvertement dans les livres sur la notion de Dieu, est venu se résumer dans un ouvrage digne d'être étudié avec la plus sérieuse attention, *La métaphysique et la science*. L'examen

(1) *Revue des Deux-Mondes*, t. 52, p. 729.
(2) *L'idée de Dieu et ses nouveaux critiques*. P. 268, Paris 1864.

des *conclusions de ce livre* nous dispensera de suivre le progrès de la pensée hégélienne dans une foule d'autres écrits publiés en France depuis quelques années.» — «Le feu intérieur des grandes méditations et des convictions profondes jette sur cette trame serrée d'abstractions un vif reflet dont tout l'ouvrage s'anime et se colore (1).»

Ce respect et ces éloges n'ont pas empêché MM. Caro et Janet de faire voir, dans les ouvrages que je viens de citer, le côté faible du système de M. Vacherot. Tous deux, ils ont énergiquement protesté contre la double conclusion du livre : l'*infini* existe, le monde en fait partie — le *parfait* (le Dieu personnel de Platon, de Descartes, de Leibnitz) n'existe pas, ce n'est qu'une abstraction, un idéal. Tous deux, mais surtout M. Caro, ont signalé l'étroite parenté qui unit M. Vacherot à Hégel, et par là ils ont vengé le P. Gratry des reproches amers, des récriminations emportées par lesquels M. Vacherot répondit à la célèbre *Lettre sur la sophistique contemporaine*. Mais ni le P. Gratry, ni M. Caro, ni M. Janet, ni personne que je sache n'a voulu jusqu'ici entreprendre une réfutation complète de cet hégélianisme perfectionné. M. Vacherot s'en est plaint souvent. Tout récemment encore il écrivait en critiquant une œuvre de M. Ravaisson que nous analysons plus

(1) Ibid. p. 267 et 269.

loin : *La philosophie en France au XIXe siècle*. «L'auteur de *la métaphysique et de la science* n'a point à se plaindre de la part qui lui est faite dans ce *Rapport*. Peut-être pourrait-il trouver, qu'en insistant avec raison sur le point capital de sa doctrine, la distinction de l'être parfait et de l'être infini, l'éminent critique n'a point assez fait voir *sur quelle analyse reposait cette distinction* (1).»

Cette analyse, quelque pénible et sèche qu'elle puisse être, tous ces habiles écrivains l'ont faite mentalement, sans aucun doute. On ne saurait discuter sérieusement les conclusions d'un ouvrage sans en chercher les origines, sans suivre leurs développements dans l'ouvrage même. Pourquoi ne l'ont-ils pas écrite et publiée ? « Cette expression suprême de l'hégélianisme dans une intelligence française qui l'amène à son plus haut point de clarté, comme dit M. Caro (2), ne mérite-t-elle pas d'attirer l'attention de tous ceux qui s'occupent de philosophie ? Je l'ai cru, pour ma part. Bien que de nos jours les grandes vérités qui sont les principes de la science, les bases de la société et les préambules de la foi, — Dieu, l'âme, la loi morale, la vie future, — semblent avoir rencontré dans les matérialistes et dans les positivistes des ennemis plus

(1) *Revue des Deux Mondes* du 15 juin 1868, t. 75, p. 977.
(2) *L'idée de Dieu et ses nouveaux critiques*, p. 270.

redoutables que les métaphysiciens les plus profonds, l'honneur de la philosophie chrétienne exige
que nous employions la meilleure partie de nos
forces à repousser, non pas les plus bruyants, mais
les plus habiles de ses adversaires.

D'ailleurs, M. Vacherot est descendu un jour des
hauteurs sereines de la métaphysique; il a prêché
l'athéisme sous une forme plus populaire et plus
coupable dans un ouvrage récent : *La religion*. Il y
prédit la ruine, sinon prochaine, du moins inévitable, du christianisme et même de toute croyance
en Dieu. « L'imagination, dit-il, est la vraie révéla-
trice des religions.» — «Il est possible que les
symboles religieux trouvent toujours des adorateurs
chez les esprits imaginatifs et les âmes sentimentales.
Il est possible que *la plus belle moitié du genre humain*
se garde à tout jamais de la contagion des *esprits
forts*, comme disent nos croyants... Qu'importe? Ce
qui est sûr et *consolant*, c'est que l'esprit humain
tend toujours à s'affranchir et à s'élever et que ce
progrès est une loi de son activité, dans la sphère
de la religion comme dans celle de la science. —
De la lumière encore et toujours de la lumière ! — le
mot du grand poète mourant (Gœthe), n'exprime
pas seulement le désir, mais les destinées de l'humanité.» (1)

(1) *La Religion*, p. 462-463.

Par ce livre, l'auteur de *La métaphysique et la science* a froissé toutes les consciences religieuses, c'est-à-dire la presque unanimité de ceux qui le liront. Il y avait longtemps que la plus respectable, la plus nécessaire, la plus universelle et la plus indestructible de toutes les croyances, la croyance en Dieu, n'avait été en butte, de la part d'un homme instruit, à une attaque aussi ouverte, j'allais dire aussi brutale. Tout au moins faut-il convenir qu'il y a là de l'audace et de la témérité. Je ne parle pas des mœurs qui s'en iraient, des sociétés qui crouleraient, si de pareilles doctrines venaient à prévaloir ; c'est au bon sens de l'auteur que je m'adresse : Est-il bien vrai que ses raisonnements philosophiques lui aient *pleinement démontré* qu'il n'y a point de Dieu, j'entends de Dieu personnel et substantiellement distinct du monde? Ne lui reste-t-il plus *aucun doute* sur la vanité d'un dogme primitivement reconnu par tous les peuples et défendu, contre les défaillances partielles de la raison humaine, par des hommes comme Platon, Aristote, saint Augustin, saint Thomas-d'Aquin, Descartes, Malebranche, Newton, Bossuet, Leibnitz? Est-il bien vrai que sur un problème d'une importance incomparable, résolu dans le même sens par toutes les sommités de la science et du génie depuis Socrate, est il bien vrai qu'il ait pu voir avec une pleine certitude, avec une complète évidence, que tout le monde avant lui se soit trompé? Car,

remarquons-le bien, il ne peut pas même songer à
citer pour lui quelques rêveurs enthousiastes comme
Plotin ou Proclus. Ces grandes intelligences dévoyées
n'ont jamais osé nier Dieu. Comme tous les panthéistes ils ont mal résolu une partie du problème,
les rapports de Dieu avec le monde ; ils ont nié la
création. L'erreur de M. Vacherot est plus radicale.
En disant que « l'Être parfait n'est qu'un idéal» qui
ne peut avoir «d'autre ciel que la pensée,» il se condamne à repousser comme chimériques, non-seulement la théodicée de Platon ou de Leibnitz, mais les
plus belles pages des Alexandrins, les seules où ils
ont fait réellement preuve de génie. Oui, Monsieur,
vous êtes réellement neuf et original, réellement
seul de votre avis. Ni Voltaire lui-même, ni Jean-
Jacques Rousseau n'ont osé prêcher l'athéisme pur,
ni voulu démontrer l'inanité de *toute* religion. Mais
ce parfait isolement ne vous a-t-il jamais fait trem-
bler ? N'avez-vous jamais eu besoin de vous étourdir
un peu pour énumérer sentencieusement dans plusieurs articles de Revue d'abord, puis dans un long
ouvrage parfaitement accessible à la foule, les symp-
tômes qui, d'après vous, présagent sûrement, pour
tout esprit réfléchi, le triomphe prochain de l'athéisme
universel ? Si légères et si rares qu'elles aient été,
vos hésitations devaient, n'est-il pas vrai, vous
fermer la bouche ; prêcher et prophétiser l'athéisme
en hésitant, c'est le plus grand des crimes ; car, si

vous vous trompez, tout est perdu à tout jamais pour vous et pour tous ceux qui vous croiront.

Mais il y a une autre hypothèse, la parfaite conviction du prédicateur.

« Depuis six mille ans, trompé par un mirage étrange autant que persistant, l'esprit humain croyait voir au ciel ce qui n'existe qu'en lui-même : il objectivait le subjectif, il réalisait l'idéal. En un Dieu qu'il croyait apercevoir et qu'il ne faisait que rêver, il plaçait toute vérité, toute beauté, toute bonté, toute justice, et puis à genoux devant cette idole, il l'adorait. A mon tour j'ai regardé, et, comme le guide du désert, j'ai souri tristement aux naïves espérances de mes compagnons de route; j'ai démontré le néant de ce rêve, et, le premier, j'en ai rigoureusement expliqué la cause.»

Tel est le fier langage que doit se tenir à lui-même M. Vacherot s'il est complétement satisfait des conclusions qu'il a prises. Mais ce langage est-il celui d'un homme d'esprit? Certes, il n'entre pas dans mes goûts de plaisanter en matière si grave, ni d'employer contre mon adversaire des armes qu'il dédaigne, la raillerie, la dérision, la charge. Quand, tout-à-l'heure, M. Vacherot pénétrera profondément dans les questions métaphysiques, je m'efforcerai de lui répondre en métaphysicien. Ici ce n'est pas le cas. Ce livre de *La religion*, tout plein d'impiétés banales, qui sent son Voltaire, et qui rappelle à s'y tromper les insipides articles de nos journaux libres-penseurs, est en-dessous d'une critique sérieuse. Les Parisiens incorrigibles ont pu juger que son auteur était de ceux qu'il fallait envoyer à l'Assemblée nationale, chargée de régénérer la France. Il n'y a pas là de quoi flatter un philosophe. C'est au commun des esprits qu'il s'adresse ; c'est aussi par une simple réflexion de sens commun que j'ai voulu lui répondre. Tant pis pour l'écrivain qui, devant ce tribunal un peu prompt, se voit brusquement mis en demeure de choisir tout d'abord entre deux alternatives peu flatteuses : celles d'avoir commis un grand crime ou d'être grandement présomptueux. Le dilemme, du reste, est sans merci et l'un de ceux dont les anciens disaient : *Vous n'échapperez point aux cornes du taureau.*

Mais quittons ce terrain. En écrivant ce préambule, je ne me proposais que d'intéresser mes lecteurs à mon travail en leur faisant connaître le caractère et l'importance du penseur dont nous allons analyser les convictions. Il n'était pas inutile à ce point de vue, de rapporter comment, dans ces tout derniers temps, ces convictions ont osé s'étaler effrontement devant ce qu'on appelle le grand public. Le dépit que j'en éprouve tient en partie à l'estime sincère où je tiens l'habile auteur de *La métaphysique et la science.* C'est uniquement de ce dernier travail que je m'occuperai désormais. Mon grand

souci sera de rendre en langage ordinaire, sans en
en diminuer la portée, des pensées évidemment
écrites pour des métaphysiciens de profession.

Voici le plan de l'ouvrage. Il est d'une correction
toute française.

Après avoir démontré que, malgré les défaillances
et les incertitudes de la métaphysique, l'esprit humain ne pourra jamais se résigner à abandonner
cette étude pour se renfermer dans les bornes des
sciences particulières, l'auteur passe successivement
en revue le mysticisme, (il appelle de ce nom toute
doctrine révélée. quelle qu'elle soit), le matérialisme,
le spiritualisme, l'idéalisme, l'éclectisme et la philosophie critique (de Kant), tous les systèmes enfin
qui ont jeté quelque éclat; il les met aux prises les
uns avec les autres et se persuade que la bataille ne
finira jamais, parce que chaque système, immortel
par le lot de vérités qu'il renferme, succombe cependant sans cesse sous le poids de ses erreurs, à la
grande joie des sceptiques et au grand profit du mysticisme ou de la religion. Conclusion : la métaphysique est à refaire et il faut l'établir sur une critique
sévère de la pensée. «Toutes nos tentatives n'ont eu
» pour résultat que de nous convaincre d'une chose :
» c'est qu'il n'y a pas de système qui puisse fonder,
» pas de principe qui puisse asseoir la métaphysique
» avant qu'on ait sondé les bases mêmes de la con-
» naissance humaine. Toute réforme de la métaphy-

» sique doit donc commencer par l'analyse et la
» critique de l'intelligence » (1).

Cette analyse-critique occupe la plus grande partie du second volume. Après quoi, sûr désormais de
tous ses dires, il sépare en deux groupes, empirisme
et idéalisme, les systèmes précédemment jugés ; il y
joint d'un côté la philosophie allemande; de l'autre,
la réaction empirique qu'elle a provoquée, le positivisme contemporain ; il montre que des deux côtés
on se trompe sur la part qui revient à la raison et
à l'expérience dans la connaissance humaine. Et
enfin, après tous ces détours, au nom du plus irré-
cusable des juges, *la critique du XIXᵉ siècle*, il élève
sur toutes ces ruines avec une assurance superbe,
l'édifice de la métaphysique *positive*, c'est-à-dire sans
illusion et sans rêve. Fondée sur la distinction lumineuse de l'Infini et du Parfait, elle pourra, dans
les siècles futurs, s'élever et grandir, mais elle ne
changera plus. C'est elle qui est le progrès, l'héri-
tière des promesses et qui a les paroles de la vie
éternelle !

Ce plan est beau ; il fait assister le lecteur aux
démarches d'un esprit qui cherche la vérité philosophique avec passion, sans parti pris, du moins en
apparence, en s'aidant de toutes les ressources de
l'histoire et de toutes les finesses de la dialectique.

(1) *Neuvième entretien*, t. II, p. 1.

Dans chaque système qu'il rencontre, l'honnête poursuivant de la vérité pure croit tout d'abord la reconnaître ; il la saisit, il s'en empare, il fait valoir ses
titres avec une habileté que pourraient souvent lui
envier les vrais adeptes de cette doctrine. Puis un
doute lui vient qui en amène un autre ; il découvre
une erreur, puis deux, puis des sottises et des
énormités.

Il faut bien le dire, cependant, quelle que puisse
être la bonne foi de l'auteur, il n'a pas exposé tous
les systèmes avec le même succès ni avec la même
conviction. En fait de mysticisme, par exemple, il
est incontestable qu'il faut diviser en deux grandes
classes ceux qui croient à une religion divinement
révélée. Il y en a qui repoussent, au nom d'une foi
peu éclairée, toutes les lumières de la raison naturelle. Ce sont des fanatiques contre lesquels il
n'était pas nécessaire d'écrire un long chapitre.
Mais il y a aussi la foi raisonnée, la foi chrétienne
des Leibnitz et des Bossuet, et, contre ceux-là un
chapitre c'est beaucoup trop peu. Je n'y trouve pas
la moindre réponse aux considérations élevées par
lesquelles les plus grands interprètes de la raison
ont reconnu dans tous les temps la possibilité, l'utilité, la nécessité et la réalité de la révélation. De
l'accord admirable de la raison et de la foi, il n'y a
pas ici le plus petit mot, et toute cette imposante
doctrine, qu'on a complètement négligé de rappeler,

on se flatte de l'accabler en quelques pages avec des arguments comme ceux-ci : il est impossible de comprendre comment Dieu peut parler aux hommes autrement que par les dictées de la raison naturelle.
— Si Dieu a parlé, son enseignement doit être parfaitement clair; or, il ne l'est pas : « Sitôt que le » théologien cherche à faire jaillir la lumière de » cette parole énigmatique... les hérésies pullulent.»
— Enfin la *science moderne* a convaincu d'erreur cette prétendue révélation chrétienne : « Dieu et » l'Esprit-Saint avaient affirmé beaucoup d'hypothè- » ses dans un temps où la nature n'était point observée, où ses lois n'étaient point connues, où » l'on croyait que le ciel est une voûte solide, que » le soleil tourne autour de la terre, que le monde » s'est fait en quelques jours d'un coup de baguette » du divin Magicien, que les lois de la Nature sont » variables et les miracles possibles, et bien d'autres » merveilles dont la science a fait justice (1)... »

C'est tout. Et voilà ce qu'on ose encore appeler, un siècle après Voltaire, des arguments, que dis-je, des « *démonstrations!*»

De telles infirmités gâtent un beau livre. Quelle fatalité, quel cauchemar ou quel mauvais génie a pu décider M. Vacherot a reprendre les armes rouillées de la défunte encyclopédie?

(1) Troisième entretien. *Vanité du mysticisme*, t. I, p. 130-131.

Le vrai christianisme entend bien être raisonnable, *s'ajouter* à la raison pour la perfectionner. Il doit donc avoir sa philosophie traditionnelle et il l'a, c'est le spiritualisme. Or, cette philosophie est l'une de celles que l'auteur va tantôt battre en brèche en s'efforçant de démontrer que l'existence d'un Dieu-Esprit personnel est une absurdité en métaphysique. Dès lors, pourquoi ce hors d'œuvre? Que nous veut ce petit résumé d'objections cent fois mises à néant par les théologiens de tous les temps, spécialement du dernier siècle? Quand on a tant de confiance dans la *philosophie critique* et dans la *métaphysique positive;* quand, à l'aide de ces nouveaux engins, on se fait fort d'arriver bientôt à la démolition générale de toutes les croyances naturelles qui servent nécessairement de base à l'antique édifice de la religion chrétienne, est-il pardonnable de s'amuser ainsi à ramasser au hasard, pour les relancer contre ses murailles de granit, quelques vieux projectiles pourris, retombés depuis des siècles à ses pieds? Quelle distraction pour un homme d'esprit, que d'aller, à propos de rien, se jeter tête baissée contre les innombrables in-folio de l'apologétique chrétienne!

N'abusons pas de cette méprise et finissons ces préambules en indiquant de quelle manière nous comptons réfuter le système de M. Vacherot.

Dans une première partie, nous montrerons comment l'auteur, à force de contester, de critiquer, de ruiner, se met dans la nécessité périlleuse de créer un système tout neuf et de se retrancher dans un poste où personne jusqu'ici n'avait songé à s'établir.

Dans la seconde partie, nous attaquerons M. Vacherot dans son fort; nous examinerons avec soin son analyse critique de l'intelligence. On sait la confiance qu'elle lui inspire; il n'a guère répondu aux diverses appréciations dont son livre a été l'objet que par ce défi : montrez-moi le défaut de mon analyse.

Enfin, prenant à parti le système lui-même, indépendamment de ses sources; nous fondant sur ce principe incontestable que, quelle que soit son origine ou ses titres, toute doctrine est fausse lorsqu'elle mène logiquement à l'absurde, nous démontrerons que ce dernier effort de la métaphysique pour s'affranchir de Dieu est tout aussi vain et plus instructif, peut-être, que tous ceux qui l'ont précédé.

De la sorte, notre réfutation, tout en serrant de près notre adversaire, deviendra elle-même une œuvre méthodique, ayant son unité, son plan, et, si j'ose le dire, une certaine progression d'intérêt.

PREMIÈRE PARTIE.

Revue des systèmes.

Quand on est trop bien fait d'esprit et de cœur pour mépriser des questions comme celles de notre origine, de nos devoirs et de notre destinée, on repousse instinctivement le positivisme, et alors, si l'on n'a pas le bonheur de croire à une religion manifestement divine, on se voit forcé de choisir avec angoisse entre les diverses solutions qu'ont données à ces problèmes l'imagination inquiète des peuples et les méditations tourmentées des philosophes. Ces solutions ne sont pas si nombreuses qu'il ne soit aisé d'en faire le compte.

Il y a d'abord le matérialisme.

A l'origine, ce fut l'opinion de ceux qui, n'étant point doués, ce semble, du goût des nobles choses, n'éprouvèrent pas le besoin de s'élever bien haut par la pensée. Je me trompe beaucoup, ou la plupart des matérialistes n'ont jamais été que des gens se souciant fort peu de métaphysique proprement dite. Si l'esprit humain avait créé plus tôt le vaste ensemble de sciences naturelles et mathématiques dont les trois derniers siècles ont le droit d'être fiers, il y a fort longtemps qu'on eut vu ceux qui se sont dits matérialistes négliger la philosophie, passer aux sciences spéciales et se proclamer positivistes. L'Ionie railleuse et caustique, curieuse, mais peu contemplative, eut facilement produit Voltaire qui ne fut, on le sait, ni précisément matérialiste ni complètement spiritualiste, mais grand *admirateur* des sciences, et, somme toute, le mieux avisé des positivistes, sans en avoir jamais porté le nom; Démocrite, avec son vaste savoir mal digéré, eut bien joué le rôle de **M.** Comte; quant aux matérialistes proprement dits, ayant foi aux atomes et croyant naïvement expliquer par eux les plantes, les animaux, l'homme, l'intelligence, l'ordre de l'univers, le *cosmos*, ils eussent vraisemblablement, dans notre hypothèse, formé chez les Grecs l'école dite des badauds.

M. Vacherot n'est pas de ceux qu'on trompe si facilement. En quelques pages, il démontre supérieurement que l'atomisme prend pour matière première de petits corps *abstraits*, c'est-à-dire n'ayant plus que des propriétés purement géométriques; ces êtres imaginaires, ajoute-t-il, à supposer qu'ils fussent réels, il faudrait expliquer comment ils parviennent à se revêtir de toutes les propriétés physiques et chimiques; puis à vivre, à sentir, à penser, à vouloir librement. Ces perfections, on le voit bien, se superposent les unes aux autres, de manière que la première soit la *condition* de la seconde, celle-ci de la troisième, etc. Mais n'est-il pas puéril de confondre la *cause* avec la *condition*, et pardonne-t-on pareille méprise aux étudiants en logique et en sciences expérimentales? Aussi, bien que cette doctrine ait pour toujours, peut-être, « une clientèle assurée dans cette classe d'esprits » dont les idées se réduisent à des images et qui » ont besoin de se représenter les choses pour y » croire, » M. Vacherot ne doute pas qu'elle ne soit bientôt complètement abandonnée des savants,

même de ceux qui sont le plus exposés « à perdre
» dans le commerce des abstractions mathématiques
» le sens de la réalité... et finissent par ne plus
» comprendre d'autres principes des choses que
» les nombres, les figures et l'étendue (1). »

Quels sont donc les systèmes qui méritent un
examen sérieux? L'histoire ne nous en montre que
trois. L'*idéalisme* (panthéisme), le *spiritualisme* (personnalité de Dieu, spiritualité de l'âme) et le *criticisme*, scepticisme mitigé, proposé par Kant et
sur lequel devrait s'appuyer ce qu'on appelle aujour-
d'hui le positivisme, si le positivisme savait ce qu'il
veut et qu'il voulût le dire.

Impossible, on va le voir, d'imaginer une quatrième hypothèse.

En effet, du moment qu'on ne peut se contenter
des atomes, il faut joindre à la matière un élément
supérieur quelconque, de l'ordre de l'intelligence ;
alors deux alternatives, sans plus, se présentent :

Ou bien cet élément, sources des lois, de l'harmonie, de la beauté, de tous les rapports intelligibles
des choses, est confondu avec le monde, de façon
que, sans conscience, il travaille la matière et
l'exalte jusqu'à la rendre vivante dans les animaux,
intelligente et libre dans l'humanité. — C'est le
panthéisme.

Ou bien il constitue, cet élément, une essence

(1) Quatrième entretien. *Le matérialisme*. T. I, p. 199.

séparée, un Esprit originairement doué de conscience, de raison et de liberté. C'est le spiritualisme,
la philosophie traditionnelle du genre humain, celle
du bons sens comme du génie.

Mais à toutes les époques de l'histoire il a existé
des penseurs à qui ces hautes questions ont paru
insolubles. Raisonneurs le plus souvent subtils,
hardis et redoutables dans l'attaque, on les a toujours vu devenir impuissants à leur tour et même
ridicules quand ils avaient à se défendre ; car sur la
pente du doute on ne peut s'arrêter ; d'abîmes en
abîmes on est poussé jusqu'aux non-sens et jusqu'à
la folie. De là, entre les deux systèmes précédents
d'une part, et le scepticisme d'autre part, une guerre
sans fin ni trève dont Pascal a dit : « La nature
confond les pyrrhoniens et la raison confond les
dogmatistes (1).»

Kant se crut appelé à terminer cette lutte. Il crut
possible de « faire au scepticisme sa part.» Il divisa
en deux lots tous les objets de la science, et s'efforça
de prouver que nous pouvons *savoir quelque chose*
sans pourtant être capable de résoudre des questions
comme celles de l'immortalité de l'âme ou de l'existence de Dieu. Voilà le criticisme.

Spiritualisme, panthéisme, criticisme, tels sont
donc les trois seuls systèmes vraiment primitifs.
Les trois autres qu'énumère M. Vacherot et qu'il

(1) *Pensées*, ch. IV, art. 6,

discute, sous le nom d'éclectisme, de positivisme et de philosophie allemande, rentrent nécessairement dans les premiers.

Qu'est-ce en effet que l'éclectisme? Une méthode plutôt qu'une doctrine. On appelle éclectiques des métaphysiciens érudits qui recueillent avec soin toutes les opinions pour les discuter en les confrontant et parvenir ainsi à force de labeur à se faire un système de vérités ou d'opinions *choisies*. Ce système, s'il est net et franc, ne peut être que l'un des trois que nous avons indiqués. Les recherches historiques et critiques qui en ont fourni les matériaux ne changent rien à cette nécessité.

La philosophie allemande, de l'aveu de tous, n'est qu'une forme nouvelle du panthéisme. Nous ne l'en séparerons pas.

Quant au positivisme, nous l'avons déjà dit, il se dérobe à tout examen et n'est rien en philosophie, à moins qu'il ne s'appuie sur le criticisme de Kant.

M. Vacherot se plaît à errer, un peu capricieusement, au milieu des systèmes; il affecte d'en distinguer un grand nombre et de montrer qu'il les ruine absolument tous. C'est le bon moyen de mettre hors de toute contestation l'originalité de celui qu'il proposera plus tard; nul ne songera, d'ailleurs, à se plaindre de ces détours, tant ces ingénieuses analyses font habilement ressortir les moindres nuances de chaque sous-division de doctrine. Nous avons, nous, d'excellentes raisons d'aller plus droit au but. C'est une réfutation que nous écrivons. Il faut que son ensemble, facile à saisir, soit sans cesse présent à l'esprit du lecteur. Voilà pourquoi nous avons commencé par démontrer que tous les chemins de la métaphysique aboutissent forcément à l'une ou à l'autre de ces trois issues : panthéisme, criticisme sceptique, spiritualisme. M. Vacherot se vante d'en pouvoir découvrir une nouvelle ; nous l'en défions.

Voyons donc tout d'abord pourquoi il ne veut point des autres. Le piquant de cette controverse sera peut-être qu'en voulant accabler tous ses devanciers, le redoutable athlète se blessera plus d'une fois lui-même.

Commençons par le scepticisme. En contestant à la raison humaine la puissance de résoudre les problèmes métaphysiques, le criticisme de Kant soulève une question de compétence qu'il faut vider avant tout autre.

I. *Examen de la philosophie critique.*

Comment m'y prendrai-je pour exposer en termes usuels, ne fût-ce que sommairement, les élucubrations de celui que les Allemands eux-mêmes appellent le *ténébreux ?*

D'après Kant, l'erreur fondamentale de toute l'ancienne métaphysique, c'est de considérer l'intelligence humaine comme une sorte de miroir réfléchissant purement la réalité. Non certes, que les grands métaphysiciens, d'aucune époque, ait jamais pu songer à nous dénier l'action, l'énergie dans la formation de la pensée, mais ils parlent habituellement, dit-il, comme si ce travail n'aboutissait qu'à une *copie* des objets auxquels on pense, et comme si l'idée vraie n'était que le *tableau* de la réalité. C'est bien là, sans doute, l'étymologie du mot *idée*. Mais il ne faut point, dit Kant, s'arrêter aux termes ni se laisser distraire par l'imagination. A son moindre degré, et lorsqu'elle est encore en grande partie produite par son objet, dans la sensation, l'idée n'est déjà plus un tableau. Le son n'est point dans l'air, ni dans notre oreille, ni dans notre système nerveux ; la couleur n'est point dans nos yeux ni dans notre cerveau ; ni la chaleur, ni le goût, ni les odeurs ne sont dans les objets matériels ou dans notre propre corps. En dehors de l'esprit, il n'y a que des mouvements. Tout le reste est créé par nous ; tout ce que la mécanique n'atteint point, nous l'ajoutons aux choses que nous sentons. Mais le mouvement lui-même est impossible sans l'étendue ; or, ce monde qui n'est que fantastiquement, et grâce à nous, orné de ses couleurs, de ses odeurs, de ses saveurs, de ses sons, de tous ses charmes enfin, est-il bien réellement, et par lui-même, doué de l'étendue? Ses figures et ses mouvements lui appartiennent-ils ou bien sont-ils encore imaginaires, *subjectifs*, créés par nous, du moins dans une certaine mesure? Kant l'affirme et prononce que la géométrie elle-même est en grande partie illusoire. C'est, il est vrai, la base nécessaire des sciences physiques, mais ces sciences n'expliquent que des *phénomènes;* elles ont pour objet le monde *tel qu'il paraît,* aucun esprit humain ne pouvant le voir tel qu'il est.

Maintenant, toutes nos connaissances ne nous viennent point des sens extérieurs. La conscience nous révèle notre propre existence comme êtres pensants et nous fait assister, chaque fois que nous le voulons, au défilé non interrompu de nos idées, de nos sentiments et de nos volitions. Or, qui nous dit que notre esprit en se repliant ainsi sur lui-même, c'est toujours Kant qui parle, peut apercevoir autre chose que le produit de son activité? Peut-il se contempler dans les profondeurs de son être? Peut-il voir dans leur germe et toutes ensemble, ses innombrables productions? Non ; il faut qu'il les contemple l'une après l'autre à mesure qu'elles apparaissent et meurent, comme des flots sur un abîme sans fond. En vain voudrait-on échapper, quand on se contemple soi-même, au sentiment de la succession et de la durée. L'acte par lequel je veux fixer et immobiliser une pensée qui surgit, est distinct de l'acte par lequel je la produis ; tout le temps que je la fixe, je la sens passer, c'est-à-dire mourir et puis renaître par la puissance de ma volonté qui la ressuscite. Donc, pour la conscience, tout est dans le temps, comme, pour les sens extérieurs, tout est dans l'espace. Et c'est uniquement parce que le temps et l'espace sont des formes inséparables de notre esprit que nous les voyons comme des idées nécessaires. Ne pouvant jamais voir que nos propres pensées, il est tout naturel que nous n'ayions aucune idée d'une intelligence faite autrement que la nôtre, et que la négation du temps comme de l'espace nous paraisse une absurdité. Il y a plus ; par le fait même qu'une loi ou qu'une idée nous semble nécessaire, nous devons dire avec assurance qu'elle n'est qu'une manière d'être ou d'agir innée à notre esprit. Conséquemment, cette loi, cette idée, ce principe, ne fait qu'un avec nous, se confond avec notre âme, eu sorte que c'est toujours une vérité *relative* que nous affirmons, même quand nous n'obéissons qu'aux règles les plus évidentes de la logique. Impossible de penser sans raison ; impossible de concevoir une raison sans loi innée ; impossible, par conséquent, de dire ce que sont *en eux-mêmes* les objets de *nos* pensées. Sentis, ou vus, ou raisonnés *en nous*, ils acquièrent tous des apparences qu'ils n'ont point en réalité. Ce qu'ils sont en eux-mêmes, jamais nous ne le saurons, car, pour les connaître, il faut les penser et en les pensant nous les transformons, nous les transfigurons.

Ainsi raisonne Kant, et M. Vacherot d'applaudir : « Pas plus que l'expérience des sens, l'expérience » intime n'atteint le fond des choses... Le sens

« externe ne fait que fournir les éléments de nos
« représentations ; la représentation proprement
« dite n'a lieu que par une *synthèse* dont le principe
« est *uniquement dans l'esprit*. Il en est absolument
« de même des perceptions de la *conscience*. L'expé-
« rience ne nous en fournit également que les élé-
« ments, les phénomènes. C'est une autre faculté
« que la conscience, c'est l'entendement qui ras-
« semble ces éléments en une synthèse que vous
« appelez cause, faculté ou substance, âme ou es-
« prit... Ces termes métaphysiques n'expriment
« donc pas des êtres réels, mais seulement des
« synthèses de l'entendement auquel ne répond
« rien d'objectif, au moins dans la perception...
« C'est l'entendement qui, par une opération qui
« lui est propre, vous donne cette unité *purement*
« *formelle* (l'âme) dont vous vous empressez de
« faire un être métaphysique (1). »

Ainsi, pour notre adversaire comme pour Kant,
ce qui fait que nous croyons apercevoir en nous-
mêmes, par une conscience directe, une substance
permanente, le moi, cause et sujet de toutes nos
actions, c'est simplement cette circonstance ci :
notre esprit est ainsi fait qu'en saisissant les manifestations successives dont nous sommes le théâtre,
il les fond en une synthèse, c'est-à-dire qu'à la

(1) Huitième entretien. *La philosophie critique*, T, I,
pp. 301, 302.

multiplicité qui leur appartient en propre, il vient s'ajouter lui-même comme unité. Mais évidemment cette unité n'est que logique et non point réelle ou objective, puisque c'est l'effet d'une de ces lois innées ou formes subjectives qui nous condamnent à demeurer toujours, à l'égard de toutes choses, dans un perpétuel enchantement.

Nous verrons plus tard ce qu'il faut penser de cette audacieuse négation. Nous la retrouverons dans l'analyse de l'esprit humain sur laquelle M. Vacherot pense avoir inébranlablement assis son système. Disons seulement ici ce que, d'après lui, la critique de Kant laisse à désirer.

« La philosophie critique... retranchant sévère-
» ment du cercle de ses études toute recherche *on-*
» *tologique*, laisse à la vieille métaphysique ses
» discussions sans fin sur les êtres et les principes,
» sur la cause et la matière du monde, sur le prin-
» cipe interne des phénomènes moraux, sur l'exis-
» tence et les attributs de l'Être qui fait l'objet des
» croyances religieuses, pour s'occuper exclusive-
» ment des facultés, des méthodes, des procédés,
» des idées, des sentiments, des instincts, des
» besoins de l'âme et de l'intelligence humaine.
» *La vérité objective des théories, des systèmes et des*
» *croyances n'est pas ce qu'elle recherche; son unique*
» *objet est d'en découvrir la nécessité logique, la loi*
» *dans toutes les catégories de la pensée* (1).»

(1) *Huitième entretien*, p. 332.

C'est bien cela, et voilà formulé de main de maître le credo de toute l'école critique. Mais qui donc, si ce n'est un entêté positiviste, pourrait se résigner à se complaire dans une pareille incertitude?

Il y a plus. Quoiqu'en ait pu penser Kant, il n'a pas su faire au scepticisme sa part. Il lui a tout donné. Son principe fondamental : tout esprit métamorphose plus ou moins ce qu'il conçoit, entraine forcément le doute universel et l'impossibilité de toute science. Car c'est précisément ce qui, dans les choses, est *intelligible*, la définition, la loi, la mesure, la cause, l'idée, qui fait l'objet de la science. La physique, la chimie, l'histoire, ne diffèrent point en cela de la philosophie. Qu'est-ce que les sciences, si rien n'*existe* qui corresponde à nos idées et à nos raisonnements? Et ne s'éloigne-t-on pas des *êtres* à proportion qu'on s'élève par la pensée, si les lois de notre esprit ne sont pas d'accord avec les lois du monde? A ce compte, la métaphysique n'est plus qu'une vaine fantasmagorie; car c'est elle surtout qui raisonne sur les essences et sur les causes. « Qu'on ne nous parle donc plus de Dieu ou qu'on » nous en parle nettement comme d'une vérité ab- » solue ou d'une simple idée. Je sais que la philo- » sophie allemande a trouvé moyen d'identifier » l'*être* des choses avec la pensée. Qu'on s'explique » alors et qu'on nous montre clairement que le » mystérieux *noumène* n'existe que dans notre es- » prit... L'esprit humain peut se laisser abuser par

» une illusion ; mais il ne peut s'en tenir à une
» ombre du moment qu'on lui a parlé de réalité...
» Si vous lui laissez croire que Dieu, inaccessible à
» la pensée pour laquelle il n'est qu'un simple *Idéal*,
» pourrait bien être en soi une réalité, vous rouvrez
» la carrière à un dogmatisme d'autant plus effréné
» que la raison et la science n'ont plus rien à y voir.
» Vous faites pis encore ; vous ramenez l'esprit
» humain sous le joug de la théologie révélée (1).»

Nous retiendrons donc que pour M. Vacherot, la grande erreur de Kant est d'avoir affirmé l'existence de *noumènes*, c'est-à-dire de *réalités inaccessibles à notre esprit*. M. Vacherot entend bien nous dire *ce qui est*, et non *ce qui paraît*. C'est pour cela qu'il n'est point kantiste.

II. *Examen de l'idéalisme.*

Ici je me sens plus à l'aise. Pour peu qu'on veuille me lire posément, on comprendra, j'espère, qu'il y a dans la plus noble faculté de notre esprit une tendance et comme une tentation perpétuelle de panthéisme — que ce fait explique pourquoi ce système, absurde en logique, révoltant en morale, a pourtant été soutenu à toutes les époques de l'histoire, par des hommes sérieux, parfois même et ouvertement par des hommes de génie — et qu'enfin cette erreur

(1) *Huitième entretien*, pp. 338-339.

aristocratique n'arrivera jamais ni à satisfaire ses orgueilleuses aspirations, ni même à se soutenir devant le sens commun. Les idéalistes prétendent ne se rendre jamais qu'à l'évidence mathématique, et leur système, vu de sangfroid, apparait bâti dans les airs. Ce n'est qu'un délire, une débauche de métaphysique. « Incrédules, les plus crédules, » a dit Pascal; et encore : « Qui veut faire l'ange, fait la bête. » Vouloir s'élever au-dessus de la raison c'est le moyen de tomber en dessous. Voyons cela.

Il y a beaucoup d'ambiguïté dans le précepte par lequel Descartes résumait toute sa méthode : ne se rendre qu'à l'évidence. En thèse générale rien de plus juste. Il n'est point vraiment philosophe (1) celui qui admet, comme premiers principes, des affirmations qui ne sont pas évidentes, ou qui se rend à une conclusion qui n'est pas rigoureuse. Mais n'y a-t-il qu'une sorte d'évidence, l'évidence interne ou logique? Entendu de cette façon l'axiome cartésien est une très-grave erreur. Il est directement certain qu'il existe des corps et l'on ne parviendra jamais à le démontrer géométriquement ; surtout il est directement évident pour chacun de nous que nous existons. Il faut donc distinguer au moins trois sortes d'évidence : de logique, de sensation, de conscience. Descartes, malheureusement, ne sut point faire cette

---

(1) Descartes a soin de dire qu'il ne donne ce conseil qu'aux philosophes. Voyez le *Discours sur la méthode,* seconde partie.

distinction, ou ne le voulut point. Génie éminemment
mathématique, il se proposa, au moins confusément,
de construire une philosophie *homogène* sur un plan
tout nouveau, plus sévère, plus suivi, plus logique
que tout ce qu'on avait essayé jusqu'alors. «Ces
» longues chaînes de raisons, toutes simples et
» faciles, dont les géomètres ont coutume de se
» servir pour parvenir à leurs plus difficiles dé-
» monstrations, m'avaient donné occasion de m'ima-
» giner, dit-il, que toutes les choses qui peuvent
» tomber sous la connaissance des hommes s'entre-
» suivent en même façon, et que, pourvu seulement
» qu'on s'abstienne d'en recevoir aucune pour vraie
» qui ne le soit, et qu'on garde toujours l'ordre qu'il
» faut pour les déduire les unes des autres, il n'y en
» peut avoir de si éloignées auxquelles enfin on ne
» parvienne, ni de si cachées qu'on ne découvre(1).»

Que fait-on en mathématiques? On part de quelques idées claires, de quelques définitions, les plus
courtes et les moins nombreuses qu'il se peut, puis
on s'efforce d'en déduire le plus grand nombre possible de vérités. Ce travail, on le sait, peut se pro-
longer indéfiniment; chaque découverte soulevant
de nouvelles questions en faisant naître de nouveaux
rapports. Quelle que soit, si on les compare à la
métaphysique, l'infériorité de ces sciences qui ne
découvriront jamais par elles-mêmes d'où viennent

____

(1) *Discours de la méthode,* seconde partie à la fin.

leurs axiomes, leurs lois, leurs principes; quelque peu intéressée que semble devoir être l'âme humaine à ces abstractions qui ne lui diront jamais un mot ni de son origine, ni de sa nature, ni de sa destinée, il est incontestable qu'on y trouve des jouissances pures, vives, enthousiastes. Tant l'âme a soif de vérités! Tant elle aime à les contempler rangées dans un ordre où elles se renvoient mutuellement la lumière, et qui lui permet d'en embrasser en quelque sorte des milliers à la fois! Coordonner, systématiser, c'est le propre de la raison. Qui pourrait s'étonner que ses plus illustres représentants aient presque tous excédé en ce sens, imaginé parfois des liens factices entre les objets de la science, « en *supposant* même de l'ordre, ainsi que » le voulait Descartes, *entre ceux qui ne se précèdent* » *point naturellement les uns les autres* (1).» Aveu naïf, précieux à recueillir! c'est la protestation du bon sens tourmenté, chez le père de la philosophie moderne, par le démon des mathématiques et de la déduction logique.

Vienne maintenant un juif à l'esprit pénétrant, confié dès son jeune âge à un maître soupçonné d'athéisme, bientôt accusé lui-même d'incrédulité, puis persécuté par des coréligionnaires fanatiques. Né dans l'exil, il n'a jamais pu connaître du christianisme que ce qui en pouvait rester au cœur

(1) *Discours de la méthode*, ibid.

des habitants d'Amsterdam, après d'ardentes luttes
religieuses terminées par le triomphe sanglant des
erreurs protestantes. Sa santé, d'ailleurs, est chétive,
il est poitrinaire. A vingt ans, un rêve de bonheur
et d'avenir vient soulever ce poids de mélancolie ;
puis, quand elle est assez avancée pour se faire
regretter, l'illusion disparaît et le laisse en proie
à ses souffrances, aux tristesses du malheur et du
génie. C'est alors que la philosophie nouvelle, la
« recherche libre » du vrai par les seules forces de
la raison individuelle, s'offre brusquement à son
âme par la lecture de Descartes. C'en est fait. Qu'on
ne lui parle plus des hommes, ni de leurs querelles,
ni des faux biens qu'ils poursuivent. L'idée claire,
l'analyse logique, la vérité nécessaire, absolue, les
démonstrations mathématiquement enchaînées, voila
la vérité immuable, la paix, l'indépendance de l'esprit, le bonheur !.... Il s'enferme dans un grenier, et
ce que Descartes, retenu par le sens commun autant
que par ses croyances catholiques, n'avait osé tenter, il l'entreprend et l'achève : un traité complet de
philosophie où, à la suite de quelques *définitions*
et de quelques *axiomes*, on voit se dérouler toutes
les séries des êtres et des événements, toutes les
modifications des corps et des esprits dans un ordre
rigoureusement nécessaire. Pour Descartes, l'idée
claire de l'étendue fait toute la réalité des corps et
l'idée claire de la pensée toute la réalité de l'esprit.
Pour Spinoza, ces deux objets finis ne seront que

les deux attributs d'une idée plus simple encore et plus claire, par conséquent plus large et plus vraie ; c'est l'idée générale de substance, d'être indéterminé. Celle là, dit-il, est antérieure à toutes les autres ; on ne peut rien penser où elle ne soit ; c'est ce que toute chose est tout d'abord ; *donc* c'est la commune origine de tout, c'est Dieu. Infini par lui-même, l'Être se revêt fatalement d'innombrables modifications dont nous ne connaissons que deux séries : celle des figures étendues, ou les corps ; celle des pensées particulières, ou les âmes. La grandeur de l'esprit humain, sa noblesse, c'est d'être une *pensée* de Dieu. Savoir cela clairement, pouvoir se le démontrer, c'est le seul bien véritable, car c'est le seul qui perfectionne ou agrandisse notre intelligence ; se plaire à tout ce qui arrive, c'est la liberté, et enfin se bercer, s'enchanter de cette doctrine, c'est le bonheur parfait, sans espoir et sans crainte, la tranquillité du sage attendant impassiblement qu'après une apparition incompréhensible à la surface de l'infini, il s'y replonge en perdant tout souvenir, toute personnalité.

Ces audaces, cette confiance aveugle en d'interminables raisonnements basés sur quelques définitions arbitraires, font sourire, on le pense bien, l'esprit très défiant, très positif de M. Vacherot.

Deux siècles plus tard, l'Allemagne, inaugurant une nouvelle ère métaphysique, produisit Kant, qui fut assez fort pour imposer à sa patrie entière le joug de son subjectivisme sceptique. Que vont faire ses disciples? A l'heure où tous les domaines de la science et de la littérature cultivés avec enthousiasme se couvrent de moissons, vont-ils se résigner à laisser inculte le champ de la métaphysique, pour la raison que le maître l'a déclaré inabordable? Non certe. Le scepticisme, le désespoir, n'est point le mal des peuples à leur grande époque. Fichte renfermé dans le *moi*, de par Kant, fait des efforts inouïs pour identifier le sujet avec l'objet de la pensée, pour passer des phénomènes aux noumènes. Schelling l'aide à combler l'abîme, et tout-à-coup Hégel s'écrie qu'il est franchi! — Je suis parvenu à *penser* le monde! — C'est à l'annonce de cette découverte que deux mille disciples vinrent se presser autour de sa chaire à Berlin. M. Vacherot, y courut-il? J'en doute. Ce que je sais, c'est que personne n'a jamais exposé aussi bien cette doctrine (1), dont il est du reste assez épris. Si Hégel eut voulu se résumer, et qu'il fut parvenu à voir d'assez haut son propre système pour l'exposer avec cette clarté toute française, il eût sûrement été mieux compris, partant moins applaudi. Le lecteur en pourra juger. Écoutons! Le grand-prêtre de l'hégélianisme en France va faire parler l'oracle.

(1) L'analyse de la philosophie hélégienne (par M. Vacherot dans cet ouvrage) restera comme un modèle de reconstruction personnelle, tout en gardant son caractère de savante exactitude." Caro, *Idée de Dieu*, p. 270.

« Le vrai noumène que Kant croyait inaccessible
» réside dans la pensée. Loin que la pensée em-
» prunte sa vérité des choses extérieures, c'est
» d'elle-même que ces choses la reçoivent. Car c'est
» la pensée... qui fait la mesure de l'intelligibilité,
» partant de la vérité, partant de l'être des choses(1).»
Voilà donc la raison plus au large que jamais. Au
lieu d'avoir à prendre des précautions minutieuses
pour se conformer aux objets qu'elle veut étudier, il
lui suffira désormais de s'étudier elle-même. La
logique, les procédés de la raison, les lois de son
activité vont servir de matière et de forme à l'univers. Or, d'après Hégel, l'esprit en marche, la pensée
en action, obéit à une sorte de cadence ou de rythme
à trois temps : «Il pose, oppose et concilie; affirme,
» nie et rétablit son affirmation; produit, détruit et
» reproduit; unit, divise et réunit.» Cette loi de la
pensée est nécessairement la loi de l'être, c'est la loi
universelle du progrès, le rythme éternel du poëme
de la création. Voir l'univers comme il est, le penser, le créer, c'est remonter d'abstraction en abstraction jusqu'à la première idée logique, c'est-à-dire,
jusqu'au premier principe des choses, l'être absolument indéterminé, capable de tout devenir parce
qu'il n'est rien et qu'aucune forme ne lui répugne.
« C'est la plus vide des abstractions; *la pensée ne*
» *peut s'y reposer*; elle en sort donc pour entrer dans

(1) Treizième entretien. *Philosophie allemande.* T. III, p. 12.

» la voie de l'être réel et déterminé, dans le *devenir*.
» *Le devenir est un mouvement de l'être en travail*
» *pour se dégager du néant* (1).» Dans ce mouvement
l'être abstrait tend à se diviser, à se nier (en partie),
à se déterminer, à être ceci et non cela. Mais la
pensée ne peut pas plus s'arrêter au devenir qu'à
l'être pur ou au néant. Car le devenir n'est encore
que l'agitation de l'être vague aspirant à se fixer;
il n'est pas l'être fixé. Quand il se fixe il perd son
caractère et son nom. Ce n'est plus le devenir, c'est
l'*existence* dans toute la force étymologique du mot...
Tel est le premier *procès* de la dialectique... L'existence est le premier terme, le moment de repos
provisoire, dans ce premier mouvement de la
pensée (2).»

Arrêtons-nous; au lieu de suivre jusque dans les
sciences physiques, historiques et théologiques la
marche étonnante de cet homme de génie ou de ce
bateleur de la pensée, (deux noms que les Allemands
lui ont donnés et qui lui conviennent), demandons à
M. Vacherot ce qu'il pense de cette méthode.

« La logique hégélienne *ne déduit ni ne conclut*;
» *elle engendre et construit*... C'est une œuvre per-
» pétuelle de synthèse, non d'analyse, qui ne se
» fonde jamais sur le principe de contradiction...
» Ses procès ne peuvent être ni *a priori* ni néces-

(1) Treizième entretien. *Philosopihe allemande*. T. III, p. 12.
(2) Treizième entretien. Tom. 23, 24.

» saires... Hégel a beau dire qu'ils s'engendrent par
» un mouvement nécessaire de la pensée, rien de
» moins évident que cette prétendue nécessité (1).»
Mais d'où vient donc qu'en poursuivant sa marche,
en chantant son poëme, Hégel fait parfois jaillir de
sa pensée des éclairs de génie dont les naturalistes,
les historiens, les philosophes et les historiens de la
philosophie ont profité? Comment la natnre, comment l'humanité réelles peuvent-elles confirmer ces
aventureuses spéculations? La réponse est facile.
Hégel ue parle jamais *a priori*. Il a longtemps etudié
la nature et l'histoire. « En apparence c'est la logique
» qui le mène à la science, en réalité c'est la science
» qui l'initie à la logique. Si la plupart de ses for-
» mules s'appliquent à la réalité, c'est qu'elles en
» sortent... Toute cette dialectique de la pensée
» pure dont il fait grand étalage dans sa logique, il
» l'a préalablement constatée dans la science posi-
» tive; toutes ces formules dont nous admirons la
» fécondité, ne sont à le bien prendre que *des géné-*
» *ralisations des lois que l'expérience lui a révélées.*
» En un mot, la logique hégélienne n'est qu'*un*
» *résumé sous forme d'introduction* (2).»

Et, en effet, comment pourrait-il en être autrement? Comment connaîtrions-nous l'univers sans
recourir à l'expérience!

(1) Ibid. pp. 133, 134.
(2) Ibid., p. 135.

Voici tout le secret des découvertes de Hégel.

Dans l'innombrable série des êtres, il y a une gradation continue depuis le grain de sable jusqu'à l'homme, et tout est ainsi disposé que les êtres inférieurs sont nécessaires aux supérieurs. Le règne minéral, par exemple, est indispensable au règne végétal et tous deux servent de base au règne animal dont le règne humain forme le couronnement. Poursuivez ce progrès des choses. Après l'homme individuel, étudiez l'homme dans la famille, puis dans l'état ; ensuite, cherchez dans l'histoire les développements successifs des sciences, des philosophies et des religions depuis les temps les plus reculés jusqu'à nos jours. Puis enfin raisonnez ainsi : pour tracer le tableau complet de l'univers il faut descendre de conditions en conditions jusqu'aux êtres les plus voisins du néant. — Me voici aux atomes et aux nébuleuses. Est-ce assez? — Non, il y a encore tant de choses dans les atomes! Ils sont étendus, figurés; ils sont plusieurs, ils se meuvent suivant des lois, etc. Privons-les de toutes ces qualités, faisons disparaître successivement les idées de lois, de mouvement, de figure, de force, d'étendue, de quantité, enfin de toute qualité, jusqu'à ce que nous arrivions à la plus pauvre, à la plus dépouillée, à la plus simple des choses, à l'être sans aucune propriété, en d'autres termes, à l'être qui n'est rien. Cet être-là est si voisin du néant qu'il se confond avec lui. Comment prouver que l'univers doit en sortir?

Certes, si, en ce moment, nous venions à perdre le souvenir du travail de décomposition logique que nous venons d'effectuer, nous aurions fort à faire. Le moyen de tirer le monde d'une abstraction, et toutes les sciences de cet avorton ! Mais qui vous empêche, lecteur, de prendre ici l'air d'un prophète et de vous écrier : J'ai quitté la terre; seul avec mon idée j'ai cherché l'absolu. Je l'ai trouvé et voici ce qu'il m'a révélé : le *progrès s'impose à la pensée comme une nécessité logique.*

A l'instant le néant va s'efforcer de *devenir...* — Mais que deviendra-t-il? — Rien de plus facile à *deviner*. Quelle est la dernière perfection dont vous avez tantôt dépouillé l'être? N'est-ce pas celle d'être *quelque chose de déterminé*, ou d'avoir une *qualité quelconque.* C'est celle-là qu'il faut lui rendre d'abord. Ainsi, dès sa première évolution, l'être néant devient l'être quelque chose; voilà la création des *qualités*. Mais s'il est *ceci* il ne peut plus être *cela*. Donc, l'être devenant quelque chose se *limite*, c'est-à-dire qu'il *est plus ou moins*, et voilà comment de la qualité sort la *quantité*. De la quantité on passe facilement à la mesure et de celle-ci à l'essence, car sans mesure un être est disproportionné et ne réalise plus son type ou son essence. A force d'habileté on parvient à soumettre tous ces jeux d'abstractions à la formule cadencée, *en soi, de soi, pour soi*. (Thèse, antithèse, synthèse). L'essence, par exemple, et pour continuer, ne peut rester dans les profondeurs de l'abstraction, elle se produit, s'oppose à elle-même, et paraît, devient *phénomène* (φαίνεται); mais autant il est impossible de s'arrêter à une essence purement abstraite, autant l'est-il de s'arrêter à une simple apparence; il faut donc faire la synthèse de l'essence avec le phénomène et voilà la réalité. De là on passe à la substance. La substance, *en soi*, est puissance ou cause; *de soi*, elle produit ses effets qui ne se détachent point d'elle, car la cause et l'effet *se réunissent* dans *l'action réciproque* des effets sur la cause et de la cause sur les effets, etc., etc.; jusqu'à l'épuisement de toutes les *catégories*, je veux dire de toutes les classes d'idées qu'on étudie en logique formelle.

Quant à la nature, elle suit dans ses développements le même rythme. Au plus bas degré de l'être physique est la matière *en soi;* en se divisant, (*de soi*), elle produit les corps séparés; c'est la *répulsion;* mais chaque corps est cependant continu, et cette continuité qu'est-ce autre chose que la tendance à l'union ou *l'attraction*. Ces deux forces en se *combinant* constituent, on le sait, la pesanteur ou la gravitation universelle, etc.

Mais c'est le corps vivant que la toute-puissante logique crée le plus facilement. La plante existe d'abord *en soi*, en germe; en végétant elle se développe et sort *de soi*, pour rentrer *en soi* dans le fruit, la semence. L'organisme animal est un microcosme, un résumé (synthèse) de toutes les énergies du monde. Elles s'y déploient en un triple procès : formation, assimilation, génération, dont chaque *phase* contient encore trois *moments...*

J'en fais grâce au lecteur. Il n'était pas même nécessaire de me suivre jusqu'ici, pour comprendre ce qu'a d'insensé la prétention du fameux philosophe de Berlin. Je suppose, ce que tout le monde doit nier (1), qu'en réalité toutes nos idées et tous les êtres soient échelonnés de manière à justifier dans tous les cas la formule monotone, le sacré ternaire : *en soi, de soi, pour soi;* je suppose que jamais Hégel n'ait dû faire violence ni à la nature, ni à l'histoire pour la plier à sa logique; qu'en pourrait-on conclure? Suffit-il de regarder comment marche une machine pour en connaître l'inventeur? comment marche un homme pour savoir d'où il vient? Suffit-il de scander tous les vers de l'Iliade pour en pénétrer le sens et pour en découvrir l'auteur? Or, dans les questions d'origine, quand il s'agit de l'univers, partir de l'être-néant, c'est bien avouer, je pense, que l'on est au fond de son âme demeuré disciple de Kant et que l'on juge le problême insoluble.

(1) M. Vacherot le nie lui-même sans détour : « La Nature » et l'Esprit ont une liberté d'allures, une variété de créa- » tions, une spontanéité de mouvements qui réclament une » méthode d'explication plus simple, plus large, plus élas- » tique que la rigide explication des triades. » — Treizième entretien, p. 156.

De cette rapide esquisse des deux grandes formes de l'idéalisme dans les temps modernes, concluons que la logique, même lorsqu'on la torture, ne peut fournir tous les éléments de la science. Quel panthéisme sera jamais plus rigoureux et plus intrépide que celui de Spinoza, plus dissimulé et plus habile que celui de Hégel? Tous deux pourtant, après avoir un moment, à force d'audace, ébloui ou déconcerté la critique, ont été rapidement ébranlés, battus en brèche et renversés. Qui croit encore aujourd'hui à cette manière de raisonner? Qui ne voit que ces laborieux tissus d'abstractions sont partout déchirés et percés à jour? « Quand l'esprit humain s'applique » à la matière et au monde placé sous ses yeux, » a dit Bacon, il en tire une science réelle comme » le monde; mais quand il se tourne sur lui-même, » il est comme l'araignée filant sa toile, et n'enfante » aussi que de subtiles doctrines, admirables sans » doute par la délicatesse du travail, mais sans » solidité et de nul usage (1). »

On peut espérer qu'après la chute éclatante de Hégel, personne n'essaiera plus jamais de se passer de l'expérience en philosophie. Non certes, qu'il faille se borner à accumuler des observations ou des lois, à l'exemple de nos positivistes, dont on a justement comparé le travail à celui de la fourmi. Comme l'abeille il fait butiner pour élaborer. La

____

(1) *De augmentis scientiarum*, lib. I, § 31.

fleur n'a point de miel, l'expérience toute seule n'est pas la science. Mais sans les fleurs l'abeille ne produit rien, et sans les faits l'esprit travaille à vide. Comme tout véritable édifice, un système de philosophie doit avoir ses matériaux et son plan. Les sciences naturelles fournissent les matériaux ; au philosophe, à l'architecte de les mettre en œuvre. La grande difficulté de l'entreprise c'est de laisser se déployer librement et sans parti pris les trois grandes facultés de l'esprit humain, les trois facteurs de la science, les sens, la conscience, la raison. Quoiqu'en puisse dire M. Vacherot, il me semble que les spiritualistes y ont assez habilement travaillé, depuis Socrate jusqu'à Leibnitz. Nous allons d'abord esquisser à grands traits ce système ; après quoi nous verrons pour quels motifs notre auteur s'en déclare mécontent.

III. *Le spiritualisme.*

Le matérialiste, fasciné par les sens, croit expliquer toutes choses par les mathématiques et par les données, en grande partie illusoires, de l'imagination et de l'espace. L'idéaliste méprise l'expérience, impose à l'univers un système préconçu d'abstractions logiques et se perd dans le vide. Sans mépriser les sens, encore moins la logique, le spiritualiste fait un cas tout particulier d'une autre source de vérités, la conscience. Il se promet d'en tirer les renseignements les plus sûrs à la fois et les plus profonds. Rien de plus certain que notre propre existence ; on a beau s'efforcer de douter de tout, on n'arrivera jamais à douter que l'on doute, que l'on pense. que l'on existe. Et quant à la profondeur des intuitions, quel objet réel peut nous être aussi intime, aussi pénétrable à notre pensée que notre propre esprit?

Un rapide parallèle entre la conscience et les sens fera suffisamment ressortir l'incontestable supériorité de celle-là sur ceux-ci.

Par nos sens, nous constatons qu'il existe des êtres matériels. Mais si la conscience ne nous faisait connaître les impressions que ces objets nous envoient, comment devinerions-nous leur existence? Cette simple remarque va nous faire toucher du doigt, en passant, l'une des absurdités du matérialisme. Les corps et leurs mouvements n'existeraient point pour nous si le sens intime ne nous révélait ce qui se passe en nous. Or, quelle est la nature des faits de sens intime? Dans les pensées, dans les désirs, dans les sentiments, voyons-nous rien qui ressemble à des mouvements dans l'espace? Est-il possible d'imaginer deux idées plus disparates que celles de la pensée et du mouvement? Il faudrait donc à tout le moins regarder comme probable au début de ses études, l'existence d'êtres pensants distincts de la matière ; il faudrait ensuite examiner de près les phénomènes internes et ne croire que sur preuve évidente à l'identité de choses si dissemblables. Mais non, parce que le cerveau s'agite quand on pense, les matérialistes prétendent que la conscience n'est que ce mouvement; ils nient arbitrairement la valeur d'un des deux faits observés et, chose étrange, c'est le plus certain qu'ils sacrifient, et celui-là même sans lequel l'autre ne serait point pour nous!

Que serait-ce si nous comparions, au point de vue de la fidélité et de l'exactitude, les représentations sensibles aux intuitions de la conscience? Plus l'homme a étudié la matière, plus il l'a trouvée pauvre. De l'étendue, des figures, des mouvements réglés, voilà tout ce que les sciences physiques y reconnaissent depuis Descartes. Jamais les sens, jamais les raffinements de l'expérience aidée des inventions des arts ou du calcul, ne pourront nous faire savoir si la matière a quelque force, si elle se meut d'elle-même ou si tous les mouvements qu'elle exécute lui viennent d'une cause étrangère. D'après Newton lui-même, il n'y a qu'un esprit crédule pour croire à l'*attraction*, considérée comme force agissant à distance; ceux de nos savants qui affectent la rigueur ont eu soin de remplacer ce mot par celui de *gravitation* qui dit moins et ne préjuge rien. Mais si l'illusion des sens va si loin, qui oserait dire où elle s'arrête? Des mouvements se transforment pour moi en couleurs, en saveurs, en odeurs, en sons, en chaleur, en résistance et en force ; mais c'est encore par mes sens que je vois ces mouvements, et l'étendue, leur condition nécessaire, ne serait-elle pas encore *jusqu'à un certain point* une illusion sensible. Je dis jusqu'à un certain point : par là je n'entends pas faire une différence radicale entre la perception de l'étendue et celle de la couleur ou du son. Des deux côtés il y a une part de réalité ; les couleurs, les sons, etc. sont des manifestations sensibles, en partie trompeuses, de rapports intelligibles, absolument vrais en eux-mêmes. Ainsi en serait-il, d'après nous, de l'étendue géométrique, base logique de la représentation du mouvement. Elle a une partie illusoire, la continuité, en vertu de laquelle elle nous apparaît comme divisible à l'infini ; car il est évident que la division qu'on en voudrait faire devrait nécessairement, pour s'achever, aboutir à des points ; or, les points ne peuvent être continus sans se toucher, et s'ils se touchent ils se confondent en un seul point inétendu. Donc, il est impossible d'arriver jamais aux premiers éléments de l'étendue si la continuité lui appartient en propre ; donc, il y a dans la représentation géométrique de l'espace une donnée qui confond la raison, un nombre sans unité, un composé sans *composants*. N'est-ce pas un indice qu'il y a dans cette idée complexe une apparence trompeuse mêlée à la réalité ? Je veux bien reconnaître qu'il est impossible d'expliquer *comment* un rapport, autre que la juxta-position, peut nous donner la

représentation du continu ou de l'espace géométrique ; mais *comment* les mouvements de l'air
deviennent-ils des sons ? Comment les vibratious
de l'éther se transforment-elles en couleur ? Le
savons-nous ?

Lorsque nous disons des corps sensibles qu'ils
existent et qu'ils sont composés de parties multiples,
nons leur attribuons des qualités évidemment réelles
de tout point, et où l'illusion ne peut avoir aucune
part. Il faut se résigner au subjectivisme de Kant,
il faut renoncer à toute connaissance, à toute vraie
pensée, si les idées de l'être et du nombre arithmé-
métique ne sont pas exactement ce qu'elles nous
paraissent. Quant à la géométrie et aux sciences qui
traitent des figures et des mouvements, un pur esprit,
une intelligence qui ne serait pas emprisonnée dans
un corps, les traiterait peut-être d'une étrange
manière, faisant du *continu* le même cas que les
sourds, les aveugles et les savants font de la lumière
et des sons en acoustique et en optique.

En voilà bien assez, je pense, pour nous convaincre que les perceptions sensibles sont super-
ficielles et que le monde externe nous est peu accessible. Pour les enfants, pour les artistes, la matière est tout, elle a toutes les grâces et tous les
enchantements. La science, depuis deux siècles,
n'y voit plus que du mécanisme. Et la métaphysique,
en l'étudiant de plus près, trouve l'étendue elle-
même équivoque et pleine de mystère. « Elle fond

dans les mains dès qu'on la presse, » a dit Fénélon, je ne sais où.

Au contraire, dans l'étude de l'âme par les données de la conscience, tout est certain comme fait, tout est satisfaisant comme explication. Impossible de douter que nous sommes et que nous pensons. Or la pensée, l'attention, la volonté, etc., sont évidemment des actions, et des actions dont nous sommes causes. Ainsi, tandis que des métaphysiciens de premier ordre, comme Malebranche et comme Descartes, soutiennent que la matière ne peut agir; tandis que tous les savants de nos jours avouent qu'on n'y pourra jamais constater expérimentalement l'énergie, la force, la causalité enfin; du premier coup d'œil jeté sur la surface du monde que nous sommes, nous constatons par une intuition immédiate notre propre causalité. Le sujet pensant, agissant, le *moi*, devient ainsi le type de la substance, c'est-à-dire d'un être qui produit successivement ses modifications sans disparaître jamais tout entier, quoique ses qualités ou modifications naissent et meurent sans cesse. Rien ne s'anéantit dans l'univers, répètent, depuis Thales, tous les philosophes et tous les penseurs. Mais qu'est-ce qui, dans la matière, demeure invariable? Est-ce que la quantité de mouvement ou bien la quantité de force? Nul ne peut le dire. C'est la quantité de mouvement, s'il n'y a point de forces dans le monde physique, c'est

la quantité de forces, si ces forces existent. La cause
de la pensée, le moi, se sent persévérer unique sous
l'innombrable série des modifications qu'il reçoit ou
qu'il se donne. Son unité essentielle, permanente,
fait le lien de tout ce qu'il sait, car évidemment il ne
saurait jamais rien si à chaque instant il recommen-
çait d'être.

Mais, dans toute science, il y a des axiomes tacite-
ment admis ou expressément énoncés. En remontant
de principes en principes, on arrive à quelques idées
comme celles de la cause, de la substance, de l'être,
de l'unité, qui entrent dans toutes nos idées et dans
tous nos raisonnements ; qui nous sont nécessaires
pour penser, comme nos muscles pour marcher, et
que l'intelligence ne pourrait pas plus se donner à
elle même que l'enfant ne se donne ses articulations
et ses membres. Cependant ces principes, qui ne
viennent point de l'expérience, puisqu'ils la devan-
cent logiquement et la dépassent en certitude aussi
bien qu'en étendue, se vérifient dans la nature. Plus
on l'étudie, plus on voit l'univers sensible se plier
aux exigences d'une science que l'observation n'a
point faite, les mathématiques. Il y a donc harmonie
innée entre la pensée de l'homme et le monde. Et
comme ce n'est pas ma pensée qui fait régner l'ordre
dans la nature, et que d'un autre côté tous les dé-
sordres que je pourrais supposer dans le monde ne
dérangeraient en rien l'ordre logique, la vérité im-

muable de mes pensées, il ne me reste plus qu'à reconnaître, au dessus du monde sensible comme au dessus de moi, un Être assez puissant et assez sage pour avoir préétabli cet accord. Donc, il faut placer au sommet des choses et à leur origine un Dieu d'où mes pensées tirent leur vérité et tous les êtres leurs perfections.

Sans entrer dans aucun développement; sans pénétrer même jusqu'au cœur de mon sujet, j'en ai dit assez pour faire sentir que le spiritualisme tient un juste milieu entre les prétentions extrêmes, également fausses, de ceux qui ne se fient qu'à l'expérience et de ceux qui ne jurent que par la déduction logique. Les premiers ont raison de dire que ni l'entêtement ni le génie des Plotin, des Spinoza, des Hégel, de tous les panthéistes enfin, ne sauraient les dispenser d'interroger la nature pour en parler en connaissance de cause; les seconds démontrent à l'évidence que, s'il n'y a dans l'esprit humain que ce qu'y met l'expérience, les principes, la raison, la science ne sont qu'illusion et que mensonge. De même, disent-ils, que l'animal pour sentir le monde et discerner les événements qui s'y produisent, a besoin d'organes *accommodés* à ces perceptions sensibles; de même l'homme, pour voir les choses sous leur aspect intelligible, a besoin d'un esprit *prédisposé* à la science. Autant il serait absurde de faire de la sensibilité animale, le résultat des sensations, au-

tant le serait-il de faire de la raison le simple effet
de l'expérience.

On voit aussi que le spiritualisme, à force d'être
dans le vrai, rapproche et réconcilie sans cesse, dans
ses développements harmonieux, les deux éléments
de toute connaissance réelle, le fait et l'idée, l'observation et la logique. A son point de départ il met
le plus évident des faits, l'existence du sujet pensant,
et aussitôt le principe de contradiction, la plus nécessaire des idées, unit si étroitement sa lumière logique à cette expérience, que les deux clartés se
confondent dans la fameuse formule : je pense, donc
j'existe. A cette première intuition se joint bientôt
une autre, celle de l'action. Je ne suis pas plus certain d'être que de penser; c'est même dans l'acte de
penser que je me révèle à moi-même comme existant. L'être vu de si près m'apparaît tout de suite
comme une énergie qui se déploie, comme une
source d'effets. Voilà l'éclosion et la première application des deux autres idées aussi nécessaires, aussi
universellement vraies, mais plus riches que celles
de l'être, les idées de substance et de cause. Que ma
raison se perde maintenant en conjectures sur la
nature des êtres matériels; qu'elle trouve une contradiction manifeste à les regarder comme essentiellement étendus, et que partant il y ait phénomène,
illusion mêlée à la réalité dans la représentation
géométrique de l'espace, que m'importe? Les êtres

dont l'intuition distincte m'est impossible parce que je dois les voir à travers mes sens qui sont disposés de manière à m'en présenter toujours des milliers à la fois, je puis les *concevoir* sur le modèle de l'être que je suis, comme des substances actives et comme des causes. Il est bien entendu que je n'ai pas le droit d'en faire des forces pensantes, intelligentes et libres; l'expérience me contredirait bien vite. Elles seront donc, prises individuellement, des forces, des énergies inconscientes. « Ce qui n'agit pas, disait Leibnitz, ne mérite pas le nom de substance. » Puis enfin, lorsqu'au dessus de toutes les forces physiques et humaines; au-dessus de toutes ces puissances soumises à des lois soit mathématiques, soit logiques, soit morales, je serai forcé de reconnaître un Principe premier, quelle idée m'en ferai-je? Loin de le confondre avec la notion purement logique et indéterminée de l'être universel, comme le font les idéalistes, je m'efforcerai de me le représenter à l'aide de l'idée que j'ai de la plus noble des causes, l'intelligence, l'esprit. Et comme il répugne que ce qui est principe premier trouve ailleurs qu'en lui-même la loi de son acte, je dirai que la pensée de Dieu s'identifie avec sa loi, la logique. De la sorte Dieu sera l'Intelligence parfaite, la Vérité même; mais, la vérité vivante, consciente, libre de borner son action et sa félicité infinies à se connaître et à s'aimer ou de créer des êtres qui, à des degrés divers, imitent son activité et participent à son bonheur.

Ici pourtant M. Vacherot nous arrête. L'espace, les atomes, le monde tout mécanique de Descartes, il l'immole sans pitié au dynanisme de Leibnitz. « Leibnitz a soufflé sur les vaines substances de la » physique cartésienne et sur les fausses réalités de » l'imagination, et, par la puissante intuition de son » génie a commencé dans la philosophie naturelle » une révolution que tous les développements et tous » les progrès des sciences physiques n'on fait qu'ac-» complir (1). » Mais, ce qu'il n'admet pas du tout, c'est que notre conscience puisse nous fournir les preuves de l'existence de l'âme comme *substance individuelle*. La pensée, la volonté, la liberté ne sont encore, d'après lui, que des phénomènes qui ne nous découvrent point le vrai fond de notre âme. Quant à la prétention qu'ont tous les spiritualistes de s'élever des idées nécessaires à l'existence de Dieu, qui les aurait gravées dans notre âme « comme la marque de l'ouvrier sur son ouvrage, » il la combat sans merci ni trève dans vingt endroits de son livre. « Je ne suis » pas de ceux qui ne voient que par les yeux et les » oreilles; je crois qu'il y a des vérités que l'expé-» rience ne nous révèle point. C'est dire que je crois » à la raison. Toute la question est de savoir quelle » est la portée et quel est le rôle légitime de cette

(1) Cinquième entretien. *Le spiritualisme*. T. I, p. 228.

» faculté dans l'ensemble des éléments de la connais-
» sance humaine. Assurément *toutes ces hypothèses*
» *sur l'origine divine de la raison* sont fort belles ;
» toutes ces *images* ayant pour but de rendre sensible
» le rapport de l'esprit divin et de l'esprit humain
» ont de quoi éblouir la pensée. Je vous accorde
» même que toute cette poésie n'est pas pure fiction,
» qu'elle a du vrai. *Mais enfin c'est de la poésie et non*
» *de la science.* Ce n'est point avec cela qu'on peut
» répondre à la *Critique de la raison pure.* Cette *bril-*
» *lante et sublime* métaphysique était connue de
» Kant ; elle ne l'a point arrêté dans sa redoutable
» entreprise contre le dogmatisme métaphysique...
» S'il s'est trompé comme le prétendent les *poursui-*
» *vants* de la métaphysique, il faut le réfuter, non par
» des hypothèses, des images, des fictions poétiques,
» ou des spéculations abstraites *mais par une analyse*
» *plus complète et une critique supérieure* (1). »

Nous y voilà. Tous les systèmes antérieurs à Kant
sont faux ; les spiritualistes, nommément Socrate,
Platon, Aristote, saint Augustin, saint Thomas, Descartes, Malebranche, Fénélon, Bossuet, Leibnitz
n'ont jamais écrit que des rêves qui, en passant par
l'éclectisme de M. Cousin, « ont certainement perdu
en poésie sans rien gagner en réalité (2). » Kant lui-
même, aussi bien que Spinoza, Hégel et la philoso-

(1) Septième entretien. L'*Eclectisme.* T. I, p. 290, 291.
(2) Ibid., p, 291.

phie allemande, sans parler des matérialistes, ont également échoué, nous l'avons vu. C'en est donc fait de la métaphysique et notre siècle a bien raison de la déserter... — Oui, sans doute, c'était fait d'elle sans l'école de la *Critique* SUPÉRIEURE !

Venez donc voir, lecteur, cette fière doctrine qui doit mettre définitivement au cercueil votre philoso-phie et la mienne.

SECONDE PARTIE.

« Toute réforme de la métaphysique doit com-mencer par l'analyse et la critique de l'intelli-gence (1). »

Nous qui croyons à une métaphysique immortelle — *philosophia perennis*, disait Leibnitz, — dont les dogmes fondamentaux furent démontrés d'âge en âge par tous les patriciens de la pensée, nous n'aimons point ce terme de « réforme. » Répudié expressément par Descartes. comme trop présomptueux, il semble arrogant dans la bouche d'un philosophe contempo-rain. Ce qui est vrai, c'est que, par la force même des choses, la métaphysique, science des premiers principes, a continuellement vu grandir en impor-tance, gagner en précision et croître en intérêt, la *question idéologique.* — Qu'est-ce que la connaissance? comment est-elle possible? — Voilà presque tout le

____
(1) Neuvième entretien, t. II, p. 1.

programme des études philosophiques de notre temps. A vrai dire ce fut déjà le grand objet des méditations de Platon et c'est là-dessus qu'Aristote brisa avec son maître. C'est presque tout Descartes ; c'est, avec l'optimisme, tout Malebranche et presque tout Leibnitz, c'est absolument Kant tout entier. N'était l'hégélianisme, bâti lui-même sur une fausse théorie de la connaissance, l'histoire de la philosophie n'aurait à recueillir depuis plus d'un siècle que des travaux sur la valeur et la portée de nos idées.

Qu'on me permette, à ce propos, de dire un mot d'une querelle soulevée récemment entre catholiques et, comme d'ordinaire, débattue parmi nous avec beaucoup d'ardeur. Il s'agit de la philosophie scolastique. Depuis quinze à vingt ans elle a trouvé beaucoup d'admirateurs, bon nombre d'interprètes et d'habiles vulgarisateurs. Rien de plus juste, assurément ; rien de plus utile à la religion et à la philosophie. On connaît la haute estime de Leibnitz pour les « anciens. » Mais tout en flétrissant, comme ils le méritent, les médiocres raisonneurs qui, de nos jours, trouvent plus facile de décrier les grands docteurs du moyen-âge que d'apprendre à les lire, on devrait se garder de soutenir, à titre de représailles, des thèses aussi injustes que celle-ci : *Du cartésianisme date pour la métaphysique une ère de décadence dont elle ne sortira qu'en retournant purement et uniquement à la doctrine de saint Thomas d'Aquin.* Les travaux

de l'illustre docteur tendaient avant tout, n'est-il pas
vrai, à l'exposition et à la défense des dogmes catholiques ; nulle part il ne s'est proposé d'écrire une
théorie complète de la connaissance. Les deux
Sommes commencent par la *Démonstration de l'existence de Dieu*, qui suppose, comme elle est traitée là,
presque tout ce que nos métaphyciens contemporains
mettent principalement en question. Sans doute il y
a dans ces deux impérissables monuments une profonde analyse des conditions de la science ; toutefois
cette analyse n'y est que par petits fragments dis-
séminés dans l'œuvre entière, suivant les hasards
des discussions théologiques. Encore ne peut-on être
sûr d'y rencontrer jamais la solution de certains
doutes très-importants. Je n'en veux ici d'autre
preuve que ces mots du P. Kleutgen, le plus justement estimé de tous ceux qui travaillent à la restau-
ration dont nous parlons : « Nos lecteurs... auront
» déjà compris que nous n'entreprenons pas, pour
» venger la scolastique, de montrer qu'elle possédait
» *une théorie de la connaissance* déjà assez parfaite
» pour satisfaire à toutes les exigences de notre
» époque. Nous sommes loin de contester la possi-
» bilité d'un progrès réel dans la philosophie scolas-
» tique. Plusieurs questions, aujourd'hui très-impor-
» tantes, n'y furent pas encore traitées avec une
» étendue convenable à notre époque ; *certaines diffi-
» cultés soulevées par la nouvelle philosophie y ont été*

» *à peine effleurées*. Le défaut d'une critique assez
» complète *de la faculté de connaître* peut aussi avoir
» été la cause que certaines questions philosophiques
» n'y trouvèrent pas une solution en tout satisfai-
» sante (1). »

Cela suffit. Mieux que tout ce que je pourrais dire,
cet aveu fera comprendre en quel sens on doit reconnaître que les gigantesques travaux du moyen-âge
n'ont pas *achevé* la philosophie. Harcelés par la critique, il nous faut aujourd'hui consacrer tous nos
soins à établir sur de minutieuses analyses ces mêmes
principes qui servaient autrefois de base incontestée
à la science. On peut le regretter ; on peut même
affirmer que nos modernes critiques, ombrageux à
l'excès, portent la défiance et la subtilité jusqu'à
faire douter quelquefois de leur sincérité ; on n'en
est pas moins forcé de leur tenir tête et par conséquent de les suivre sur le terrain qu'il leur plaît de
choisir.

Pour ce qui est de M. Vacherot, en particulier, le
P. Gratry, qui l'a vu de près, en a rendu ce témoignage : « Celui-là est sincère et croit tout ce qu'il
dit (2). » Il est vrai qu'il ajoutait : « Mais à quoi donc

(1) *La philosophie scolastique.* Introduction, no 17. Edition
de Paris, 1869. In-8o t. I, p. 26. Cf. pp. 13 et 14. — Voyez
encore T. II, p. 46 : «Les scolastiques n'ont pas fait du principe de causalité l'objet d'études particulières. » Etc. etc.

(2) C'est M. Vacherot lui-même qui rapporte ces paroles.
Voyez *La religion*, p. 237.

croit-il? Où est l'objet de sa foi? Je ne puis le découvrir. » Toutefois, ces derniers mots ne contredisent point les premiers et il serait injuste de s'y arrêter aujourd'hui que les doctrines ébauchées dans l'*Histoire de l'école d'Alexandrie* se sont nettement formumulées dans *La métaphysique et la science*.

Mais nous aussi, lecteur, nous sommes de bonne foi, n'est-il pas vrai? Et nous avons avec nous les plus grands noms de la philosophie. Exposons donc sans réticence et combattons au grand jour cette audacieuse critique.

I. *La sensibilité et l'imagination.*

« Dans toute perception sensible il y a lieu de dis-
» tinguer deux choses : les éléments qui en font la
» matière et l'unité qui en fait la *forme*. Les éléments
» de la perception varient à l'infini sous la multi-
» tude des impressions que subit notre sensibilité.
» Non-seulement ils varient selon la diversité de
» nos sens externes, mais ils varient bien autrement
» selon l'infinie diversité des objets qui affectent nos
» sens. C'est cette variété qui fait la richesse de l'ex-
» périence et qui explique comment l'esprit humain
» fécondé par elle peut engendrer tant de sciences
» et de connaissances avec un si petit nombre de
» facultés et de procédés (1), »

(1) Neuvième entretien. *Analyse de l'intelligence*, t, II, pp. 5, 6.

Tout ceci va de soi. Nul doute que nos sensations ne varient suivant la nature des objets sentis qui sont innombrables dans l'univers ; puis aussi suivant le sens que nous employons, et enfin suivant les dispositions présentes de ce sens.

« Le rôle de l'esprit, au contraire, est parfaite-
» ment simple et uniforme. Il est toujours et partout
» le même. Il consiste dans un acte de l'esprit, qui
» se répète invariablement sous chaque impression
» des objets... Cet acte est une synthèse qui aboutit
» toujours au concept de l'*étendue* (1). » On le voit,
c'est la théorie de Kant, telle que nous l'avons précédemment exposée.

Quoi donc ? le fier représentant de la « critique supérieure » consentirait-il à porter la livrée du philosophe de Kœnigsberg ? Détrompons-nous. M. Vacherot n'est pas homme à se contredire d'un volume
à l'autre ; il n'a pas oublié les reproches ci-devant
adressés à Kant. Et puis, il a l'œil si bon, le pied si
sûr, qu'il ne craint point de s'avancer vivement jusqu'au bord d'un abîme ; il n'y tombera pas. « Je ne
vais pas si loin que Kant » dit-il ailleurs : « Dans la
» perception (sensible) tout est donné par l'expé-
» rience, sauf la synthèse des éléments. Et dans
» cette synthèse elle-même la trace de l'expérience
» se laisse apercevoir. Non-seulement l'esprit *n'a-*
» *joute rien* aux éléments que fournit l'extérieur,

(1) Ibid. p. 6.

» quant à la matière même de la perception, mais
» encore *il ne peut rien sur le rapport et l'ordre de ces
éléments* (1). »

Comprenez-vous, lecteur, toute l'habileté de cette
réserve ?

Qu'est-ce qui a pu amener le sévère génie de Kant
à cette malencontreuse idée de cacher derrière un
univers *phénoménal*, peuplé de fausses apparences,
l'univers réel, le monde des *noumènes?* Une simple
exagération du rôle de l'esprit, (du sujet), dans la
perception sensible. C'est *uniquement* dans l'esprit
qu'il place l'étendue; il en fait une forme toute subjective, qui s'étale, comme un voile monotone, devant tous les objets que nous voulons voir. Dès lors
les idées géométriques deviennent de purs fantômes :
le point, la ligne, la figure, l'étendue enfin et la
juxta-position sont déclarés complètement étrangers
au monde réel, aux objets considérés en eux-mêmes
et débarrassés de l'uniforme dont nous les affublons
en les sentant. C'est précisément ce que M. Vacherot
ne saurait admettre . « L'étendue géométrique n'est
» pas, comme l'a prétendu Kant, une loi purement
» subjective, une simple *forme* de la sensibilité. Le
» concept de ce nom, si abstrait qu'il soit, n'est point
» absolument vide et pur de tout élément empirique;
» il implique *juxtaposition, continuité, disposition de*

(1) Dixième entretien, *Critique de l'intelligence*, t. II,
p. 122.

» *parties, toutes choses qui sont des données de l'expé-*
» *rience.* »

Soit. Disons que le monde externe est réellement
et objectivement étendu ; disons de même qu'il faut
voir dans le temps, non pas, avec Kant, « une pure
forme de la perception interne, » mais, avec M. Vacherot, « une pure *synthèse* des actes de la conscience, » actes dont « le rapport *et l'ordre de succession* sont en eux-mêmes indépendants de la
conscience. » Mais alors comment expliquer le côté
rationnel, nécessaire, absolu de ces idées d'espace
et de temps? Je m'explique et, pour aller plus vite,
je m'arrête à la seule idée de l'espace.

Que peut être dans les objets sensibles, dans les
corps, cette « juxtaposition des parties et cette continuité, » dont on nous parle comme de réalités que
nous n'ajoutons point aux choses en les percevant?
Si c'est la représentation adéquate et de tout point
fidèle de la réalité, voilà, par le fait même, la matière
soumise à toutes les exigences des abstractions géométriques. Il faudra dire que le moindre corps, tout
comme le moindre espace géométrique, est divisible
à l'infini. Ce n'est point là ce que veut M. Vacherot.
Il maintient constamment que l'étendue géométrique
ne représente les choses qu'à l'imagination ; « c'est
» une *image*, une illusion de même nature que la re-
» présentation des étoiles formant pour la vue cette
» *continuité des points* qu'on nomme la voie lactée,

» enfin une simple *forme* de la vision, *forme néces-*
» *saire, mais toute subjective* que dissipent l'analyse
» et l'expérience (1).» D'après notre auteur, un métaphysicien ne doit admettre le concept de l'étendue
dans ses pensées qu'à regret, et parce que l'esprit
humain est ainsi fait qu'il ne peut pas se passer
d'*images* sensibles. La science ne s'occupe, dit-il, que
d'une seule chose, de *rapports* : « *La valeur scienti-*
» *fique de l'image est nulle.* Bonne seulement à nous
» faire saisir la réalité par une représentation, elle
» disparaît dans la formation de *la connaissance pro-*
» *prement dite* (2).» Voilà un trait de lumière... Profi-
tons-en pour résumer lestement une analyse
démesurément longue, et une critique devenue ab-
struse à force d'être méticuleuse.

Que font nos sciences modernes, dit M. Vacherot,
pour atteindre sous les apparences sensibles les objets réels, les vrais éléments de l'univers? Elles né-
gligent les *images* et cherchent des *rapports*. Veut-on,
par exemple, expliquer scientifiquement la couleur?
On la ramène à des données purement géométriques,
ce qui permet à l'aveugle-né qui n'a pas la moindre
idée sensible ni du bleu ni du vert, ni même de la
lumière, de raisonner sur l'optique en parfaite connaissance de cause. Mais là encore il y a image;
l'aveugle-né et le physicien calculent *dans l'espace.*

(1) Tom. II, p. 132.
(2) Ibid., p. 139.

Supprimez l'espace: tâchez de *penser* les rapports numériques, les proportions, les lois enfin de l'optique, de l'acoustique etc., indépendamment de ce *fond inexplicable* qui joue dans la géométrie le même rôle que l'audition dans l'acoustique ou que la vue dans l'optique. Y êtes-vous parvenu, lecteur? — C'est bien difficile. — Je le crois bien! vous exagérez, j'en suis sûr, la pensée de M. Vacherot. Il ne vous dit pas de vous *représenter* les lois des vibrations de l'éther hors de l'espace, mais bien de les penser *sans vous les représenter*. Dégagez de l'image les rapports; ne pensez plus qu'aux *nombres arithmétiques* qui les expriment. — J'y suis. — Bravo! Désormais vous ne vous représenterez l'univers dans l'espace, que pour vous *aider à le penser*. Vous laisserez l'homme vulgaire, et même l'artiste, combiner des nuances et chercher des harmonies de couleurs, de figures ou de sons, vaines fantasmagories des sens. Vous laisserez le géomètre mesurer des lignes, des surfaces, des mouvements; celui-là s'est affranchi des sens, mais pas encore de l'imagination. Il est sur le terrain du mécanisme de Descartes, sur le chemin de l'atomisme matérialiste. Vous, à travers tous les voiles, vous contemplez le monde en métaphysicien Et ne croyez pas qu'en vous parlant ainsi, en m'efforçant d'ôter de votre *pensée scientifique* la représentation inintelligible de l'espace, je vous ouvre un étroit sentier où vous ne marcherez plus qu'en compagnie de quelques rêveurs plus ou moins dignes du titre de philosophes. Les sciences naturelles de nos jours, les vraies sciences, non point celles qui imaginent des systèmes, mais celles qui constatent des faits et ne formulent de lois qu'apres en avoir pesé tous les mots pour s'assurer qu'ils ne dépassent en rien ce que l'expérience peut confirmer, ces sciences rigoureuses, spécialement la chimie, ont déjà banni scrupuleusement de leurs théories les constructions de l'imagination, les représentations dans l'espace. « Que devient l'étendue dans le creuset du chimiste? » Ne s'évanouit elle pas dans les décompositions » subtiles, dans les prodigieuses transformations que » lui fait subir l'art de nos expérimentateurs? *Est-ce* » *à dire pour cela que la substance matérielle s'anéan-* » *tit avec l'étendue?* Personne ne le croit... Quand » l'étendue a disparu, il reste ce que les physiciens » appellent la *masse*, propriété fondamentale, base » de toutes les autres propriétés physiques et chi- » miques (1).»

N'en déplaise à M. Vacherot, cette manière de faire disparaître du monde physique *pensé* (c'est-à-dire *réel*), *le mystère des choses en soi* (le *noumène* de Kant), ressemble beaucoup moins à une solution métaphysique qu'à un escamotage, et c'est un tour d'adresse plutôt qu'un tour de force.

Que les chimistes, les physiciens et même les ma-

(1) Dixième entretien. **T. II,** p. 131.

thématiciens parlent de l'étendue comme d'une chose dont ils n'ont pas à chercher la vraie nature, cela se comprend. Ces sciences n'ont point pour objet l'essence des corps; il leur suffit de connaître leurs propriétés et leurs rapports. Mais là où s'arrêtent les investigations des sciences commencent précisément celles de la métaphysique, et c'est elle qui pose cette question : qu'est-ce que l'espace? Kant répond : c'est notre esprit qui le crée, il n'est pas dans les choses. — C'est faux, répond M. Vacherot, notre esprit voit les choses telles qu'elles sont; c'est le monde lui-même qui est étendu; seulement ce qui pour l'imagination semble une représentation parfaite des choses n'est pour l'esprit réfléchi du métaphysicien qu'une synthèse grossière et confuse, un commencement de connaissance qui a besoin d'être élaboré.

C'est contre quoi nous protestons à notre tour. Leibnitz a dit, il est vrai, quelque chose qui approche de cela. D'après lui, le continu homogène de l'espace est mêlé d'illusion, il est le résultat de l'impression faite sur nos sens par les éléments innombrables et indiscernables du monde, qui deviennent uniformément étendus pour nous, à peu près comme des grains de sable bleus et jaunes deviennent, lorsqu'on les mélange, une poussière uniformément verte.

Mais il ne croyait pas avoir tout dit sur l'espace en y montrant ce mélange de vérité et d'illusion.

M. Vacherot le cite imparfaitement ici : «L'espace
» n'est intelligible qu'autant qu'il est conçu comme la
» simple *coexistence* des réalités sensibles. C'est un
» *rapport*, rien de plus. Leibnitz a dit le mot (1).» C'est
très vrai, mais l'illustre métaphysicien ajoutait :
« C'est un rapport *dont Dieu est la source.*» Mot capital et qui va nous aider à faire ressortir le côté
hégélien et faux de l'idéologie qu'on nous propose.

Nous avons vu comment procède Hégel. Il dépouille successivement les objets à connaître de
leurs qualités distinctives; il les ramène à des conditions logiques de plus en plus générales ; il en fait
des groupes qui se fondent systématiquement les uns
dans les autres jusqu'au moment où tout se réduit à
la plus universelle et à la plus pauvre des idées,
l'être indéterminé.

M. Vacherot fait exactement la même chose.

Avec les physiciens, dit-il, négligez d'abord dans
la sensation l'élément *purement affectif*, c'est-à-dire
ce qu'un aveugle-né ne peut savoir de la couleur, ce
qu'un sourd ne peut connaître du son, etc. Quand
ces *données sensibles* auront disparu, remplacées par
des images géométriques, sacrifiez à son tour l'espace et ne tenez plus qu'aux proportions numériques
que vous découvrirez par l'expérience. Séparez « la
» vérité chimique de l'hypothèse mécanique... C'est
» la chimie moderne qui a révélé la composition, la

(1) Dixième entretien. T. II, p. 120.

» constitution véritable des corps, c'est elle qui en a
» réellement trouvé les principes élémentaires. Non
» qu'elle ait pénétré par la subtilité de ses analyses
» jusqu'à la dernière molécule des corps, à l'*atome*
» proprement dit... Le véritable esprit chimique ne
» s'inquiète guère de cela. Ce qui lui importe, c'est
» de pousser aussi loin que possible la décomposi-
» tion et la composition des *forces physiques* de la
» nature, abstraction faite de leur représentation
» dans l'espace, c'est-à-dire de leur étendue (1). »

Mais ces *forces*, du moins sont-elles des êtres véritables, des substances, comme le prétendent tous
les métaphysiciens de l'école de Leibnitz ? — Distin-
guons, répondra M. Vacherot (2). Ce sont des êtres
individuels, bien autrement réels que les *atomes*,
ces *éléments abstraits* d'une idée abstraite, l'espace.
Cependant ce ne sont pas encore de vraies substances. L'idée de force active, la monade de Leibnitz,
est empruntée à l'expérience intime, à la conscience.
« L'esprit humain réduit à ces données (de la con-
» science) ne peut concevoir l'univers autrement que
» comme *une simple collection de forces individuelles.* »
Or, la raison ne peut s'arrêter à l'individu, lequel est
toujours une portion tirée (abstraite) du tout, et,

(1) Onzième entretien. *Critique de l'empirisme.* Tom. II,
pp. 254-255.

(2) Cinquième entretien, seconde partie, — rapproché du
onzième entretien, vers la fin.

dans ce sens, la force individuelle est une *abstraction*.
« Quand je dis abstraction, je ne veux pas dire que
» la notion de force soit vide de réalité comme la
» notion d'étendue. J'entends seulement qu'elle ne
» se suffit point à elle-même. Si précise et si posi-
» tive qu'elle soit, elle n'en suppose pas moins un
» fondement que l'expérience ne peut donner. Ana-
» lysez bien la notion de substance et vous verrez
» qu'elle n'est pas entièrement empirique. Après les
» révélations les plus complètes, les plus intimes
» de l'expérience, il reste toujours quelque chose
» d'obscur, mais de nécessaire, un je ne sais quoi,
» si vous voulez, qui n'est susceptible d'aucune
» définition, d'aucune notion précise, mais que l'ex-
» périence ne peut atteindre, que l'esprit entrevoit
» sans le saisir réellement, à la lumière d'une faculté
» *supérieure* (1).»

Voilà comment, sous le souffle de la critique, on
voit se volatiliser et tendre à s'évanouir les deux
éléments qui, suivant les métaphysiciens dynamistes,
font toute l'intelligibilité, c'est-à-dire toute la vérité,
toute la réalité, ou comme, dit Leibnitz, *tout le positif* de l'étendue : les *forces-simples* multiples — et
l'*ordre* qui existe entre elles, ordre absolu, nécessaire, immuable, *dont Dieu est la source.*

Les forces d'abord. On vient de le voir, par le fait
même que l'individu n'est pas le tout, il ne peut

(1) Cinquième entretien, *Le spiritualisme*, t. I, p. 235.

satisfaire, d'après notre auteur, à ce que la *raison* exige de la substance, «dont les caractères propres sont l'infini, l'absolu, le nécessaire, l'universel.» Or, il est bien certain que Leibnitz concevait ses monades comme des êtres parfaitement substantiels et distincts, et non comme des manifestations multiples d'une substance unique.

L'ordre absolu. Comme Leibnitz, M. Vacherot croit que dans l'étendue géométrique «les choses » nous apparaissent transformées par la synthèse de » l'imagination... non comme elles sont, mais telles » que nous devons les sentir (1).» Il en conclut que la *science* doit se débarrasser de l'image pour se tenir aux nombres, aux proportions, aux lois trouvées par le calcul ou vérifiées par l'expérience. Mais nombres, rapports, formules, tout cela est purement arithmétique, et il faut être osé, semble-t-il, pour soutenir que la géométrie n'est que de l'arithmétique mélangée d'illusion. Outre la multiplicité ou la quantité arithmétique, (quantité distincte, *discrète*, comme disaient les anciens), il faut reconnaître dans l'espace vrai, ou pensé, un autre élément intelligible, une autre espèce de rapports absolument vrais. De même que sous l'illusion de la couleur il y a pour les mathématiciens la vérité géométrique; de même pour le philosophe, il y a dans l'illusion géométrique la vérité métaphysique. Il y a dans l'espace, en plus

(1) Neuvième entretien, *Analyse de l'intelligence*, t. II, p. 9.

que dans le nombre, un rapport intelligible, nécessaire, absolu, éternel, que nous voyons trop clairement et trop directement pour en pouvoir donner
une définition. Ce rapport *s'impose* à l'esprit; il ne
nous vient pas de l'expérience; Kant, après bien
d'autres, l'a démontré, comme M. Vacherot le reconnaît expressément. Que sera-ce donc que cette
étendue purement intelligible, débarrassée de toutes
les images sensibles et aussi de cette contradiction
logique, de cette absurdité qu'elle porte en elle-même
lorsqu'on la considère comme indéfiniment divisible,
à la façon des géomètres? Tous ceux qui croient à
l'existence de Dieu mettent en Lui ce qui dans l'idée
de l'espace éclaire la raison, et dans l'imperfection
de la matière ce que cette même idée présente de
ténèbres et de contradictions. La divisibilité à l'infini devient alors l'effort inutile de l'esprit pour rattacher l'espace à son principe. L'immensité indivisible de Dieu, voilà l'espace nécessaire, purement
intelligible. Mais M. Vacherot n'a que faire de cet
espace-là. « Je le laisse expliquer, dit-il, par cette
» école de métaphysiciens très savants et très pro-
» fonds dans l'art de substituer les mots aux choses.
» Pour ma part, je n'ai jamais pu comprendre l'es-
» pace infini, l'immensité concentrée *dans un point*
» *indivisible*. J'en demande pardon à Plotin, à saint
» Augustin, à Malebranche, à Fénélon, à Bossuet,
» aux très grands métaphysiciens et aux très illus-

» tres théologiens qui ont mis leur génie et leur
» éloquence au service de cette thèse. J'y ai toujours
» vu non un mystère mais un non-sens... Je ne
» connais pas d'impossibilité logique aussi absolue,
» si ce n'est un temps sans durée, autre non-sens
» de la même famille dont nous parlerons tout à
» l'heure (1).»

A votre aise. Pour nous, nous en resterons là.
Ces considérations suffisent pour nous montrer dans
quel esprit est faite cette critique. « Le philosophe
tend vers l'être, » a dit Platon, je ne sais où, « le
sophiste va au néant. » Ainsi d'Hégel, on l'a vu ;
ainsi de M. Vacherot, on peut déjà le voir. Après
avoir démontré qu'il y a dans l'espace (et dans le
temps) quelque chose qui confond la raison et n'existe
que pour l'imagination, s'occupe-t-il de dégager les
vérités ainsi voilées des fausses apparences qui les en-
veloppent ? Non. S'abstenant soigneusement de toute
recherche sur la nature intime et sur l'origine des
corps simultanément représentés dans l'espace et des
esprits successivement développés dans le temps,
il se tient à des idées générales, à des rapports
logiques, à des abstractions qui, à mesure qu'elles
vont s'étendre, s'éloigner des individus, *se perdre
enfin dans l'idéalisme*, nous seront donnés comme
des réalités de plus en plus *métaphysiques*, c'est-à-

(1) Dixième entretien. *Critique de l'intelligence* t. II, p. 123.

dire plus substantielles et plus vraies. « *Des rapports*
» *et des lois* en ce qui concerne les sens externes;
» *des facultés, des pouvoirs, des forces vives....* en ce
» qui regarde le sens intime, voilà les objets réels,
» absolus , *vraiment scientifiques* de nos percep-
» tions (1).»

Ces aveux sont déjà significatifs ; nous en recueil-
lerons bien d'autres.

II. *Analyse et critique de l'entendement.*

Ce qui distingue l'entendement de la sensibilité,
c'est qu'il n'a point pour objet immédiat un être
individuel, existant dans la nature. «Il existe telle
» table, tel livre, tel animal, tel homme; il n'y a pas
» la table, le livre, l'animal, l'homme en soi... Les
» notions de genre et d'espèce... n'existent qu'en
» idée... Les notions abstraites du beau, du vrai, du
» juste, n'ont pas plus de réalité... Toutes les no-
» tions de l'entendement sont *subjectives* en ce sens
» que leurs objets sont de simples types qui n'exis-
» tent que dans la pensée... Cela résulte de la défi-
» nition même de la notion... La notion n'est autre
» chose que la synthèse des éléments de la percep-
» tion (sensible), synthèse qui a toujours pour con-
» dition préalable une abstraction. Or, c'est préci-

(1) Ibid., t. II, p. 155.

» sément cette abstraction qui rend la notion sub-
» jective (1). »

Très-bien dit. Personne que je sache n'a jamais
cherché à voir de ses yeux ou à toucher de ses mains
le type substantiel du livre, de la table, de l'homme,
du beau, du vrai, du bien.

« Maintenant que direz-vous si je vous démontre
» que la notion possède une *réalité objective* supé-
« rieure à celle de la perception et que c'est précisé-
» ment à l'abstraction qu'elle doit ce privilége (2) ? »

— Si vous y pouvez parvenir, répondrons-nous,
vous êtes un habile homme, Monsieur.

— « Rien de plus simple... L'abstraction produit
» sur la perception qu'elle transforme deux résultats
» qui semblent contradictoires et pourtant s'impli-
» quent logiquement. En même temps qu'elle dimi-
» nue les éléments de la perception, elle en étend la
» portée ; elle lui rend au centuple en *extension* ce
» qu'elle lui ôte en *compréhension*, comme on dit en
» termes d'école. *C'est là tout le mystère* (3). »

-- Assurément ! C'est élémentaire, sans doute,
mais c'est capital, Je ne vois point, pour ma part,
comment on pourrait se passer dans une discussion
de ce genre de « ces termes d'école. » Ce qui serait
une nouveauté et un abus, ce serait d'attribuer aux

(1) *Critique de l'intelligence*, t. II, pp. 156 à 163.
(2) Ibid. p. 163.
(3) Ibid. p. 165.

idées plus de *réalité* objective à mesure qu'elles gagnent en extension, c'est-à-dire en abstraction.

— « Mais n'est-ce pas augmenter la réalité objec-
» tive d'une perception que de la généraliser ? Ne
» trouvez-vous point, par exemple, que la notion de
» l'attraction universelle est plus objective que la
» notion de gravitation planétaire, et celle-ci que la
» notion de gravitation terrestre (1) ? »

— Permettez. Vous choisissez admirablement vos exemples. La notion de la gravitation ne perd rien en *compréhension* lorsqu'on l'étend à l'univers matériel tout entier. Aussi n'est-ce point du tout par l'analyse logique de l'idée de « pesanteur terrestre » que l'on est parvenu à en faire une loi universelle. L'expérience seule a pu confirmer ou changer en loi les hypothèses et les formules proposées à ce sujet par Kepler, par Galilée, par Newton. Il en est tout autrement, vous le savez bien, lorsqu'on procède par voie de décomposition d'une idée dans ses éléments logiques, comme le font les idéalistes. De décomposition en décomposition, on arrive alors infailliblement à l'être d'Hégel, au principe commun de l'univers et du néant, c'est-à-dire des êtres et de leurs limites. Allez-vous nous donner l'idéalisme pour le vrai système ! la déduction logique pour la vraie méthode ?

N'est-il pas vrai qu'on pourrait le croire ? Et cependant personne ne comprend mieux que M. Vacherot

(1) Ibid. p. 166.

la vanité des spéculations logiques purement *a priori*.
Son ouvrage porte en sous-titre : *Principes de méta-physique positive*. Il ne l'oublie jamais. « Il y a, dit-il,
» une abstraction *féconde* qui n'opère que sur les
» données de l'expérience et de l'induction, et qui,
» généralisant de plus en plus les rapports, les lois,
» les types et autres objets de la science, en étend la
» portée et en augmente par cela même la réalité
» objective; c'est l'abstraction spécifique. On la re-
» trouve dans les grandes conceptions mathémati-
» ques et dans les belles théories de la physique sur
» la pesanteur, la lumière, le son, l'électricité, la
» chaleur. Il y a une autre abstraction *stérile* qui se
» borne à généraliser les notions de l'entendement
» en suivant uniquement les règles de la grammaire
» et de la logique, sans observation comparée...
» c'est l'abstraction verbale (1). »

De ces textes et d'un très-grand nombre d'autres
que je néglige pour abréger, sort une théorie de l'entendement qu'on pourrait résumer ainsi :

1o Les sensualistes et les empiriques se trompent
quand ils veulent expliquer soit les notions mathématiques, soit celles de genre, d'espèce, de beau, de
bien, de lois, de cause, de nécessité, de contin-
gence etc., etc., toutes les idées générales enfin, par
la seule addition des sensations ou des observations.
Dans toute notion, dans toute idée il y a deux élé-

(1) *Critique de l'intelligence*, t. II, p. 174.

ments : la matière, c'est-à-dire les faits individuels sentis ou perçus par l'expérience — et la forme qui est l'acte même par lequel l'entendement réduit cette diversité à l'unité. En d'autres termes la notion est une synthèse, dont l'entendement fournit lui-même le lien.

2° Quand on a ainsi groupé sous des notions bien claires les objets individuels, leurs qualités et leurs rapports, il faut se garder de raisonner au hasard sur ces notions en ne suivant que les lois purement formelles du syllogisme. Sans cesse il faut soumettre au contrôle de l'expérience les résultats du travail logique :

En botanique, en zoologie, en minéralogie, dans toutes les sciences enfin où il faut constituer des types, créer et circonscrire rigoureusement des genres et des espèces, il ne faut jamais se lasser d'analyser, puis de comparer entre eux soit les individus, soit les espèces, soit les genres, afin de découvrir de nouveaux rapports de ressemblance ou de différence;

En physique, en chimie, en physiologie, etc., en général lorsqu'il s'agit de déterminer dans quelles circonstances et d'après quelles lois les phénomènes naturels se produisent, il ne faut jamais rien formuler qui dise plus que les faits observés.

3° Mais quand toutes ces précautions ont été prises; quand avec cette rigueur de pensée qui dictait à Aristote les lois du raisonnement; avec ce génie de l'induction qui faisait pressentir à Képler les harmonies célestes ; avec cette patiente observation dont la science contemporaine nous donne l'exemple, on a élevé si haut l'édifice de la science après l'avoir si bien assis, peut-on nier encore que les *notions* de l'entendement soient réelles, *objectivement vraies ?* Ce serait nier toute science. Rapport, loi, type, cause, tout cela est notion générale, idée ; tout cela est dans l'entendement ; « notion et vérité, entendement et science sont des « termes qui se cor-» respondent (1). »

4o Quel est donc le tort de presque tous les métaphysiciens depuis Platon? Ce n'est pas de faire trop grand cas des idées ; c'est d'affirmer qu'elles sont des *êtres*, voire même les seuls véritables. « Lorsqu'ils » transforment en *monde intelligible* le système des » concepts de l'entendement, ils commettent la grave » erreur de réaliser des abstractions... Le savant de » nos jours ne se laisse pas séduire par de sembla-» bles illusions ; il abstrait, il analyse, il généralise » sans cesse et pourtant on ne le voit pas dupe de » ses abstractions. Le philosophe fera bien d'ap-» prendre à son école l'art d'user de l'abstraction sans » jamais en abuser (2). »

Voilà un système qu'on pourrait décorer du nom

(1) *Critique de l'intelligence*, t. II, p. 178.
(2) *Critique de l'intelligence*, t. II. p. 175-778.

de positivisme savant ou *philosophique*. Il consiste à soutenir, *après examen*, que notre intelligence ne peut légitimement dépasser les bornes de l'observation et du calcul appliqués aux êtres et aux faits de ce monde. N'est-ce pas la conclusion forcée de l'analyse que nous venons de résumer ? Fidèle disciple de Kant, M. Vacherot définit la notion : « une synthèse de perceptions sensibles ; » il fait remarquer, mieux que ne l'a fait Kant, qu'une synthèse n'est rien sans les matériaux qu'elle embrasse ; et comme, par hypothèse, il n'y a de matériaux possibles que ceux qui nous viennent des sens, le monde intelligible et Dieu s'évanouissent pour lui comme un songe. C'est en vain que Platon et tous les spiritualistes y croient reconnaître la réalité suprême, éternelle, immuable, dont les objets sensibles ne sont que des images imparfaites, des ombres périssables. « Il n'y a d'être que dans l'individualité. Or, » l'expérience, soit externe soit interne, nous atteste » que l'individualité est essentiellement accidentelle, » variable, éphémère ; il n'y a d'invariable que le genre, » l'espèce, la loi, le rapport, toutes choses *abstraites* » qui n'existent que dans l'individu. *Tout être est un* » *individu ; tout individu est un phénomène* qui passe, » quelque longue qu'en puisse paraître la durée à de » pauvres êtres comme nous qui vivent dans un » point du temps (1). »

(1) *Critique de l'intelligence,* t. II, p. 187.

-- Fort bien. Mais si toute science doit se borner à constater des lois et à classer des êtres, que va de-venir la métaphysique? Comment s'élèvera-t-elle au-dessus du monde? Comment l'embrassera-t-elle tout entier pour le rattacher à une première cause, ou pour le *suspendre* à sa fin, comme disait Aristote ad-mirablement? En s'obstinant à répéter que *les scien-ces positives seules savent user des notions sans en abuser*, M. Vacherot ne s'est-il pas mis dans l'impos-sibilité manifeste de dépasser l'expérience et le cal-cul, c'est-à-dire l'objet des sciences dites positives? N'a-t-il pas abdiqué son titre de métaphysicien? N'a-t-il pas ouvertement renoncé à trouver l'absolu, l'inconditionnel, l'objet de la métaphysique enfin? Nous le croyons pour notre part; mais il est loin d'en convenir. Il se flatte au contraire d'avoir contri-bué plus que personne à l'avènement d'une philoso-phie qui s'imposera à tous ceux qui l'étudieront comme s'imposent la physique et les mathématiques. Sans doute, il le reconnaît, il a fallu pour atteindre ce résultat se montrer rigoureux, impitoyable à l'en-droit des hautes spéculations des Platon, des Des-cartes, des Malebranche. Nous l'avons vu nier de mille façons tout ce qui dans la pensée, dans la no-tion, avait paru à ces grands hommes une manifes-tation d'un Être supérieur plus réel que tout ce qui passe. Sacrifiez, nous dit-il, toutes ces «*méta-phores*» : cette «vue directe des idées dans l'infini»

— ces « idées innées, marques de l'ouvrier sur son ouvrage » — cette « partie supérieure de l'intelli- » gence qui nous rattache à Dieu et par laquelle » nous sommes des plantes non de la terre, mais du » ciel. » On ne croira jamais à la science philoso- phique tant qu'elle aura recours à ces imaginations, à ces prétendues révélations de l'absolu.

— Eh bien, soit. Sous prétexte de rigueurs et d'amputations nécessaires, coupez « ces ailes de l'âme ». La voilà, croyez-vous, désenchantée de toutes ses illusions, sûre de tous ses pas. Nous sou- tenons, nous, que vous l'avez tuée, et nous vous met- tons au défi de la faire revivre comme *faculté de l'absolu*, c'est-à-dire comme raison, comme instru- ment et comme *ouvrière* de la métaphysique.

III. *Analyse et critique de la raison.*

En idéologie on appelle raison la puissance intel- lectuelle qui, en tout genre de connaissances, nous presse de remonter jusqu'aux premiers principes. Origine première dans la série des causes; fin der- nière dans la subordination des moyens et des buts particuliers; qualités primitives, essentielles et per- manentes, cachées sous les apparitions éphémères que nous présentent les sens ou la conscience, tels sont les trois grands objets de la raison. Partout et toujours elle tend à l'absolu, à clore une série de raisonnements. L'entendement est discursif; il com-

parc, il avance en découvrant sans cesse de nouveaux rapports. La raison proclame que ces démarches ont un but réel où l'on trouverait le plein repos
si l'on y pouvait pleinement atteindre. C'est le ressort qui pousse la pensée au-delà de toute expérience, comme la soif du bonheur nous fait chercher
notre bien par delà tous les plaisirs.

Ce ressort, M. Vacherot vient de nous l'enlever,
disions-nous ; mais comment? A-t-il nié brutalement
le fait expérimental de cette tendance dont nous parlons? Non certes. Il n'est pas à ce point étranger à
la philosophie sérieuse, et la preuve en est qu'il entreprend ici la critique de la raison comme faculté
distincte, supérieure aux sens et à l'entendement,
dépassant dans ses conceptions tout ce que peuvent
connaître les sciences particulières. Il s'y est pris
plus habilement. Sans briser le ressort, il l'a dé-
trempé par une analyse menteuse. Qu'on en juge.

Prenons pour exemple la notion rationnelle de
cause. Elle nous fait concevoir toute production, je
veux dire tout être ou toute modification qui com-
mence, comme dépendant nécessairement de quelque
réalité capable de lui donner naissance. Le principe
de causalité est le nerf des sciences expérimentales,
où l'on ne se propose jamais que de découvrir par
quels agents et dans quelles conditions tel phénomène donné se produit. C'est grâce à lui que le
monde nous apparaît comme une série continue de

manifestations nouvelles ou de changements rigoureusement déterminés par ce qui les précède. Mais
si, prenant son essor, notre raison vient à se demander quel est le premier anneau de cette chaîne
qui s'allonge tous les jours, que répondra-t-elle?

Kant et les positivistes diront : la question n'a pas
de sens; l'esprit humain n'a ici qu'une seule chose
à faire, c'est d'observer avec le plus de précaution
possible comment chaque anneau se rattache à celui
qui le précède immédiatement. Le reste, c'est de la
métaphysique, c'est-à-dire de la poésie plutôt que
la science.

M. Vacherot méprise cette solution. Le but de son
travail est justement de réconcilier nos savants positivistes avec la métaphysique, Non, non, s'écrie-t-il,
vous n'étoufferez pas ainsi le cri de la raison. Malgré
vos défaillances et votre désespoir, elle cherchera
l'absolu, elle n'aura de repos qu'après l'avoir trouvé.

— Fort bien. Mais qu'est-ce que l'absolu ou l'inconditionnel dans la série des causes? N'est-ce pas
évidemment une cause qui n'est plus l'effet d'une
autre. qui existe par elle-même sans que rien d'extérieur soit la *condition* de son être? Dès lors la loi
rationnelle de la causalité, ce levier des sciences,
apparaît à tout esprit réfléchi, comme le gage et
comme la manifestation d'un Être éternel et immuable. Car ce qui existe par soi ne peut commencer
d'être, et rien ne peut changer en Celui qui est nécessairement. Voilà donc ma raison satisfaite.

— Oui. Mais à quel prix, répond M. Vacherot.
Êtes-vous bien certain d'y croire vous-même, à cette
cause éternelle, immuable, substantiellement distincte du monde?

— Je ne vois aucun autre moyen de contenter ma
raison.

— C'est que vous l'avez mal cultivée, d'abord,
puis après mal étudiée. Avec la plupart des philosophes, les plus grands noms de la métaphysique,
j'en conviens, vous regardez les idées absolues
comme des révélations brusques, tombées du ciel.
Ne voyez-vous pas que tout ce qui fait la nécessité
ou le côté rationnel des principes, c'est l'abstraction?
Croyez-moi, rien de plus modeste que leur origine;
elle est toute terrestre, quoiqu'on en ait dit. Voici,
par exemple, comme se crée dans l'esprit le fameux
principe de causalité. L'univers nous présente les
phénomènes; une première perception, c'est-à-dire
une première synthèse, celle de la sensibilité, vous
les fait apparaître uniformément allignés dans le
temps, forme innée de la perception interne comme
nous l'avons vu. Survient une des lois de l'entendement qui vous force à voir dans cette succession une
dépendance de cause à effet. Dès lors tout ce que
vous pouvez apercevoir dans la nature ou dans votre
conscience vous est représenté comme effet, car
tout vous est représenté dans le temps. Or quelle
est la nature de tout rapport abstrait? C'est de

pouvoir se répéter sans fin. A tout nombre on peut ajouter l'unité ; à toute ligne on peut ajouter un point ; à toute série d'événements ou d'effets on peut ajouter une cause. Le rapport, ce lien intelligible, une fois saisi par l'esprit comme abstraction, reste toujours le même, il n'y a pas de raison de cesser de le répéter indéfinement. Que dis-je, il y a contradiction logique à soutenir qu'on puisse jamais arriver à la négation de ce rapport, c'est-à-dire à un premier instant ou à une première cause.

— Mais alors nous renoncerons à trouver l'absolu, le principe du monde. Tout s'écoule, tout devient, tout passe, dirons-nous, et la science n'a qu'une chose à faire, découvrir et vérifier les lois de ces changements.

— Point du tout. Ce serait la mort de la métaphysique. Il y a dans l'âme une faculté distincte de l'entendement, qui n'est, lui, qu'une faculté comparative ou discursive. L'entendement crée les rapports et les lois, la raison remonte jusqu'à leur origine. Mais cette origine, cet absolu, elle n'a pas plus le droit d'en faire un principe substantiellement distinct du monde que l'entendement n'a celui de transformer en substances les lois de la physique ou les formules de la chimie. « Les conceptions abstraites de l'Être
» de l'infini, de l'absolu, de l'universel, n'ont pas
» plus de réalité objective que les notions abstraites
» des types et des formes idéales sur lesquelles

— 215 —

» travaillent ou spéculent l'art, la géométrie et la
» science pure. Toutes se réduisent... à une syn-
» thèse de l'esprit. Quand nous parlons d'un Être
» infini, parfait, absolu, nécessaire, immuable au-delà
» du temps, de l'espace, du mouvement, du monde
» de la réalité et de l'expérience, nous ne devons
» entendre par là qu'un idéal, formé par notre
» esprit (1).»

— Quelle est donc, je vous prie, la réalité qui
correspond aux idées de cause première, de l'absolu,
de l'infini?

— Le monde lui-même. Pour l'entendement tout
y est fini, limité par des figures et réglé par des
lois ; tout y devient et tout y meurt. Mais la raison
nous force à *concevoir* sous tous ces êtres éphémères
une réalité nécessaire, absolue, infinie. «Si vous appli-
» quez les conceptions de la raison au monde, con-
» sidéré dans la totalité de ses phénomènes et de
» ses êtres, elles retrouvent toute la réalité objective
» que l'abstraction leur a fait perdre... Elles ont
» pour objet le tout... de même que les notions de
» l'entendement ont pour objet les phénomènes et
» les êtres individuels (2).»

Ainsi, d'après notre auteur, la raison dépasse toute
expérience sans cependant pouvoir sortir de ce

(1) *Critique de l'intelligence*, t. II, p. 196.
(2) *Critique de l'intelligence*, t. II, p. 197.

monde. Son rôle, c'est d'embrasser tout d'un coup, par autant de synthèses supérieures, toutes les étendues particulières dans l'espace sans borne; toutes les causes dans une puissance indéfiniment productive; toutes les successions dans un temps infini. Le monde conçu par la raison est infini dans le temps et dans l'espace; infini aussi comme substance; c'est la cause permanente et le théâtre sans borne dont la raison voit la nécessité lorsqu'elle formule, en dépassant toute expérience, cet axiôme qui est la base de la métaphysique : « Il y a de l'être partout et toujours.»

Vous objecterez, n'est-il pas vrai, lecteur, que cette formule implique contradiction. L'espace mathématique ne peut jamais être réalisé tout entier; le temps, quoique nous fassions, s'allonge réellement tous les jours et par conséquent le monde ne saurait être véritablement infini dans le temps et dans l'espace. — Il s'agit bien de cela, répondra M. Vacherot. Sommes-nous encore ici dans ces degrés inférieurs de la connaissance? « Il n'y a que l'imagination qui » *suppose* ces limites en l'enveloppant (le monde) » dans l'espace et dans le temps. Or, *nous avons* » *renversé dix fois ce vain échaffaudage de la repré-* » *sentation sensible* (1).»

Effectivement, il nous en souvient, M. Vacherot

(1) T. II, p. 195.

nous a répété plusieurs fois que les images sensibles
du temps et de l'espace ne sauraient devenir intelligibles, c'est-à-dire objet d'entendement et de
science, qu'à la condition de se formuler en un rapport abstrait, purement logique. Nous en sommes
tombés d'accord en ce qui concerne les sciences particulières; mais nous avons fait nos réserves pour
ce qui est de la métaphysique. Cette dernière, avons-
nous dit, doit nécessairement se demander *d'où
viennent ces rapports*, et comment il se fait que des
lois rationnelles gouvernent la matière. S'arrêter aux
rapports pris en eux-mêmes, ajoutions-nous, c'est
supprimer la métaphysique, comme font les positivistes, ou bien c'est la réduire à des généralités abstraites, vains jeux de logique que Bacon a justement comparés à des toiles d'araignée. C'est cette
seconde alternative qu'à choisie M. Vacherot. De
synthèses en synthèses, il arrive ici à l'être indéterminé, vaste abstraction qu'il nous présente comme
une réalité sans borne. Vainement, il voudrait nous
donner le change en disant qu'il n'écarte de sa conception de l'infini que la seule *image sensible;* c'est
bien le rapport intelligible lui-même, c'est le temps
et l'espace *tels que les comprennent les sciences physiques et mathématiques* qui disparaissent ici devant un
Tout auquel ils répugnent logiquement et invincible-
ment. Ce n'est point pour les sens, ce n'est point
pour l'imagination que tout nombre est fini, tout es-

pace et tout temps *réels* limités. Quel homme sensé oserait soutenir que le monde ne sera pas plus vieux demain qu'aujourd'hui? Essayez donc d'enlever ce « vain échaffaudage! » Le Tout du temps, le Tout de l'espace, le Tout des changements et des causes comment se tiendra-t-il dans les airs, comment pourra-t-on même le concevoir si ces parties ne sont point aussi réelles, aussi vraies que lui? L'échaffaudage, ici, c'est évidemment l'édifice lui-même.

Maintenant, quel nom faut-il donner à une philosophie qui fait du Tout des êtres un Être-Principe, absolu, nécessaire, plus réel et plus vrai, par conséquent, que les êtres eux-mêmes? N'est-ce pas là le panthéisme? Assurément, et sous sa forme la plus antique, la plus naïve, la plus monstrueuse.

Or, il y a dans toute âme humaine une loi qui s'impose avec plus d'empire que la logique elle-même. Non pas qu'elle soit plus claire et plus précise que la logique ; tant s'en faut. Mais elle a des conséquences pratiques, pressantes, immédiates, devant lesquelles le panthéiste voit s'évanouir ses spéculations creuses, comme celui qui doute de l'existence des corps oublie son scepticisme au bord d'un précipice. Cette loi c'est la morale. M. Vacherot soutient que son système, loin de la détruire, la sauvegarde et la raffermit. Prouvons qu'il n'en est rien et achevons de montrer, par une vue d'ensemble et par des citations textuelles, que cette philosophie est bien ouvertement, ce qu'elle doit être d'après son origine et ses titres.

TROISIÈME PARTIE.

La conséquence la plus directe des théories de M. Vacherot sur l'idée et sur la connaissance, c'est que la raison humaine devrait renoncer à dépasser les limites du monde. Elle aurait sans doute le droit de reculer indéfiniment ces limites dans l'espace aussi bien que dans le temps ; mais tout autre infini que celui-là serait une conception purement poétique. Un Dieu parfait substantiellement distinct de l'univers ne saurait être qu'une absurdité en métaphysique.

Ce point a été suffisamment démontré, je pense. Nous avons aussi fait ressortir assez longuement le vice fondamental de cette méthode : on part de l'expérience sensible ; on proclame qu'elle seule peut nous mettre en rapport avec la réalité, en sorte que dès l'abord, avant toute discussion, on affirme que les données des sens et de la conscience sont des qualités ou des modes de l'être infini. Mais, ajoute-t-on, ces qualités sensibles ne sont primitivement qu'un mélange confus d'illusion et de réalité. Les sens et même la conscience ne fournissent que des *images* dont il faut dégager ce qui est intelligible,

c'est-à-dire la vérité, c'est-à-dire la réalité. Pour cela
deux nouvelles facultés sont nécessaires : l'entendement, d'abord, puis la raison. L'entendement résout
les images sensibles en rapports plus *intelligibles* ou
plus *vrais* que les sensations. Ces rapports sont précisément l'objet des sciences particulières où ils
prennent le nom de *lois* (spécialement en physique
et en mécanique), *formules* (chimie) ou *types* (minéralogie, botanique, zoologie, etc., etc.). Enfin la raison
s'emparant de toutes ces séries de causes, de lois, de
types, les pousse jusqu'à l'absolu et *conçoit* le monde
infini dans le temps et dans l'espace, par conséquent
unique, indépendant, éternel ; produisant et harmo-
nisant tout ce qui a jamais existé ou existera jamais.
C'est là le « Cosmos », le grand Tout organique en
qui nous avons, ose-t-on dire, la vie, le mouvement,
l'être. (In eo vivimus movemur et sumus).

Cette méthode emprunte au positivisme la négation dédaigneuse de toute réalité qui ne tombe pas
sous le sens ; et à la métaphysique la prétention de
remonter jusqu'aux principes absolus par delà toutes
les bornes de l'expérience, du calcul, et même (on
le pense) de l'imagination.

Compromis impossible, conception hybride que ne
reconnaîtront ni les positivistes ni les métaphysiciens.

Les premiers n'ont que faire de l'absolu ; et quant
aux philosophes, ils ne verront dans ces analyses

alambiquées qu'une application timide, inavouée,
de la méthode propre au panthéisme, l'abus de la
déduction logique. M. Vacherot vante sans cesse nos
sciences modernes, si attentives, dit-il, à ne jamais
formuler de lois qu'après les avoir minutieusement
controlées, par l'expérience. Et lui que fait-il? A
peine a-t-il été mis en possession de ces lois, qu'il y
applique l'analyse logique pure et simple, indépendamment de toute expérience. Et comme toute loi
considérée ainsi en elle-même n'est qu'une proposition abstraite, une vérité logique, par conséquent
nécessaire et universelle, il s'écrie qu'il tient l'Infini
réel, l'Universel, l'Absolu, l'Eternel, l'Immuable, et
que, par le fait même, la métaphysique est devenue
une science aussi rigoureuse que les mathématiques !

Ne nous lassons point d'expliquer cela ; c'est le
cœur du nouvel athéisme qu'on propose, l'athéisme
critique. Il suffit d'appuyer là pour le tuer,

Qu'est-ce qui donne à nos sciences naturelles la
grande autorité dont-elles jouissent ? demande
M. Vacherot. D'où vient que tout le monde s'incline
devant les découvertes de la physique, de la chimie,
de la physiologie, etc., tandis que la métaphysique
en est sans cesse à refaire l'examen de ses principes,
sans jamais parvenir à se donner une base incontestée ?

La raison de cette différence est bien simple,
répond-il. Nos sciences positives ont pour objet le

monde, dont nul ne songe à nier l'existence substantielle ; et pour règle certains principes logiques,
innés à l'entendement, et qu'on ne peut révoquer en
doute sans tomber dans l'absurde, dans la contradiction, dans le non-sens. Ces principes, les sciences
particulières ne les étudient pas en eux-mêmes, elles
ne cherchent point leur origine ; elles se bornent à
les appliquer indéfiniment et jamais la nature ne
cesse de s'y plier.

Au contraire, continue-t-il, les philosophes prétendent saisir, par ces mêmes principes, une réalité
substantielle, distincte du monde. Cette nécessité
logique, des rapports intelligibles, ils la transforment en un Être infini et parfait. Est-il étonnant que
l'esprit humain n'accepte jamais qu'avec défiance
une conclusion de cette nature ? Le seul résultat
légitime d'une étude approfondie des axiomes que
les sciences particulières emploient sans les étudier,
c'est de transformer en un seul Infini véritable les
indéfinis de temps, d'espace, de causalité, de nombres et de proportions, dont les différentes sciences
découlent les séries.

Prenons pour exemple (c'est toujours M Vacherot
qui parle, mais plus simplement que dans son livre),
la représentation de l'espace. Tous les physiciens
appliquent à l'univers les rapports multiples que la
géométrie découvre dans cette idée ; puis, quand ils
sont parvenus à transformer en données géomé-

triques soit une sensation comme la couleur, soit
un phénomène comme l'attraction, ils affirment qu'ils
ont découvert une *loi*. La physique avance alors d'un
pas. Personne ne pense à se récrier. On prend seulement garde de ne point introduire dans l'énoncé
de la loi des entités équivoques comme les «forces»
ou les « formes substantielles » des scolastiques.
Pourquoi les métaphysiciens ne feraient-ils pas de
même? Pourquoi se prononceraient-ils soit sur la
cause, soit sur la nature intime de l'univers étendue?
Pourquoi surtout iraient-ils faire de longues disser-
tations sur l'origine de la représentation de l'espace,
si clairement présent à notre esprit. Une seule chose
est ici utile. Cette représentation que la géométrie
emploie instinctivement, il faut la considérer en
elle-même et dans ses conditions logiques. Étudiée
ainsi, elle apparaît comme infinie. Pourquoi? Parce
qu'elle se réduit alors à un rapport nécessaire.
L'*image* de l'étendue disparaît. L'étendue *intelligible*
seule demeure. Et par le fait même que le rapport
est nécessaire, il se pose, s'affirme et se répète sans
fin à la pensée. Prenez l'étendue ainsi considérée et,
pour ne pas laisser à l'état d'abstraction, appliquez-la
au monde, vous aurez la proposition métaphysique :
il y a de l'être partout.

Faites de même à l'égard du temps, et vous devrez
dire : il y a de l'être toujours. Remarquez-le bien,
nous dit M. Vacherot, en agissant ainsi nous avons

évité deux écueils où sont venus se briser presque tous les systèmes de philosophie. D'abord nous n'avons point fait du temps et de l'espace infinis deux attributs contradictoires, deux idées absurdes, qu'il faudrait appeler immensité inétendue et éternité sans durée. Ensuite nous n'avons pas changé en substance l'idée purement logique de l'être indéterminé. L'être dans notre système, c'est l'être que les sens atteignent et que les sciences naturelles étudient. Seulement nous le voyons maintenant à travers le temps et l'espace métaphysiquement considérés.

Mais ce n'est pas tout. Les rapports de temps, de nombre et d'espace ne sont pas les seuls qui entrent dans les sciences. Il y a encore les idées de substance et d'accident, de cause et d'effet, de moyen et de fin ; sans compter les idées d'essence et de type qui servent à définir les genres et les espèces. Ici encore, au dire de M. Vacherot, il y a des propositions métaphysiques que le positiviste le plus déterminé ne saurait repousser sans affirmer directement l'absurde.

Les idées de cause et d'effet s'impliquent logiquement. Il n'est aucun savant qui ne voie, avec une évidence mathématique, que tout ce qui arrive, tout ce qui se produit, dépend pour exister d'une réalité quelconque antérieurement existante. Par conséquent il n'y a point de borne possible à la série des effets ; en d'autres termes, la causalité, la puissance du monde est éternelle.

Maintenant qui dit puissance éternelle, dit éternelle substance. C'est trop clair pour qu'il faille insister.

Quant à la relation des moyens aux fins, il y a
longtemps, dit-il, que nos savants ne sont plus dupes
des raisonnements naïfs qui concluaient de tout rapport de ce genre dans la nature, à l'existence d'une
sagesse consciente et personnelle substantiellement
distincte du monde. La finalité, dans un être éternel,
infini, nécessaire, indépendant comme le monde, ne
peut être qu'une certaine unité de plan, une certaine
subordination des êtres particuliers, en vertu de laquelle tout est réciproquement fin et moyen dans
l'univers, comme dans un cops vivant. Notre cerveau, notre cœur, nos poumons sont nécessaires à
notre corps ; mais si nous ne pouvons vivre sans ces
organes, évidemment ils ne peuvent exister sans
nous. Ainsi en est-il de la Nature. C'est un organisme infini dont la science n'aura jamais assez ad-
miré les *intentions*, c'est-à-dire les proportions, les
harmonies, Grâce à cette dernière série de rapports,
l'univers, quoique infini dans le temps et dans l'espace, se concentre pour ainsi dire en lui-même ; il
cesse de s'écouler comme un fleuve fantastique d'effets dont la cause ne serait qu'un inintelligible et incompréhensible devenir. Au lieu de séries paral-
lèles ; au lieu d'interminables chaînes dont les deux
bouts seraient insaisissables, nous voyons apparaître

un Infini qui se possède toujours tout entier si non en acte, du moins en puissance. Jamais la moindre de ses énergies ne se perd. Tous ses mouvements se font en cercle ; et si ce cercle sans circonférence nous étonne, confond notre logique, et nous paraît absurde, c'est que nous le *regardons* avec l'imagination, tandis qu'il faut le *penser* avec la raison. Des *rapports nécessaires* comme le temps, l'espace, la causalité, la substance, la finalité n'ont point d'*images sensibles* à nous montrer ; il faut les penser dans l'absolu, les affirmer comme éternels, et *concevoir* le monde, non pas le *voir*, à leur lumière.

Ainsi raisonne notre auteur. On voit maintenant le sens précis de cette parole : « Le philosophe fera bien d'appendre à l'école du savant l'art d'user de l'abstraction sans jamais en abuser. »

Abuser de l'abstraction, c'est, d'après M. Vacherot, transformer en *monde intelligible* le système des concepts de l'entendement, comme l'ont fait Descartes, Bossuet, Fénélon, Malebranche, Leibnitz, etc. et leur père à tous, Platon. On arrive alors infailliblement, dit-il, à la conception *absurde* d'un Être immuable, infini sans étendue, éternel sans durée, etc., etc. Tous termes qui *hurlent d'effroi de se voir accouplés*. *User* de l'abstraction, c'est d'abord l'appliquer au monde comme on le fait dans les sciences particulières ; puis proclamer que la nécessité logique de ces rapports, transforme, transfigure le monde à leur propre image dès qu'on les lui applique. A ce compte, rien de plus facile, toujours d'après notre auteur, que d'avoir raison du positivisme, la grande erreur de nos jours. Il suffit pour cela de démontrer deux propositions dont l'une est d'évidence logique et l'autre le résultat où tendent manifestement toutes les découvertes des sciences contemporaines.

Première proposition : *Le monde est infini et éternel*, en d'autres termes : « *il y a de l'être partout et toujours.* » Preuve : le temps, l'espace, la causalité, la quantité, etc., en un mot, tous les rapports mathématiques, logiques ou métaphysiques qui lient les faits entre eux et organisent les sciences, sont vrais, évidents, nécessaires, et s'imposent toujours avec la même nécessité, sans qu'on puisse jamais les épuiser à force de les répéter. Il est impossible de concevoir des limites au-delà desquelles il n'y aurait plus de temps ni d'espace, ni d'effets, ni de causes. Dès lors il faut nécessairement concevoir toute portion du temps et tout événement comme précédés et suivie d'une série infinie de moments et d'événements passagers. Donc *toute affirmation du fini implique logiquement l'affirmation de l'infini*. Si les positivistes osent le nier : s'ils prétendent que le fini, les faits particuliers, les sciences enfin se peuvent concevoir hors de *l'objet de la métaphysique*, ils parlent sans se comprendre ; ils énoncent l'absurde.

Seconde proposition : *Les séries ou catégories infinies des êtres se concentrent en un seul Être infini et absolu, le Cosmos.* Preuve : « Les conceptions de
» l'être de l'infini, de l'absolu, du nécessaire, de
» l'universel sont impliquées de telle sorte dans les
» notions du phénomène, du fini, du relatif, du con
» tingent, de l'individuel, que la logique ne peut les
» en séparer. Donc, en affirmant l'un des derniers
» termes, la pensée affirme l'un des premiers... *Il*
» *s'en suit* que toute affirmation... est une affirma
» tion de l'Être métaphysique et peut servir de ma
» tière à une démonstration de son existence et de
» ses attributs. Oui, on a eu raison de le dire, tout
» révèle, tout affirme, tout démontre le principe des
» choses, le brin de paille aussi bien que l'univers.
» L'erreur de la théologie n'est pas d'avoir proclamé
» ce principe, mais de l'avoir mal appliqué. De l'Être
» métaphysique qui sort ainsi de toute notion du
» fini, du contingent, du phénomène, de l'individuel,
» etle fait un être à part, relégué par delà le temps,
» l'espace et le monde de la réalité. Cet Être-là, nul
» signe ne le révèle, nulle route n'y conduit, nul
» principe ne le démontre. C'est une pure abstrac
» tion que la raison ne saisit pas mieux que l'imagi
» nation (1). »

Ce texte, dont toutes les idées et tous les mots re

(1) Seizième entretien. *Cosmologie*, tom. III, p. 304.

viennent plus de vingt fois dans l'ouvrage que nous analysons, ne suffit pas évidemment à démontrer la seconde proposition. Il se résume en effet dans cet argument : tout être est, donc tout être est l'Être. Ce raisonnement renouvelé de Parménide est beaucoup trop vieux, beaucoup trop naïf. Au dix-neuvième siècle, et dans un livre qui prétend réformer la métaphysique, il ferait penser aux aphorismes incohérents que balbutient les vieillards retombés en enfance et qu'on ne peut entendre sans étonnement ni sans tristesse. M. Vacherot n'en est pas là. Il a fort bien compris que l'unité de son Être cosmique ne pouvait être déduite de l'impossibilité où nous sommes de décomposer, par voie d'analyse logique, l'idée abstraite de l'être, la moins riche de toutes les idées et la plus éloignée d'être quelque chose. Mais que faire? Comment démontrer l'unité de l'Infini, alors que dans cet Infini il faut entasser les innombrables productions de l'univers?

M. Vacherot, pour y parvenir, développe deux sortes de considérations. Les unes sont empruntées aux sciences expérimentales; les autres, non pas très-neuves mais très-allemandes, rentrent dans sa théorie de la transformation des choses par l'Idée ou l'Être. J'ai déjà parlé de cette théorie; il n'est pas facile de la faire entendre pleinement à ceux qui ne connaissent ni Schelling ni Hégel. Nous en trouverons ici une application qui achèvera l'étude que nous en avons faite.

A. *Considérations empruntées aux sciences expérimentales.*

En voici le résumé.

Vues dans leur ensemble, les lois de l'Univers se rapportent toutes 1° á la *constitution*, 2° au *développement* des êtres et des systèmes d'êtres.

Quant à la constitution — on sait que « dans le
» monde physique toutes les actions, soit planétai-
» les, soit moléculaires de la matière ont pour prin-
» cipe une force universelle d'attraction... Ce qui
» n'est pas moins prouvé par l'expérience, c'est que
» la même loi régit le monde moral. Si l'attraction
» physique se manifeste par la gravitation des
» corps, par l'affinité, la cohésion, etc., l'attrac-
» tion morale se manifeste par les sentiments, les in-
» stincts d'amour, d'amitié, de famille, de sociabi-
» lité, de solidarité, de communauté. La première
» organise les corps et harmonise les sphères cé-
» lestes, la seconde fait l'unité organique des peu-
» ples, des sociétés, des races, de l'humanite en-
» tière. Pour n'avoir pas trouvé son Newton, cette
» loi n'en est pas moins évidente. » Si les psycholo-
gues « ont jamais eu une belle occasion d'user de
» cette méthode d'analogie, dont ils ont jadis tant
» abusé, c'est à propos des phenomènes moraux
» dont je viens de parler. » Pourtant ils ne semblent
pas même y avoir pensé, « tant leur science a perdu

» le sens métaphysique sous l'influence des habi-
» tudes écossaises ! » Ce n'est pas tout, à l'attraction
» il faut joindre l'expansion. « Dans la Nature elle se
» manifeste par la force centrifuge, par l'élasticité
» des corps, par toutes les forces qui tendent à l'ex-
» centricité et à la diffusion. Dans l'Humanite elle se
» montre par les sentiments, les instincts, les idées
» de conservation et d'activité intellectuelle, de li-
» berté, de dignité et de justice personnelle. Dans
» le monde physique comme dans le monde moral,
» cette loi est le principe de la constitution des
» êtres, de même que la loi d'attraction en est le
» principe d'organisation. » En d'autres termes,
l'une crée et maintient les individualités, l'autre les
groupe et les systématise.

Quant au développement de l'univers, il nous révèle « une autre vérité universelle, la loi du pro-
» grès... Elle a aujourd'hui l'autorité d'une vérité
» scientifique ; elle est acceptée par tous les esprits
» de quelque portée, philosophes, historiens et sa-
» vants proprement dits. » Mais *comment s'opère* le
progrès ? Son mode « est-il uniforme chez tous les
» êtres de la vie universelle ? Assurément. Quoique
les théories de Hegel soient beaucoup trop hardies,
l'expérience, non pas la logique, nous montre que
partout et toujours, au physique comme au moral, il
y a « trois grandes phases » de progrès : « enveloppement, développement, organisation. » Rien n'é-

chappe à cette loi. « L'astronomie, la géologie, la physique, la chimie » en vivent aussi bien que « la psychologie, la politique et l'histoire.» De tout temps elle a frappé les esprits. « Toutes les grandes doc-
» trines théologiques et philosophiques l'expriment
» sous des formules plus ou moins exactes. L'Orient
» et la Grèce célébraient le mystérieux *ternaire*, la
» sainte triade, la divine *Trinité* (1). »

Le lecteur m'accordera, j'en suis sûr, que de pareils arguments valent à peine une réponse. Je ne veux contester aucune des analogies si vivement exposées par M. Vacherot. Je suppose que tout cela fût parfaitement exact, et universellement admis dans la science. Que s'ensuivrait-il? Ceux qui croient en un Dieu personnel, unique, créateur et conservateur du monde, pourront-ils jamais s'étonner ou se scandaliser des harmonies de ses œuvres? Eh quoi! au sommet des choses, nous plaçons une Essence parfaite, tellement riche en attributs que l'univers avec ses innombrables formes n'aura jamais fini de les copier; et toutefois tellement harmonisée, je me trompe, tellement *une*, qu'elle exclut tout espace, tout temps, tout changement, toute division, toute distinction (dans les actes du moins dont le monde est l'objet). Et nous trouverions étrange que l'acte

(1) Seizième entretien. *II Cosmologie générale.* Tom. III, pp. 336, 337, 338, 340, 341, 342 et 343.

créateur ait répandu partout la loi, le rapport, le
symbole, l'ordre, la beauté, l'harmonie? Vous me
dites : le monde physique obéit tout entier à la même
loi ; les majestueuses évolutions des astres sont fidèlement reproduites dans les imperceptibles vibrations
moléculaires des corps. — Je le crois. Les mathématiciens eux-mêmes font bon marché des distances,
des grandeurs. Quant aux philosophes, ils savent que
les rapports géométriques sont vrais à l'infini, *parceque* c'est ce rapport, non l'étendue, qui est en Dieu.

Vous ajoutez : le monde astronomique et physique,
le système solaire et la molécule reflètent le monde
moral. — Oui, certes, et croyez bien que ce que
vous en dites dans votre livre est peu de chose au-
près de ce qui s'en est dit. Aristote est déjà tout
plein de cette vérite, et il ne faut point avoir son
génie pour la découvrir. J'expliquais un jour devant
un tout jeune homme combien est fausse la doctrine
qui veut faire dériver toutes nos affections de l'é-
goïsme ou du calcul intéressé. Je démontrais que
notre cœur a ses instincts innés comme notre intelligence et que si nous ne pouvons jamais cesser de
vouloir notre bien et de le prendre pour fin, partielle, au moins, de nos désirs, nous n'arriverons
jamais non plus à supprimer les affections qui nous
portent, soit vers nos semblables, soit vers la vertu.
Je déroulais ainsi la longue chaîne des sentiments
qui nous sont innés, c'est-à-dire primitifs et irréducti-

bles : les appétits corporels, les désirs personnels, les affections sociales, les affections morales : l'homme se voulant d'abord et se cherchant lui-même, puis voulant le bien des autres et s'y complaisant, puis enfin, ennobli par la générosité, exalté par l'amour et par le dévouement, s'attachant au bien pour lui-même, et trouvant le suprême bonheur à pratiquer la vertu et à la faire aimer. Mon jeune auditeur s'animait ; c'était la première fois qu'on faisait devant lui l'inventaire régulier de ces richesses. « Mais c'est en nous comme au ciel, » fit-il vivement. — « Que voulez-vous dire ? » — « Une planète a d'abord en
» elle-même sa force d'attraction qui réunit ses élé-
» ments et forme sa masse. Voilà l'amour de soi.
» Elle tourne sur elle-même, voilà les appétits cor-
» porels et les désirs personnels qui ont tous pour
» but et pour centre le bien de celui qui les éprouve.
» Or ce mouvement de rotation ne l'empêche pas du
» du tout de décrire son ellipse autour du soleil,
» image des affections sociales qui nous arrachent
» à nous-mêmes tout en faisant notre bonheur. Enfin,
» par delà ces sociétés d'astres qu'on nomme des
» systèmes, ne faut-il pas supposer un point central,
» universel, pôle absolu du monde physique comme
» le Bien absolu, la vertu l'est du monde moral ? —
« Je ne sais, répondis-je ; la science hésite sur ce
» dernier point. Ce qui est certain, et qu'il faut bien
» remarquer, c'est qu'on ne peut admettre que les

» divers mouvements d'un astre soient réductibles à
» une seule tendance primitive. Ces mouvements se
» superposent les uns aux autres, mais ne se pro-
» duisent point les uns les autres. La force de co-
» hésion n'explique pas la rotation, ni celle-ci la
» révolution, ni cette dernière le mouvement total
» qui, peut-être, « emporte le ciel », comme disaient
» les anciens. C'est là une ressemblance de plus
» entre le ciel et votre cœur. »

Mais M. Vacherot a encore une autre vue sur l'unité
cosmique ; il prétend que si l'on veut étudier en métaphysicien les deux forces d'attraction et d'expansion, que la mécanique donne comme dernière explication des phénomènes, on est conduit à les considérer comme deux aspects d'une seule et même
tendance ou énergie. « L'astronomie... se laisse trop
souvent abuser par les principes de la mécanique ordi-
» naire... C'est ainsi, par exemple, qu'elle explique les
» mouvements circulaires des corps célestes par le
» concours de deux forces, l'une centripète et l'autre
» centrifuge dont le mouvement circulaire serait la
» résultante. Cette théorie est vraie en mécanique,
» où l'on opère sur une *matière abstraite* et sur des
» forces simples que l'on compose à volonté. Mais
» il n'en peut être de même en astronomie. Là il
» s'agit d'une manière réelle... et de forces réelles
» qu'il n'est pas permis de décomposer (1). » L'hypo-

(1) Seizième entretien. *Cosmologie générale*, tom. III. p. 364.

thèse mécanique, dit-il encore, peut convenir « à
une théologie enfantine dont le Dieu meut le Monde
par impulsion, à peu près de la même manière que
l'ouvrier meut ses machines ; mais elle *ne repose sur
aucun fondement solide*. « Son origine mécanique,
» loin de la justifier, doit la rendre d'autant plus
» suspecte que *la mécanique ne raisonne que sur des
» abstractions*, tandis que l'astronomie a sous les
» yeux des réalités. Il est bien plus simple de pren-
» dre les faits tels qu'ils sont, les mouvements des
» corps célestes, tels que l'expérience nous les mon-
» tre sans vouloir les simplifier, pour se donner en-
» suite le plaisir de les recomposer *artificiellement*.
» Si le monde de la réalité et de l'expérience est
» plein de forces spontanées, si la nature est essen-
» tiellement active et vivante, elle n'a pas besoin
» d'une impulsion extérieure pour se mouvoir ; elle
» se meut d'elle-même. Et alors *le mouvement circu-
» laire est son mouvement propre*. Car de même que
» le mouvement simple est le symbole des forces
» abstraites et mécaniques, de même le mouvement
» composé est le symbole des forces réelles et
» physiques. C'est donc ici le mouvement rectiligne
» qui est l'abstraction, tandis que le mouvement cir-
» culaire est la réalité. Or *engendrer le réel de l'abs-
» strait, c'est fausser la science*, non la simplifier(1). »

(1) Ibid., p. 365.

Ces nouveautés, scandaleuses en physique et en mathématiques, ont-elles quelque valeur, du moins apparente, en métaphysique? Pas la moindre. C'est une application évidemment fausse d'un principe très important et très-vrai en lui-même, mais qui n'est invoqué ici que par une de ces habiletés dialectiques dont les ouvrages de M. Vacherot fourmillent. Sans doute il faut se bien garder de donner des abstractions et des mots comme des sources d'êtres ou de vie. Outre que rien n'est plus absurde, rien n'a été plus nuisible aux progrès de la philosophie. C'est à l'aide d'abstractions géométriques que l'atomisme matérialiste a séduit et séduit encore beaucoup d'esprits ou superficiels ou tout au moins étrangers à toute science philosophique. C'est avec des abstractions logiques habilement définies, artificieusement combinées, que Spinosa, puis Hégel ont créé une métaphysique absurde, plus séduisante pourtant, sous certain rapport, et plus éblouissante que la vraie (1).

Mais est-il ici question d'abstractions? Est-ce par voie de raisonnement purement géométrique, et tout *a priori*, qu'on arrive à décomposer en deux forces simples l'impulsion qui donne aux planètes leur mouvement elliptique? L'expérience n'est-elle là pour rien? N'est-ce pas elle, non le calcul, qui nous a ré-

____

(1) J'ai dit plus haut ce qui fait le *charme* de ces systèmes.

vélé qu'un corps ne saurait se mouvoir qu'en ligne droite quand il n'obéit qu'à une seule force. Tout mouvement courbe est composé physiquement et décomposable expérimentalement. Sur ce point Descartes, qui n'admet dans le monde physique que de l'étendue, des mouvements et des chocs, est d'accord avec ceux qui croient à la réalité des forces et des attractions. Une inclination, un instinct, que sais-je? une prédisposition innée à se mouvoir en cercle, qu'on la place dans le Tout des corps ou dans les masses particulières, n'a donc aucune chance d'entrer jamais dans la physique ou dans l'astronomie. Quant à la métaphysique, que ferait-elle de cette entité équivoque? C'est, dit M. Vacherot, une conception de la vie et du mouvement plus profonde, plus rationnelle et plus *vraie* que toutes les images soit sensibles, soit géométriques; c'est la vie du *Cosmos* non plus sentie ou imaginée, mais *pensée*. Si, pour l'expérience et pour le calcul, les mouvements sont distincts et particuliers, pour la raison ils sont tous confondus dans l'activité unique de la Substance Universelle. Là ils cessent d'être particuliers et distincts, c'est-à-dire séparés et *abstraits*.

La belle explication n'est-il pas vrai? A cette question : pourquoi l'eau monte-t-elle dans la pompe quand le piston s'élève? on répondait jadis : parce que la nature a horreur du vide. Pourquoi les astres se meuvent-ils en cercle? parce que le monde est vivant, répond M. Vacherot. Cette vie du monde ne doit-elle pas être rangée parmi les « sciences occultes » et les explications fantaisistes, au même titre que l'horreur du vide, la *virtus dormitiva* de l'opium, etc., etc. ?

Hégel était plus fort. Sa triade logique lui fournissait *a priori* la preuve de cette unité de la force. La matière en soi (thèse), disait-il, s'oppose d'abord à elle-même et se divise ; de là la *répulsion*, moment négatif de la matière (antithèse). Néanmoins, toutes ces parties sont identiques (en soi ou en thèse) et se relient dans la continuité, ce qui donne l'*attraction*. Ces deux forces combinées donnent la *pesanteur ou la gravitation* (synthèse).

Mais, nous l'avons vu, notre auteur a étudié de trop près ces tours d'adresse pour s'y laisser prendre. C'est l'expérience seule, répète-t-il, a satiété qui peut nous apprendre la marche et les lois du monde. La métaphysique n'a que le droit de les transfigurer en les regardant à la lumière de l'Être Universel. Là donc où l'expérience ne peut être invoquée, comme c'est le cas ici, on ne voit pas bien ce que l'Absolu peut éclairer et transformer à son image. Qu'est-ce d'ailleurs que cet Absolu ?

Considérons-le attentivement. Nous verrons combien c'est une fâcheuse extrémité que de vouloir défendre en langue française la doctrine hégélienne de l'Identité.

B. *Théorie de l'Être infini.*

En métaphysique ordinaire il est admis que deux alternatives sans plus, se présentent à celui qui nie l'existence d'un Dieu personnel et créateur : le panthéisme et l'athéisme.

Si l'Être infini nous est donné par M. Vacherot comme une réalité *objective,* c'est-à-dire existant hors de notre esprit, et servant de fond, de lien et de cause à tous les êtres qui peuplent l'univers, M. Vacherot est panthéiste.

Au contraire, si cet Être est présenté comme une simple idée abstraite ou comme le total des êtres, M. Vacherot est athée. Dire que Dieu n'est qu'une idée abstraite, ou bien encore l'addition des êtres particuliers, c'est évidemment nier son existence. Une idée n'est qu'une modification de l'esprit et un total n'a d'existence réelle et objective que dans ses parties individuelles.

Or M. Vacherot professe une véritable horreur pour l'athéisme : « Il faut le dire à l'honneur de
» l'esprit humain et de la science, les athées sont
» rares. Ils ne peuvent sortir que d'une école maté-
» rialiste. Sait-on bien, en effet, ce que c'est qu'un
» athée? C'est un esprit grossier et borné qui ne
» croit qu'au témoignage de ses sens; qui ne com-
» prend, ne conçoit, n'imagine rien au-delà des
» choses matérielles et individuelles ; pour qui toute

» vérité absolue et infinie, toute conception idéale,
» Dieu, le bien, le beau, sont autant d'*abstractions*;
» qui ne voit dans le monde qu'une multitude d'êtres
» sans lien, sans système, sans unité, sans principes,
» sans fin, sans autre impulsion que celle d'une
» aveugle nécessité. Voilà l'athéisme dans le vrai
» sens du mot. Comprend-on maintenant *combien*
» *j'aurais lieu de m'indigner* d'une telle accusation,
» *si je pouvais la prendre au sérieux?* Je le demande,
» *qu'ai-je de commun avec l'athéisme*, moi qui crois à
» ma conscience, à ma raison et à toutes les vérités
» qu'elles enseignent, à la liberté, au devoir, à la
» spiritualité de mon être et à ses hautes destinées,
» à Dieu par qui la nature existe, vit et se meut, par
» qui, en qui l'homme sent, pense et veut (in Deo
» vivimus movemur et sumus), dont le monde n'est
» n'est pas seulement l'œuvre accidentelle, mais
» l'acte immanent, la manifestation incessante, quoi-
» que toujours imparfaite, dont la Providence insé-
» parable de la puissance créatrice se révèle par
» l'ordre, la beauté, le progrès universel du *Cosmos?*
» Voilà le Dieu de mon livre, le Dieu de ma pensée
» de chaque jour et de chaque heure; le Dieu dans
» la contemplation duquel je trouve, moi, pauvre
» roseau pensant, l'appui de ma faiblesse, la lumière
» de mon intelligence, la flamme de mon cœur (1). »

(1) Lettre adressée à l'*Univers* en août 1851.

Incontestablement, d'après ce texte, Dieu est plus qu'une idée. Un pareil enthousiasme et surtout cette déclaration : le monde n'est pas seulement son œuvre accidentelle, mais son acte immanent (consubstantiel) ; tout cela prouve à l'évidence qu'il s'agit là d'un être réel.

Donc M. Vacherot est panthéiste ?

Point du tout. « Le panthéisme est un crime. » C'est plus que de la colère, c'est du dédain et de l'ironie, que cette accusation soulève : « Jadis l'athéisme
» était la calomnie de tous les docteurs en théologie
» contre les philosophes qui n'acceptaient pas sans
» réserve le Dieu de leurs églises. Aujourd'hui que
» la philosophie a rompu avec toutes les traditions
» de l'empirisme du dernier siècle, les théologiens
» ont substitué à l'accusation d'athéisme celle de
» panthéisme. Le mot spirituel de M. Cousin sur ce
» petit *spectre évoqué à l'usage des sacristies* est d'une
» parfaite justesse. Le jeu est habile en ce que la
» calomnie gagne en vraisemblance, sans rien perdre
» de sa gravité. Le panthéisme, tel qu'ils le présen-
» tent, moins absurde peut-être, est *encore plus im-*
» *moral et plus dangereux que l'athéisme.* Le premier
» supprime Dieu... le second supprime la liberté et
» le devoir, c'est-à-dire tout ce qui fait la valeur de
» la vie humaine (1). »

(1) Seizième entretien. *Théologie.* T. III, p. 249.

Comprenez-vous, lecteur, l'angoisse de M. Vache-rot? Dieu, d'après lui, est identique avec le monde, lequel est son *acte immanent*, consubstantiel. Evidemment un pareil Dieu n'est pas une Personne, ayant conscience de ses actes ; et s'il est Providence, c'est sans le savoir. A parler rigoureusement, on ne peut pas dire qu'il soit sage, qu'il soit bon, qu'il soit juste, etc., etc., tous attributs qui supposent évidemment la conscience de soi, la raison, la liberté. Mais, certes, il est puissant, il est fort, il est irrésistible. Au fond, tout est son fait, tout est son acte. Le développement ascensionnel du monde, « vérité rationnelle et nécessaire ;... le progrès uniforme chez tous les êtres de la vie universelle » avec ses « trois grandes phases : enveloppement, développement, organisation ; » tout cela est sa manifestation et sa vie ; car tout cela n'aurait point de raison d'être s'il n'y avait dans le monde que les objets individuels et les forces distinctes qui y étudient les sciences particulières. « Rien n'engendre réellement dans le tra-

  » vail de la Nature que la Nature elle-même, ou
  » plutôt l'Être universel, le Dieu vivant dont la Na-
  » ture n'est que la manifestation extérieure... Faites
  » abstraction de ce principe, il ne vous est plus pos-
  » sible de comprendre les évolutions progressives
  » de la Nature... Mais restituer aux éléments de la
  » vie universelle leur unité, leur substance, *leur être*
  » *commun*, alors les évolutions, les transformations,

» les progrès de la Nature s'expliquent... par le sim-
» ple développement de l'Être cosmique aussi iné-
» puisable dans son *activité créatrice* qu'infini dans
» son étendue (1). »

Bemarquons bien ce mot, *activité créatrice*. On ne peut supposer que M. Vacherot l'ait employé à plusieurs reprises, sans mesurer au juste sa portée ; il est trop maître de sa pensée et de sa plume. D'ailleurs, « création » est ici le mot propre, car c'est le seul qui puisse convenir à une *action cause de progrès*. Pour se donner successivement à lui-même des formes plus parfaites, il est évident que l'univers a dû les créer ; car sans pouvoir rien emprunter du dehors, il a dû devenir plus qu'il n'était. Dire comme les matérialistes qu'une masse gazeuse, puis liquide, puis solide, est devenue par le seul jeu des forces mécaniques une terre parée de fleurs, d'animaux et d'hommes, c'est d'après notre auteur se mettre au ban de la raison ; c'est confondre la condition d'un fait avec la cause ; c'est s'arrêter sottement à une explication qui « n'est qu'un tissu d'hypothèses de conceptions illusoires et d'abstractions (2). »

Mais s'il en est ainsi, je veux dire si les êtres et les perfections, aujourd'hui réalisées dans le monde, ne peuvent être la cause *totale* du degré supérieur

(1) Seizième entretien. *Cosmologie*. T. III, p. 372.
(2) Quatrième entretien. *Le matérialisme*. T. I, p. 198.

qu'il atteindra demain ; s'il faut aux aspirations de
l'humanité, comme à l'agitation des atomes, une
direction, une impulsion étrangère ou tout au moins
distincte des forces de chaque atome et de chaque
âme humaine ; si d'un autre côté cette force supérieure est immanente et consubstantielle au monde
où elle agit sans conscience, ainsi que le soutiennent
tous les panthéistes ; si enfin cette marche ascen-
sionnelle de toutes choses, « constatée par l'expérience » comme un fait, est ensuite « comprise par
la raison comme une loi nécessaire ; » n'est-il pas
évident qu'une puissance aveugle, fatale, irrésistible,
entraîne l'homme et l'atome vers une destinée dont
ils ne sont point les maîtres ? « Pauvres roseaux pensants, » que sommes-nous pour résister à une pareille puissance ? Et qu'est-ce que notre liberté, sinon
une illusion, dans un pareille système ? Et qu'est-ce
la morale sans la liberté ?

Or, sur cette question de liberté et de moralité
M. Vacherot est extrêmement susceptible, extrêmement exigeant. Une des raisons qu'il prétend avoir
de rejeter le « Dieu personnel ou parfait des Bossuet
et des Leibnitz, » c'est qu'Il est créateur, et qu'on ne
voit pas, dit-il, ce qui peut rester de causalité vraie,
partant de liberté, partant de dignité, à une créature
tirée du néant. Vainement voudrait-on lui faire entendre que ce Dieu à qui tout est possible, sauf
l'absurde, peut évidemment produire des *substances*

et leur donner assez de spontanéité et de raison pour être vraiment libres ; il répète avec entêtement qu'il y a là, « non pas un mystère, mais une absurdité. » Ce Dieu-Créateur serait trop puissant, dit-il ; il absorberait tout ; seul, il serait véritablement responsable. Souffrance et bonheur, laideur et beauté, vice et vertu, il serait cause de tout, il créerait tout !

Cela étant, celui que les sages paroles d'un Bossuet scandalisent, aura-t-il l'impudence de nous prêcher le fatalisme musulman systématisé par Spinoza ?

Evidemment non. Le panthéisme de Spinoza est plus qu'une erreur. c'est une monstruosité, s'écrie M. Vacherot. « Diviniser le Tout, c'est tout justifier, » tout consacrer. Quelle affreuse nécessité ! Quelle » amère dérision, surtout devant le spectacle de la » réalité ! Au moins l'athéisme me laisse le droit de » me moquer du laid et du ridicule, de maudire le » mal et le crime... Parmi les arguments dont on » prétend accabler le panthéisme, il en est beaucoup » que ma raison ne peut prendre au sérieux. Mais » quand j'entends reprocher aux panthéistes de » profaner, de souiller le saint nom de Dieu, en le » mêlant aux plus mesquines, aux plus viles, aux » plus tristes réalités, je cherche ce qu'ils peuvent » répondre et je ne trouve que de vaines subtilités... » Dira-t-on que le vice, que le crime, que l'homme » vicieux et criminel sont de simples aspects des

» choses considérées au point de vue de l'expé-
» rience ;... que le sens métaphysique des choses
» ne reconnaît pas ces distinctions du beau et du
» laid, du bien et du mal, du juste et de l'injuste ;
» que tout, pour la raison, se réduit à être ou à
» n'être pas ; que par conséquent la majesté et la
» pureté de l'essence divine n'ont rien à craindre
» des réalités quelconques qu'on fait entrer dans son
» sein. *Spinoza a osé préférer ces étranges paroles.*
» *Mais c'est bien en vain qu'il a bravé le sens commun*
» *et le sens moral. Sa logique n'a séduit personne* (1). »

Donc la substance universelle n'est pas vraiment Dieu. « Le Dieu vivant ou réel n'est pas le vrai Dieu. » Par cette déclaration M. Vacherot croit échapper au panthéisme. Avec Hégel il croit que l'Idée seule est Dieu, en d'autres termes, que le Parfait ne peut être que l'Idéal.

Le Cosmos, l'Infini, le Dieu vivant, travaillant sans cesse et fatalement à se rapprocher de l'idéal *géomé-trique* d'abord, dans le règne inorganique : puis *typique* dans le règne végétal et animal ; puis enfin *moral* dans l'Humanité, voilà en trois mots le résumé de trois gros volumes. Comme Hégel, l'auteur avoue sans détour que cet Idéal n'a commencé à exister que par la pensée et pour la pensée, il s'ensuit que l'existence de Dieu tient à celle de l'être pensant.

(1) Seizième entretien. *Théologie*. t. III, pp. 252, 253.

Donc supprimez l'homme et les autres êtres pensants, s'il en est dans le monde, Dieu n'existe plus. « Point » d'humanité, point de pensée, point d'Idéal, point » de Dieu ?... Dieu n'existe que dans l'être pensant. » L'Être infini et éternel, le Dieu *réel* existerait tou- » jours, attendu que l'Être est nécessaire et que l'être » pensant n'en est qu'une forme contingente, si su- » périeure qu'elle soit ; mais le Dieu *vrai* aurait cessé » d'exister. Pourquoi le nier ? Vous voyez assez clair » maintenant pour n'être plus la dupe des mots (1). »

En résumé :

1° Pour voir les choses en métaphysicien, il faut *penser sans aucune* image l'idée du devenir infini, l'Être vivant, unique et identique, malgré la diversité et les vicissitudes des êtres accessibles à nos sens.

2° Cet Être est « nécessairement » en progrès, il se développe et la création des êtres particuliers c'est son activité, c'est sa vie.

3° Toujours en vertu de la « nécessité, » il arrive à produire l'homme qui est néanmoins vraiment libre, et qui dispose véritablement de soi.

4° Il ne faut donc pas appeler du nom de « Sub-stance » l'Être universel conçu par la raison. Spinoza est tombée dans cette erreur et, par suite, il a dû nier la liberté humaine. Si l'Être universel était notre

(1) Seizième entretien. *Théologie*. t. III, p. 277.

substance, nous ne pourrions être que des accidents ou des modes; alors notre liberté ne serait plus qu'une illusion, et nos idées, ainsi que leur objet, l'Idéal, le Parfait, ne pourraient plus être considérées que comme des « moments » ou des « évolutions » du Cosmos.

5° Les deux « crimes » du panthéisme c'est de nier la liberté et de confondre « dans l'unité de la Substance, la Vérité (l'Idéal) et la réalité... la théologie et la cosmologie (1). »

6° Il faut donc distinguer nettement deux Principes : la Réalité et la Vérité, en d'autres termes, l'Infini et le Parfait. La Réalité c'est le Monde considéré rationnellement. Dans ses évolutions éternelles il s'efforce, mais en vain, de réaliser le Parfait ou l'Idéal. C'est là son progrès. Ce progrès n'aura jamais de terme, car « il est de l'essence du Parfait ou de l'Idéal d'être irréalisable. » Le sujet ou l'essence des Idées, le Dieu de Platon et de la théologie ordinaire, par le fait même qu'il est Parfait, n'existe point, « il ne saurait avoir d'autre ciel que la pensée. »

7° « Schelling et Hégel ne sont point panthéistes malgré certaines apparences (2). » Chez eux la raison domine la Nature. Ils ont un vif sentiment de l'Idéal, ils voient combien les *choses* sont loin des *idées*,

____

(1) Seizième entretien. *Théologie*, t. III, p. 250.
(2) T. III, p. 251.

combien le Monde est loin d'être l'expression adéquate de Dieu. Il ne faut rien diviniser. « Entre ne » voir Dieu nulle part et le voir partout, mon choix » serait bientôt fait ; si j'étais condamné à cette » alternative, je préférerais l'athéisme (1). »

Voilà le système de M. Vacherot. Voilà en quelles pauvretés se résument trois volumes compactes, d'une composition laborieuse, d'une lecture excessivement pénible.

Je demande ce que ce système explique ?

D'où vient le monde ? — Qu'est-il ? — Où va-t-il ?

Réponse : Il vient de lui-même. — C'est un devenir éternel. — Son but est l'Idéal.

En d'autres termes : il n'a point d'origine, — il devient de jour en jour plus qu'il n'était la veille — et c'est l'Idéal, la Pensée, le Parfait, qui l'attire et l'exalte sans cesse à un degré supérieur de perfection ou d'être.

Il faut bien remarquer, ajoute-t-on, que la pensée ou l'idéal n'existe que dans notre esprit. Et quant à cet Être primitif, principe et cause de toute réalité, il ne faut pas en faire une substance qui produirait les individus particuliers comme ses modes passagers. Le rapport des êtres à l'Être, c'est-à-dire la manière dont les individus existent au sein de l'Être universel « restera toujours pour nous un mystère. »

(1) Ibid.

3º Rechercher et discuter la part d'erreur et la part de vérité qui s'y trouvent, quelles sont les idées qui en subsistent encore aujourd'hui et celles qui pourraient entrer utilement dans la philosophie de notre siècle.

Deux ans plus tard, on imprimait « par autorisation du roi à l'imprimerie royale » un gros volume in-8º dans lequel M. Ravaisson, développant et agrandissant ses vues, répondait largement à la première question, et, en 1846, paraissait un second volume (1), où se trouvait exposée l'influence de l'aristotélisme sur la philosophie païenne jusque dans ses derniers représentants, au vᵉ siècle de notre ère : « Le troisième volume, disait alors l'auteur (2), con-
» tiendra l'histoire de la métaphysique dans le ju-
» daïsme, le christianisme et l'islamisme... jusqu'à
» la fin du moyen âge. Le quatrième comprendra
» l'histoire de la métaphysique dans les temps mo-
» dernes et la conclusion de tout l'ouvrage. »

Les deux volumes promis n'ont jamais paru.

Par quel concours de circonstances ou par quel dégoût de la philosophie M. Ravaisson s'est-il subitement arrêté dans la voie laborieuse où il était entré si jeune et s'était fait sitôt remarquer ? Ses collègues de l'Institut l'ignorent comme le reste du monde.

(1) Paris, librairie de Joubert, in-8º.
(2) *Préface*, p. VI.

« On pouvait tout croire d'un silence aussi obstiné,
» dit M. Vacherot (1). En voyant M. Ravaisson si
» désintéressé, au moins en apparence, des querel-
» les des écoles, si heureux de vivre dans le com-
« merce de ces arts innocents qui charment plus le
» le goût et l'imagination qu'ils n'occupent la pensée
» et n'agitent l'âme, il était naturel de craindre que
» cette nature d'élite, après un moment de haute et
» profonde intuition métaphysique, ne fût retournée
» à ses plaisirs d'artiste, justifiant en quelque façon
» le mot prêté à Victor Cousin sur les « convictions
» esthétiques » très-arrêtées de son ancien secré-
» taire. »

Sans être au courant des dissentiments et des petites riyvlités qui ont pu surgir depuis trente ans
dans le personnel du haut enseignement philosophique en France, on peut soupçonner dans ce mot de
M. Cousin un peu de mécontentement et quelque
méchanceté. Il est certain que M. Ravaisson n'a
jamais voulu se ranger sous la bannière de l'éclectisme. Dès 1840, il publia dans la *Revue des deux
Mondes* (2) un article où il attaquait vigoureusement
la méthode écossaise, celle-là même qu'à cent reprises M. Cousin avait proclamée la seule vraie. Au
reste, cette vive escarmouche n'eut point de suite et

(1) *La situation philosophique en France; Revue des deux
Mondes*, t. 75, p. 950.
(2) T. IV, p. 197.

M. Ravaisson, qui remplace aujourd'hui M. Cousin au conseil de l'instruction publique et à la présidence du bureau d'agrégation, semblait ne plus vouloir désormais qu'*administrer* la philosophie, « quand la
» nécessité de répondre à l'appel d'un ministre qui
» n'a jamais connu la méditation oisive, vint mettre
» un terme à ce silence de vingt-cinq ans (1). »

En 1867, à l'occasion de l'*Exposition universelle* de Paris, M. Duruy voulut offrir à l'Europe un *Recueil de rapports sur les progrès des lettres et des sciences en France*. Ces rapports peuvent être considérés, dit le ministre, « comme une sorte d'exposition de la France littéraire et scientifique. Les hommes les plus éminents dans chaque spécialité ont constaté les progrès accomplis et les résultats obtenus depuis vingt-cinq ans d'un incessant travail intellectuel dans toutes les branches du savoir humain. C'est un arrêté de situations qui détermine à la fois ce qui a été fait et ce qui reste à faire (2). »

Le rapport sur la philosophie n'était pas le plus facile. C'est à M. Ravaisson qu'on le demanda.

S'adresser a un homme dont la jeunesse laborieuse s'était exclusivement consacrée, épuisée même, à ce qu'il paraît, au service d'un des grands rivaux de la philosophie ancienne ; le charger, lui seul, de

(1) M. Vacherot, *Revue des deux Mondes*, loc. cit.
(2) Voir au dos de chaque volume cette déclaration officielle.

prononcer sur tous les philosophes de France, ses contemporains, un jugement officiel et jusqu'à un certain point sans appel, était-ce bien sage? Il semble que l'impossibilité de mieux choisir soit la seule excuse que puisse faire ici valoir M. Duruy. Deux ou trois collaborateurs n'eussent jamais pu s'entendre, ni faire de ce rapport ce qui s'appelle un livre, et M. Ravaisson, outre sa science de bon aloi, offrait des garanties exceptionnelles d'équité et d'impartialité. Quelle rancune injuste, quelle préférence passionnée avait-on à redouter de la part d'un esprit élevé, mûr avant le temps, qui jamais sauf un seul jour, n'avait consenti à quitter les hauteurs sereines de la pensée d'Aristote pour se mêler aux luttes du moment. Mais, en écartant les petites passions on n'a pas réussi, semble-t-il, à éviter les vues trop systématiques et le parti pris. En philosophie, la question qui prime toutes les autres, c'est celle de la méthode. C'est précisément sur celle-là que Platon et Aristote se sont séparés. Avec la confiance que donne le génie, et aussi avec un calme, une mesure et une sagesse antiques, ils ont ouvert les deux larges voies où se sont engagés depuis deux mille ans une foule de systèmes souvent plus hardis, rarement aussi profonds, presque toujours plus exclusifs et plus faux. Qui de ces deux grands hommes a le plus mérité de la philosophie? C'est une question sur laquelle on n'est pas encore près de s'entendre après deux mille ans;

preuve évidente qu'ils ont vu chacun un côté de la vérité. C'est le cas ou jamais, semble-t-il, d'appliquer le principe d'éclectisme, en s'efforçant de fondre les deux doctrines en une synthèse plus large et plus élevée. Mais, au sortir du collége, à vingt ans, s'emparer d'Aristote, l'analyser tout entier, rapprocher et coordonner dans un exposé méthodique, lucide, les vues métaphysiques éparses dans toutes les œuvres de ce puissant esprit; sentir à ce rude labeur les forces de son intelligence grandir de jour en jour ; lui devoir en quelque sorte la révélation du monde métaphysique en même temps qu'une couronne ambitionnée et une célébrité naissante, n'est-ce pas plus qu'il n'en faut pour devenir un peu plus aristotélicien que de raison ? Ce n'est pas tout. M. Ravaisson n'a pas achevé son grand ouvrage. Quelle que soit la détermination qu'il ait prise à cet égard, qu'il veuille ou non en continuer la publication, il est impossible que sa pensée n'y revienne sans cesse. Si, comme on l'a dit, une question pendante est un hôte importun qu'on ne peut écarter, que sera-ce qu'un livre commencé, je dis un livre important, remarqué, remarquable, digne, si l'on veut, d'occuper tout une vie? Aussi, plus on lit le « Rapport » et plus on lui trouve de ressemblance avec l'«Essai.» Qu'il l'ait voulu ou non, l'auteur a presque confondu la question de M. Duruy : « où en est actuellement la philo-

sophie en France? » avec cette partie du programme
de 1835 : « Quelles sont les idées (de la métaphysique d'Aristote) qui subsistent encore aujourd'hui
et celles qui pourraient entrer utilement dans la
philosophie de notre siècle ? »

Or, voici comment, à cette époque déjà lointaine,
M. Ravaisson appréciait la *dialectique* ou la *méthode*
de Platon (1) : « La dialectique platonicienne *dégage*
» *du monde sensible*, tout un monde d'idées... mais
» elle fait entrer dans ce monde supérieur tout ce
» que renferme l'autre. *C'est le même monde réduit*
» *à la condition de la généralité abstraite et, par con-*
» *séquent, dépouillé de l'existence réelle.* Le progrès
» de la dialectique ne sert qu'à faire mieux voir
» qu'elle ne peut donner *par sa méthode superficielle*
» *de généralisation et d'abstraction*, des principes et
» des causes efficaces, mais seulement *les conditions*
» *logiques* et pour ainsi dire *les cadres vides de l'exis-*
» *tence ;* formes sans substance, fantômes de l'en-
» tendement, doués par l'imagination d'une réalité
» indépendante qui ne leur appartient pas. Tel est
» l'état dans lequel Aristote avait trouvé la philo-
» sophie. »

Si M. Ravaisson ne faisait pas preuve dans ses
œuvres d'une vraie science et d'une érudition pui-

____

(1) *Essai sur la Métaph.*, t. II, p. 8.

sée aux sources, on se prendrait à douter parfois qu'il ait lu Platon ailleurs que dans les écrits d'Aristote. Dans les pages d'où j'ai tiré ces lignes, il repète exactement, en les donnant comme appréciation personnelle, les critiques injustes d'Aristote contre la théorie des idées. Et pourtant, si, comme on le suppose ici, Platon avait pu croire que la science dût tirer tous ses matériaux de l'expérience sensible, il n'eut jamais songé sans doute que sa dialectique pût expliquer quoi que ce fût; il serait trop absurde de donner pour cause à l'univers les idées qu'on en détacherait par une pure abstraction. M. Ravaisson sait bien cela ; il sait que Platon croyait avoir démontré qu'aucune science n'est possible si l'âme humaine n'ajoute, de son propre fond, quelque chose aux perceptions sensibles. Aristote le savait aussi ; mais il n'a jamais voulu examiner attentivement le fait psychologique que Platon nommait *réminiscence*, le plus important, à mon avis, que l'on puisse proposer aux méditations d'un philosophe. M. Ravaisson agit de même. Au lieu d'une discussion sérieuse, je ne trouve sur ce point, dans les deux volumes de l'*Essai*, qu'une même affirmation vingt ou trente fois répétée : « La méthode platonicienne, pour atteindre » les principes, *dépouille les choses, par l'abstraction,* » de leur caractère individuel, de leur existence » particulière, et par degrés les ramène comme à

» leurs prototypes et à leurs sources, *aux plus indé-*
» *terminées et aux plus vides des généralités*, à ce qui
» est le plus bas degré, le minimum et en quelque
» sorte l'absence même de toute réalité (1).»

Eh bien! non, Platon ne procédait pas seulement
par abstraction. Devant une proposition vraie, devant un objet beau ou sublime, devant une action
bonne, juste, héroïque, il arrêtait ses disciples et
leur demandait : d'où vient que dans ce fait particulier vous voyez le nécessaire, le parfait, l'idéal? D'où
vient que l'âme est manifestement faite pour saisir
le vrai et pour le reconnaître; pour aimer le beau,
pour vouloir le bien et pour y applaudir? d'où vient
l'enthousiasme de l'inventeur, le délire du poète, les
transports de l'artiste, la joie, la paix, l'orgueil de la
vertu? — «Conditions logiques», nous dit-on; si ce
n'est pas se payer de mots, c'est reconnaître qu'il y
a dans toute science, même dans toute connaissance
un élément distinct de la perception sensible en elle-
même. Je veux bien accorder qu'il n'est pas du tout
nécessaire de recourir, pour expliquer la présence
de ces *conditions*, à la reminiscence de Platon et à
une vie antérieure; mais ne peut-on pas s'appuyer
sur le caractère absolu qu'elles présentent dans le
triple domaine du vrai, du beau, du bien, pour s'éle-

(1) *Essai* t. 11, p. 13.

ver plus facilement et plus logiquement de ce monde jusqu'à Dieu? Beaucoup d'hommes éclairés croient que, de toutes les preuves de l'existence de Dieu, la plus solide, celle que supposent implicitement toutes les autres et qui peut le mieux se suffire à elle-même, est celle qui conclut directement de la présence de l'idée de l'infini en nous à l'existence d'une cause infinie en soi. Quoiqu'en dise M. Ravaisson, c'est précisément le chemin que Descartes a cru devoir suivre pour arriver à démontrer que rien n'est plus certain que l'existence de l'Infini. Descartes, écrit-on (1), distingue «l'intelligence, toute » passive, et la volonté, essentiellement active; et, » tandis que l'intelligence est toujours déterminée, » finie, la volonté est, remarque-t-il, absolument » sans empêchement et sans bornes, libre, en effet, » d'une liberté infinie.» Soit. Descartes a émis, je le reconnais, des opinions singulières sur la liberté divine et sur la volonté humaine; a-t-il cru pouvoir s'en servir pour étayer sa démonstration de l'existence de Dieu? Non. Comme la grande majorité des philosophes spiritualistes, il a eu recours aux données rationnelles primitives, innées, à la méthode de Platon.

Mais je ne veux pas me borner à une discussion

(1) *Rapports* p. 6.

générale du système de M. Ravaisson. Je veux faire connaître en même temps son dernier ouvrage, *La philosophie en France au XIXe siècle*. Outre que c'est une œuvre officielle imprimée aux frais de l'état avec le luxe qui sied à un monument national, ce Rapport est extrêmement remarquable de fond et de style. Excepté Descartes, aucun philosophe n'écrivit jamais avec une telle ampleur et une telle sobriété. L'ampleur est dans la phrase qui est longue, articulée et pleine; aisée pourtant et claire. La sobriété est dans les expressions, toujours fermes sans chercher à devenir frappantes, jugeant et qualifiant tout avec le moins de qualificatifs qu'il se peut. J'eus un jour le plaisir d'entendre et de voir parler un parfait gentilhomme français, conservateur jaloux des traditions, des formes et du ton de sa race. Celui-là je pense, écrirait de la sorte, s'il était métaphysicien. C'est le modèle du genre. Ces qualités de forme en un fond si ardu décèlent un penseur; c'est évident. Il faut avoir longtemps vécu dans l'opulence pour étaler si simplement tant de richesses. On retrouve ici la moëlle, l'essence concentrée, des anciens travaux de M. Ravaisson. Car il n'a pas voulu se borner à exposer les productions des philosophes français contemporains; il les a tous jugés et admonestés, leur disant à tous par où leur doctrine pourrait prendre jour avantageusement et se mettre en progrès. Il ne pouvait se permettre cette attitude qu'après s'être lui-même publiquement orienté. Il l'a fait sans ostentation et sans morgue, mais résolument. Jamais il ne détourne les yeux du point de l'horizon d'où la lumière, pense-t-il, doit nous venir. Néanmoins quelque décidée qu'elle soit, sa pensée pénètre quelquefois dans des abîmes où il n'est pas facile de la suivre. En étudiant le système de M. Vacherot, moins profond, à coup sûr, que celui-ci, j'ai déjà dû me répéter pour me faire comprendre de ceux qui ne font pas de la métaphysique leur principale étude. Je devrais le faire cette fois jusqu'à devenir ennuyeux si le *Rapport* ne me fournissait le moyen de dissimuler ces retours et ces répétitions. Voici comment. Il se compose de trois parties bien distinctes. Une sorte d'introduction destinée à placer le lecteur au «centre perspectif» d'où l'on peut voir et comprendre le progrès continu de la philosophie depuis les temps les plus reculés. — L'appréciation des doctrines contemporaines. — Enfin une conclusion sous forme de résumé. Suivons l'habile auteur pas à pas. Discutons d'abord son point de vue, en nous aidant de ses travaux antérieurs. Assurons-nous ensuite de l'avoir bien compris en relevant les appréciations et les critiques qu'il a distribuées en conséquence de ses principes. Nous finirons par un court résumé que nous opposerons, avec la modestie qui est ici de mise, à la conclusion vraiment magistrale de M. Ravaisson.

I.

« ... La haute philosophie date de l'époque..... où
» l'on reconnut que, pour expliquer l'être et l'unité
» (de tout objet), il ne suffit pas de la matière conçue
» comme ce dont les êtres sont composés, mais qu'il
» faut quelque chose encore qui donne à la matière
» une forme ou manière d'exister. Ce quelque chose,
» le génie grec qui était tout ordre, tout mesure,
» tout harmonie, crut d'abord le trouver dans le
» nombre. C'était, au lieu d'aller au fond des choses,
» au principe de leur réalité et de leur vie, *se con-*
» *tenter du trait, du contour en quelque sorte, sous*
» *lequel notre intelligence les embrasse. Tel fut le ca-*
» *ractère de la philosophie pythagoricienne et plato-*
» *nicienne* (1). »

Quelque raison qu'on ait d'être bref et concis, peut-on se permettre de placer sur la même ligne Pythagore et Platon, de confondre des doctrines si distinctes et de les condamner si lestement? Lorsque, trompé par le caractère d'évidence et d'absolue nécessité des mathématiques, Pythagore affirme que les nombres seuls existent, que tout le reste du monde n'est que vaine apparence, il prend manifestement des abstractions pour des réalités. Qu'est-ce

(1) *Rapport*, p. 1.

en effet qu'un nombre subsistant en lui-même? A quoi peuvent servir les mathématiques sinon à mesurer des quantités, à exprimer des rapports? Mais les êtres sont évidemment antérieurs à leurs rapports, et la philosophie, la science première, doit expliquer les êtres en eux-mêmes, les unités, les individus, dont les sciences particulières étudient les lois ou relations. Donc Pythagore n'a pu voir le «fond des choses.» Est-ce à dire pour cela «qu'il se soit contenté du trait, du contour *sous lequel notre intelligence les embrasse?*» C'est une autre question, beaucoup plus compliquée. Sans doute les idées mathématiques sont des données *a priori*, et nous ne les aurions jamais si notre intelligence devait les dégager de l'expérience, comme elle en dégage par exemple l'idée du froid, du chaud, de la pensée, de la volonté, etc. S'ensuit-il qu'elles n'existent que, dans notre esprit, qu'elles n'en sont que des règles ou formes purement subjectives, comme le voulait Kant, en sorte qu'en les employant nous créerions de toute pièce, pour les appliquer aux objets réels, des «traits et des contours» que ces objets n'auraient pas en eux-mêmes? M. Ravaisson ne voudrait pas sans doute aller jusque-là. Le calcul ne peut pas suffire à tout expliquer dans l'univers, mais ce qu'il nous en dit est réel et objectivement vrai. Ce qui fait la faiblesse et la puérilité de l'explication pythagoricienne, c'est qu'elle donne pour origine et pour cause de chaque être en particulier les lois qui gouvernent des assemblages, des systèmes d'êtres. Comme si la multitude pouvait être cause des unités qu'elle renferme ! Cette confusion n'est pas rare ; de savants naturalistes y tombent encore tous les jours. Ce qui nous la rend ici plus choquante, c'est qu'elle s'avoue plus naïvement et prétend s'ériger en explication générale et systématique. Mais ce côté faible du Pythagorisme ne doit pas nous faire perdre de vue la vérité profonde qu'il exprimait dans cette phrase à double sens : «Les nombres sont de leur nature antérieurs aux choses.» Il y avait là le germe de la dialectique de Platon.

En effet, ce qu'avaient vu les Pythagoriciens, que les nombres et le calcul ne sont pas chose d'expérience mais de raison, Platon l'étendit à une foule d'autres rapports parfaitement étrangers aux spéculations des mathématiciens, quoiqu'ils soient d'une évidence que l'on appelle mathématique. Il prouva que l'art, la morale, la science vivent de principes et d'idées qui, comme les nombres, sont antérieurs aux choses de ce monde. Il prouva qu'il y a dans toute intelligence humaine des données qui ne peuvent être le résultat de l'expérience ; et, en analysant les aspirations de l'artiste vers l'idéal, de l'honnête homme vers la vertu, du philosophe vers l'immuable et vers l'intelligible, il mit cette vérité dans une telle évidence, que depuis lors on dit à celui qui en doute : la métaphysique n'est point votre fait, vous n'avez vu que des ombres dans la caverne de Platon.

Une fois bien établi, le fait devait être expliqué. Platon ne songea pas un instant à l'hypothèse hardie de Kant; le scepticisme va mal avec l'enthousiasme d'une grande découverte. Les essences des choses, pensa-t-il, c'est-à-dire ce que les êtres sensibles ont d'intelligible, de rationnel, d'éternellement beau, d'éternellement vrai, d'éternellement bon, ils le tiennent d'une participation à la Divinité. Et lui qui n'avait point dans le dogme de la création le moyen de concilier la co-existence réelle et substantielle du fini et de l'Infini, lui qui, par conséquent, ne répugnait pas à voir dans l'âme humaine et jusque dans les objets sensibles des émanations de l'Être et de l'Intelligence de Dieu, ne crut pas néammoins pouvoir expliquer la raison, la faculté de l'absolu, sans recourir à la préexistence des âmes, à la contemplation directe des essences dans une vie antérieure. La connaissance, dit-il, n'est qu'un souvenir. C'était de l'exagération, de la poésie; on le lui fit bien voir.

« Un peu plus tard, un observateur attentif des » réalités, soit dans l'ordre physique, soit dans l'or- » dre moral, Aristote s'aperçut que tout ce qui est, » tient son être et son unité d'un *mouvement et*

» *comme d'une vie* qui lie toutes les parties en les pé-
» nétrant dans toute leur profondeur. Il vit que les
» qualités, les quantités, les relations, *ces modes sous*
» *lesquels les objets se présentent à notre entendement*
» *et que ses prédécesseurs croyaient suffire à les expli-*
» *quer*, sont des choses qui n'existent qu'en d'autres,
» lesquelles au contraire subsistent en elles-mêmes,
» à part, indépendantes et sont les êtres proprement
» dits, ou substances. C'est la grande division qu'éta-
» blit l'auteur des catégories entre ce qui existe par
» soi-même et ce qui, au contraire, comme une sur-
» face n'est qu'en un solide, n'existe que dans ce qui
» existe par soi-même (1).»

Dans un beau dialogue intitulé : *Le sophiste ou de*
l'Être, Platon se demande si tout ce qui existe n'est
qu'une suite ininterrompue de phénomènes sans aucune stabilité, un fleuve qui s'écoule sans cesse,
comme le voulait Héraclite, en sórte qu'on ne puisse
jamais dire : «ceci est», mais seulement : « ceci
naît et ceci périt; » ou bien si tout être, par cela
même qu'il est ce qu'il est, ne peut jamais devenir ce
qu'il n'est pas, d'où il suivrait que tout être véritable
est nécessairement immuable et inerte dans l'immobile éternité, ainsi que le prétendait Parménide. Il
résout cette question en distinguant dans les choses la

(1) *Rapport*, loc. cit.

substance qui demeure et les modes qui varient ; ces
modes, il les considère comme des « idées » opposées qu'un même être peut recevoir en lui-même,
non pas simultanément mais successivement. A trois
reprises il définit l'être : *la puissance d'agir ou de
pâtir à quelque degré que ce soit;* puis tout à coup,
s'élevant jusqu'à Dieu : « Mais quoi, par Jupiter!
» nous persuadera-t-on si facilement que, dans la
» réalité, le mouvement, la vie, l'âme, l'intelligence
» ne conviennent pas à *l'être absolu?* que cet être ne
» vit ni ne pense et qu'il demeure immobile, immua-
» ble, sans avoir part à l'auguste et sainte intelli-
» gence?... ou bien encore dirons-nous qu'il y a en
» lui l'intelligence en lui refusant la vie? — Cela ne
» se peut (1).»

Ce beau passage et cette définition de *l'être* par
l'action montrent que Platon a su distinguer, sinon
toujours du moins quelquefois, les substances de
leurs qualités et de leurs rapports. Aristote, j'en conviens, l'a fait d'une manière beaucoup plus réfléchie
et avec une pleine conscience de son œuvre. En ce
point, il est incontestablement supérieur à Platon.
De plus, « il a vu que, dans la catégorie de ce qui
» qui existe par soi-même, de l'être proprement dit,
» de la substance, il fallait distinguer, d'une part,

(1) *Sophiste,* p. 248-249.

» l'existence virtuelle ou en simple puissance, qui
» n'est pour ainsi dire qu'un commencement d'exis-
» tence et c'est tout ce qu'en possède une matière
» relativement à ce qu'elle en va recevoir sous telle
» ou telle forme; d'autre part, l'existence effective,
» à laquelle il n'y a plus rien à ajouter, qui est fin
» et perfection, et c'est celle que constitue l'action
» ou acte, source et fond du mouvement et cause par
» le mouvement de l'être et de l'unité. *Il a vu qu'à*
» *l'acte seul convenait en conséquence, rigoureusement*
» *parlant, le nom de substance* (1).» Ce qui revient à
dire, n'est-il pas vrai, qu'Aristote n'a point converti
en substances des activités vagues, des forces abstraites qui n'auraient rien eu de déterminé, mais
qu'il exige de tout être réel qu'il soit une énergie individuelle, une cause réellement agissante et produisant quelque réel effet. Ce sont là des idées très-
justes et auxquelles Leibnitz doit beaucoup. On ne
les trouve chez Platon qu'imparfaitement ébauchées.
« Il vit enfin, et Platon du reste ne l'avait pas ignoré,
» que l'activité complète et parfaite, d'où venait toute
» autre activité, où remontait tout mouvement, était
» l'activité de la pensée, de laquelle la nature entière
» dépendait par conséquent, et qui, indépendante de
» tout, suffisait, elle seule, à tout et à elle-même. Il

(1) *Rapport*, p. 2.

» posait ainsi, à une hauteur où n'atteignent ni la
» physique ni la logique seules, au-dessus et des
» réalités matérielles et des abstractions par les-
» quelles notre entendement les mesure, l'objet de
» ce que, le premier, il appela d'un nom expressif la
» « métaphysique », c'est-à-dire la science du surna-
» turel ; science universelle d'ailleurs ainsi que son
» objet, et à laquelle devaient se rattacher comme à
» leur centre commun toutes les sciences (1).»

Ceci est par trop sommaire et exige absolument quelque explication. Comment Aristote a-t-il vu que l'univers « dépend de la pensée, » qu'il y est suspendu ?

La question est d'une importance capitale ; car elle revient à celles-ci : Quelle est la théodicée d'Aristote, comment démontre-t-il l'existence de Dieu et quelle idée se fait-il de Dieu? Nous allons voir que ce puissant esprit, « cet observateur atten-tif des réalités », après avoir supérieurement défini ce qui dans chaque objet doit être considéré comme le fond ou la substance, est demeuré de beaucoup in-férieur à Platon, quand il a voulu rattacher les « êtres » à leur cause première. Sans entrer dans les détails, sans toucher aux questions controversées, on peut en quelques lignes indiquer les degrés par

______

(1) *Ibid.*. p. 3.

lesquels Aristote a cru pouvoir monter jusqu'à Dieu.

Les sens, dit-il, attestent qu'il y a du mouvement dans le monde et, dès qu'on s'élève un peu dans l'échelle des êtres, on en trouve qui vivent, c'est-à-dire qui se meuvent eux mêmes. Or, un mouvement ne peut être réel qu'à la condition d'être déterminé, d'avoir tel but ou telle fin, car si l'on ne veut pas se perdre dans les généralités, ni réaliser des abstractions, on doit reconnaître que tout ce qui se meut réellement se meut en tel ou tel sens, de telle ou telle manière et vers un but déterminé. Mais se mouvoir dans l'acception la plus large du mot, c'est changer, c'est-à-dire devenir ce qu'on n'était pas, et quand un être changeant est arrivé au but qu'il poursuit, alors seulement il est ceci ou cela, il est ce qu'il est devenu. C'est donc le but atteint qui donne l'être à tout ce qui est d'une nature changeante ou périssable, à tout ce qui est de ce monde. La fin où tendent les êtres, et dont ils s'approchent sans cesse, et que sans cesse ils réalisent en partie est donc leur vraie cause efficiente, celle qui, à chaque instant, les fait être. Mais la cause n'est-elle pas nécessairement antérieure à ses effets? Evidemment. De plus, pour être cause de quoi que ce soit, il faut être, c'est-à-dire avoir atteint sa fin, sa forme, être en acte et non plus seulement être en puissance ou devenir. Eternellement donc il existe un Être qui n'a jamais été en puissance, qui n'est rien *devenu*, mais qui *est* toujours sans pouvoir jamais devenir ce qu'il n'est pas ni par conséquent cesser d'être ce qu'il est.

Prouvons maintenant que cet être éternel ou immobile est la Pensée.

Ici-bas, plus une tendance ou une force est rapprochée de sa fin, plus un être est concentré en lui-même, (plus il est « pour soi », comme dirait Hégel), et plus aussi il est parfait. Les êtres les plus infimes, en mouvement dans l'espace, poursuivent à distance un but avec lequel ils ne se confondront jamais. La plante, au contraire, a déjà en elle-même son type, son bien à réaliser; l'animal, grâce à un système nerveux habilement concentré, arrive à sentir son bien ; il le veut et l'aime en se voulant et en s'aimant. Mais cette harmonieuse et profonde unité qui est sa vie, sa santé, sa perfection et son bien, qu'il cherche partout et toujours, il en jouit sans le savoir. L'homme seul *se* connaît et *s'*aime distinctement. Au lieu de se répandre tout entière au-dehors et de rester étrangère à elle-même (aliena a se) comme celle de l'animal, qui ne peut, fasciné qu'il est par ses sens, s'arracher aux charmes de la matière, sa pensée se replie sur elle-même dans la conscience; des images fantastiques du monde sensible, elle dégage ce qu'il faut considérer comme étant tout à la fois et

18

son acte et sa fin et son bien, savoir la science, les principes, la vérité. Néanmoins l'âme humaine n'est pas immuable; notre pensée n'est pas de tout point identique à son objet; elle ne peut que par intervalle atteindre à l'intelligible, penser en acte, arriver à sa perfection et à son bien. Notre intelligence, à ce point de vue, n'est qu'une puissance de penser. Mais, au moins, il est certain qu'ici-bas rien n'est aussi étroitement uni que l'homme ne l'est à lui même et son esprit à la vérité. C'est donc la pensée qui est le type de l'acte par excellence; l'Être parfait, l'Acte pur, sera donc une pensée éternelle se prenant pour objet, se pensant elle-même et y trouvant son bonheur. « La pensée de la pensée... Tel est le principe (immobile) auquel sont suspendus le ciel et la terre». — « C'est parce qu'elles sont des actes que la veille, la sensation, la pensée sont ce qu'il y a de plus agréable... Nous ne goûtons le bonheur que passagèrement, Lui le goûte toujours. La jouissance c'est son acte même (1). »

Certes, ce pâle résumé n'est pas la *Métaphysique*; ce n'est pas même son squelette, car il est trop incomplet. Qui le méditera, cependant, y découvrira des idées larges et des vues d'une grande profondeur. Oui, ce qu'Aristote a dit de Dieu, de l'acte pur,

____

(1) *Mét.*, XI, 7.

est admirable. Lorsque, après avoir laborieusement suivi la pensée de ce sévère génie saisissant avec une merveilleuse puissance le fait le plus simple et le plus ordinaire, le *mouvement;* dégageant de ce phénomène ce qu'il contient de réel, je veux dire, la tendance, l'effort, la *force*; passant de la force à la *vie* et à l'âme; de l'âme à la sensation et à l'*intelligence;* de l'intelligence à la *pensée;* de nos pensées éphémères à la Pensée en soi, immuable, éternelle; j'en atteste tous ceux qui ont fait cette étude, il est impossible de se défendre d'une émotion enthousiaste. Aristote lui-même s'y laisse entraîner. Le XIe livre de la **Métaphysique** est d'une ampleur, d'une majesté de style qui n'a jamais été dépassée. C'est le triomphe du langage philosophique.

Et pourtant, il y aurait sur tout cela bien des remarques à faire. Cette démonstration de l'existence de Dieu se divise en deux parties : dans la première, on prouve qu'il existe un être immobile, cause du mouvement de l'univers; dans la seconde, que cet être est la *pensée* considérée dans son acte même, acte immuable et éternel. La première conclusion est-elle certaine? Est-il absurde de soutenir qu'un mouvement quelconque, par exemple celui des astres, peut être absolument spontané et n'avoir qu'une cause immanente aux astres eux-mêmes? Et si cette cause est immanente aux astres, n'est-il pas nécessaire qu'elle produise son effet dès que les astres existent, c'est-à-dire éternellement? Qu'on le remarque bien, Aristote n'admettait pas la création ; pour lui, la matière était éternelle et c'était du seul fait de son mouvement qu'il argumentait. Il y a plus ; Aristote va même jusqu'à dire que la série des mouvements dans le monde est infinie : l'homme, dit-il, naît d'un homme, celui-ci d'un autre et ainsi à l'infini, sans que l'on puisse jamais arriver au premier mouvement ou à la première génération dans l'ordre du temps. Il est vrai, il a soin de définir la matière par la tendance ou par la force, et qui dit tendance ou force réelle, dit tendance déterminée vers une fin, vers un but, en sorte que nécessairement, et je parle d'une nécessité logique, absolue, il faut un but fixe, antérieurement à toute tendance, c'est-à-dire à toute force ou à toute substance finie. Mais on peut répondre que la seule donnée primitive sur laquelle repose l'interminable argumentation qu'on nous présente, c'est le fait du mouvement constaté directement par l'intuition sensible. Tout le reste, et spécialement l'idée de but, de fin, de cause finale doit en être tiré par la réflexion et l'abstraction, au dire d'Aristote lui-même. Dès lors n'est-il pas à craindre qu'en proclamant l'existence d'un but immobile on ne soit dupe d'une illusion, d'une « entité équivoque » résultant de la simple décomposition de l'idée de mouvement en ses éléments logiques? Sans cause, nous dit-on, c'est-à-dire sans but, point de mouvement. On peut répondre : d'où vient que vous accordez à ces *rapports* de causalité et de finalité une valeur que vous refusez aux nombres des Pythagoriciens et aux idées de Platon? De deux choses l'une : ou bien les principes que vous invoquez ne sont que des abstractions, et alors il n'existe pas plus de finalité ni de « fin substantielle » que de vérité, ni de beauté, ni de bonté en soi; ou bien l'intelligence humaine saisit dans le phénomène du mouvement quelque chose que les sens ne lui donnent point, qui serait encore vrai si ce mouvement ni aucun autre mouvement n'eût été produit, et c'est cet élément intelligible, nécessaire, immuable, qui seul nous permet de dépasser les faits, de n'être pas *positiviste*, comme on dit aujourd'hui.

Au reste, il ne faut pas croire qu'Aristote n'ait pas aperçu la nécessité de principes à la fois supérieurs et antérieurs aux perceptions sensibles pour expliquer la possibilité de la science et la valeur absolue, inconditionnelle de la raison. Mais ce que Platon avait mis dans l'objet de nos pensées, Aristote l'a mis dans notre pensée même. Je m'explique. La science n'est possible disent à la fois ces deux profonds métaphysiciens, qu'à la condition d'atteindre à quelque chose d'immuable. Et c'est évident; que sont en effet les sciences soit idéales, comme les mathématiques, soit réelles, comme la physique, sinon des enchaînements d'idées ou de faits suivant des principes ou des lois fixes. Mais d'où vient que, dans nos âmes sujettes à tant de vicissitudes, il y a des principes de raison qui ne changent pas et dont nous nous servons pour réduire en sciences stables les faits et les mouvements dont l'univers est le théâtre? Platon répond que les faits nous *rappellent* les principes que nous avons vus antérieurement, et il crée tout un monde métaphysique distinct de celui-ci. Il voit de plus que ces principes ne peuvent subsister séparément les uns des autres, qu'il n'y a point par exemple de vérité sans beauté, ni de vertu sans intelligence, et il s'élève ainsi de synthèse en synthèse jusqu'au « Père des idées », jusqu'au « Soleil du monde intelligible », qui donne à tous les principes l'existence et l'évidence comme le soleil de ce monde produit tout par sa chaleur en même temps qu'il illumine tout de sa clarté. — Vaine explication, répond Aristote. C'est notre propre esprit qui crée la science ou du moins qui en crée les principes. Et comment? Le voici. Tous les êtres que nous apercevons sont composés d'une « matière » qui n'est qu'une potentialité, et d'une « forme » qui les fait être réellement, en sorte qu'une substance finie n'est qu'un passage continu d'une puissance à son acte.

Ce passage, il est causé par l'impulsion d'une substance immobile qui est Dieu même. Notre esprit, à nous, ne saisit le côté fixe et scientifique des phénomènes que parce qu'il contient une partie de la substance divine, essentiellement en acte, et c'est ce qu'on doit appeler l'intellect actif. Au sommet de toutes choses il y a une Suprême Cause finale, objet du désir de tout ce qui se meut, c'est-à-dire de tout ce qui n'est que tendance ou être fini ; atteindre plus ou moins à chaque instant ce Désirable, ce Bien, c'est exister et continuer d'exister à chaque instant à des degrés plus ou moins élevés : c'est passer d'un point de l'espace à l'autre pour les êtres les moins parfaits, c'est végéter pour la plante, c'est vivre pour l'animal, c'est penser pour l'homme. Tout l'ordre de l'univers vient de la fixité de ses tendances vers sa fin et toute la fixité de la science vient de la transformation des sensations en pensées absolues par la causalité absolue que l'intellect actif tient de sa nature immuable et divine.

Ceci est bien abstrait ; mais aussi il était extrêmement important d'expliquer comment un métaphysicien comme Aristote a cru pouvoir se passer complètement de la méthode de Platon, même en ce qu'elle a d'incontestable et qu'il faut bien admettre pour ne point tomber dans un grossier sensualisme ordinaire. Relativement à la légitimité des principes et à la possibilité de la science, l'intellect actif remplit chez Aristote toutes les fonctions de la réminiscence chez Platon. C'est par l'action de cet intellect que la pensée humaine passe du changeant et du fini au permanent et au parfait. Mais ce qu'Aristote dissimule en commençant, Platon le proclame dès l'abord en démontrant l'absolue nécessité d'admettre quelque donnée primitive supérieure aux sens. C'est incontestablement plus logique, plus satisfaisant comme méthode. En suivant Aristote, pour peu qu'on se soit habitué à ne laisser entrer dans la conclusion d'un argument que ce que renferment rigoureusement les prémisses, on est arrêté à chaque pas. Parti d'un phénomène sensible, on arrive à une pensée éternelle, et là seulement on aperçoit l'affirmation qui comble tous les vides et légitime toute l'argumentation. Jusque-là on s'est servi de la raison ; là seulement on comprend qu'il peut y en avoir une.

Ces dernières remarques s'appliquent, on le voit, aussi bien à la seconde partie de l'argumentation qu'à la première. Nous ne pouvons nous y arrêter plus longtemps. Disons encore un mot cependant du résultat, où devait nécessairement aboutir cette insuffisante dialectique, cette incomplète élévation de la pensée vers Dieu.

Puissance et acte, tendance et fin, matière et forme, tels sont les deux termes entre lesquels le

génie d'Aristote a cru devoir se confiner rigoureusement pour ne point divaguer. Tout son travail se
borne à les rapprocher de plus en plus, jusqu'au
moment où ils arrivent à se confondre dans un acte
pur, la Pensée sans sujet distinct d'elle-même. Platon
avait pu mettre en Dieu tout ce que notre raison
peut concevoir d'absolument parfait; emprisonné
dans sa formule abstraite, Aristote n'a pu attribuer à
l'Être premier que la parfaite causalité, celle du
moins qu'il concevait comme telle et dont l'essence
est de se confondre parfaitement avec son effet. En
conséquence, il affirma résolument que Dieu ne
peut ni penser ni connaître les êtres finis de ce
monde. Si le monde, disait-il, devenait l'objet de la
Pensée divine, cette Pensée aurait hors d'elle-même
un but, un objet, une fin qu'elle devrait atteindre et
qu'elle ne *serait* pas. Donc Dieu ne peut ni savoir,
ni vouloir, ni soupçonner qu'il existe hors de Lui
quelque être que ce soit. Cette conséquence inévitable et d'ailleurs hautement avouée ne suffit-elle pas
à accabler cette méthode ?

Je le sais, M. Ravaisson ne s'avouera pas vaincu.
Il n'est pas facile d'avoir raison d'un esprit si pénétrant à la fois et si aristotélicien. « On s'est repré-
» senté l'aristotélisme depuis la chute de la scho-
lastique, dit-il (1), tantôt comme un système

(1) *Essai*, t. I, *Avant-propos*, p. VI.

» d'abstractions sans réalité... tantôt comme un
» système d'empirisme analogue... à l'épicuréisme
» antique ou au sensualisme moderne... Aristote ne
» s'est renfermé ni dans la sphère de la sensation
» ni dans celle du raisonnement ; ce ne sont au
» contraire à ses yeux que deux degrés où la phi-
» losophie s'était sucessivement arrêtée avant lui
» et qu'elle a dû franchir pour s'élever *à ce point*
» *de vue supérieur de la raison pure où le réel et*
» *l'idéal, l'individuel et l'universel se confondent dans*
» *l'activité de la pensée.* »

Ainsi donc, il y aurait un milieu entre l'empirisme,
qui explique toute la connaissance par l'observation
des faits particuliers, et le spiritualisme platonicien,
qui voit dans la raison de l'homme une faculté *sui*
generis douée dès l'origine de principes innés, de
virtualités qui se développeront et deviendront des
idées, des notions, des axiômes d'une certitude,
d'une évidence, d'une nécessité que l'expérience est
manifestement impuissante à justifier. A l'empirisme
de Locke, il manque, on le reconnaît, le sens de
l'universel, de l'absolu, du parfait. Mais on prétend,
en revanche que le rationalisme de Descartes, en se
fiant trop aux « idées », se perd dans un monde
chimérique loin de tout ce qui est réel, c'est-à-dire
individuel. Les principes de la raison, dont font tant
de bruit les partisans des idées innées, ne sont pour

M. Ravaisson que des *manifestations extérieures* de l'âme humaine, et ce n'est pas en les mettant en lumière qu'on peut faire comprendre le lien étroit qui la rattache à Dieu. Qu'est-ce que mes idées? se demande Fénelon (1). « Elles sont supérieures à mon
» esprit, puisqu'elles le redressent et le corrigent ;
» elles ont le caractère de la Divinité, car elles sont
» universelles et immuables comme Dieu ; elles sub-
» sistent très-réellement... rien n'existe tant que ce
» qui est universel et immuable... Il faut donc trou-
» ver dans la nature quelque chose d'existant et de
» réel qui soit mes idées, quelque chose qui soit
» au-dedans de moi et qui ne soit pas moi, qui me
» soit supérieur, qui soit en moi lors même que je
» n'y pense pas, avec qui je croie être seul comme
» si je n'étais qu'avec moi-même, enfin qui me soit
» *plus présent et plus intime que mon propre fond.* Ce
» je ne sais quoi si admirable, si familier, si inconnu
» ne peut être que Dieu. »

Voilà des paroles auxquelles M. Ravaisson ne souscrira jamais. Des « idées plus intimes à l'homme que son propre fond !»Mais les idées quelques nécessaires, quelques absolues qu'elles puissent paraître ne seront jamais pour notre auteur que le côté de l'âme tourné vers la matière, vers tout ce qui est inférieur

(1) *Traité de l'existence de Dieu,* seconde partie, chap. IV, § 49.

à l'homme. Il ne faut point, d'après lui, faire attention aux qualités de nos pensées, à ce que Descartes
appelait « la marque de l'ouvrier sur son ouvrage ; »
il faut chercher à se sentir penser ; il ne faut pas
examiner l'idée produite, il faut tâcher de la saisir
se produisant, causée par l'esprit, et dans cet acte il
faut trouver l'Être premier, l'Esprit universel produisant tous les esprits particuliers. L'aristotélisme
n'est encore que le commencement de la vraie philosophie. Son grand mérite est d'avoir mis à la place
de l'intelligible ou des idées, l'intelligence, l'acte
éternel d'où dépend la nature. Cependant « il n'a
» pas assez manifestement établi, comme le point de
» vue propre de la métaphysique, ce point de vue
» tout intérieur où l'esprit se séparant de tout le
» reste *par la conscience de son activité propre, ap-*
» *prend à reconnaître dans cette activité même, ou du*
» *moins dans l'acte simple et éternel qui en est l'essence*
» *et la cause,* la plus haute et la plus parfaite réalité,
» celle qui seule se suffit à elle-même et par laquelle
» seule subsiste tout ce qui est (1). » Le *Rapport*
rappelle d'un seul mot cette critique et cet éloge
formulés dans l'*Essai.* L'aristotélisme, dit le *Rapport,*
« embrasse la vérité sans l'étreindre. » La vérité est
donc contenue dans l'aristotélisme ; tout le progrès

______

(1) *Essai,* t. II, p. 569.

de la philosophie pendant deux mille ans consistera
à pénétrer plus profondément dans la conscience
de l'activité libre que nous sommes, pour y sentir
l'acte éternel, la cause universelle, l'Esprit. M. Ravaisson dépense une quantité prodigieuse d'érudition
métaphysique à retrouver, à toutes les grandes époques de l'histoire et au fond de tous les grands systèmes, une manifestation nouvelle et un développement fécond du péripatétisme. Nous ne pouvons le
suivre dans cette étude. De tous les résumés qui
existent de l'histoire de la philosophie, c'est à coup
sûr le plus concis, le plus ingénieux, le plus original, mais peut-être aussi l'un des plus faux. Maine
de Biran serait à ce compte le mieux avisé de tous
les penseurs, qui sait? peut-être même le plus grand
des philosophes. Je trouve en effet vers la fin de
cette pittoresque revue des systèmes un passage
qu'il faut recueillir. « Les philosophes écossais
» avaient mis en évidence la diversité de nos idées
» et de nos croyances, inexplicable par la seule sen-
» sation. Kant avait montré que, ce qu'il y a de plus
» en nous que nos sensations, ce sont les diverses
» façons de les lier, d'en faire la synthèse et que
» c'est là justement ce qui fait la connaissance.
» Maine de Biran remarqua que cette opération par
» laquelle on connaît, et que Kant attribuait à ce
» qu'il nommait la spontanéité intellectuelle, *c'était*

» *activité, effort, vouloir*... Par ce vouloir nous fai-
» sons être tout ce qui est de nous, et dans ce vou-
» loir se trouve et se reconnaît notre propre être (1).»

Pesons ces paroles et tâchons de pénétrer jusqu'au fond de la pensée de M. Ravaisson.

Du sensualisme superficiel mis à la mode au dix-
huitième siècle par Voltaire et par quelques autres
métaphysiciens de sa force, pour qui Locke était
devenu « le philosophe, » on déduisit très-logique-
ment le scepticisme. Hume, en analysant les principes de la raison, spécialement le principe de
causalité, démontra d'une façon péremptoire qu'il ne
peut nous être fourni par l'expérience; il en conclut
que l'idée de cause ne pouvait être qu'une illusion,
un préjugé injustifiable bien qu'universellement admis, et dont tout esprit bien fait doit s'efforcer de
s'affranchir. Ce principe détruit, toute métaphysique
devenait impossible, on le comprend sans peine;
cette noble science ayant précisément pour objet
de s'élever de ce qui naît à ce qui est; de remonter
la série des effets jusqu'au premier principe et à la
première cause.

Ce hardi scepticisme rendit à la métaphysique un
signalé service. On se prit à douter de la doctrine
de Locke et à juger de l'arbre par ses fruits. Les

(1) *Rapport,* loc. cit.

Ecossais demandèrent de quel droit on osait regarder comme illusoire une croyance qui fait le fond de la plupart de nos jugements et constitue pour ainsi dire la raison elle-même. Reid entreprit un examen minutieux de l'esprit humain, et, loin de le trouver semblable à une « table rase, » à des tablettes parfaitement vides où la sensation devait tout écrire et tout peindre, il le vit primitivement riche d'instincts et de facultés de toute sorte: C'était un retour vers la profonde psychologie de Platon et du xviie siècle. Une fois de plus, la raison retrouvait ses titres et prouvait sa noblesse. Mais la chute avait été si lourde de Descartes à Condillac, que la philosophie ne se put relever qu'à demi. Kant parut, qui, après avoir refait d'une manière incomparablement plus profonde l'examen critique institué par les Ecossais démontra mieux encore que la connaissance et la science sont inexplicables par la seule expérience. Dans toute connaissance, dans toute pensée, il reconnut un élément rationnel, inné, antérieur à la perception sensible ; il entreprit de donner une liste complète de ces éléments primitifs, de les ranger dans un ordre logique ; c'est le tableau de la *raison pure* ou de la raison considérée en elle-même, abstraction faite, non-seulement de tout objet pensé, mais même du sujet pensant. Ce travail terminé, il affirma que, par le fait même qu'ils nous sont innés,

ces principes absolus ne peuvent avoir de valeur que
pour nous, qu'ils ne peuvent être que des manières
toutes relatives d'apercevoir les choses. L'espace,
dit-il, est une forme innée à l'esprit humain comme
la couleur est innée aux yeux. Il en va de même du
temps. Cet ordre de succession que nous imposons
aux faits de conscience, n'existe aussi que pour des
intelligences faites comme la nôtre. C'est une illusion,
qui s'évanouirait si le sens intime pouvait descendre
plus profondément dans les phénomènes qui se passent à la surface de notre propre esprit. Le sens
intime n'est que le miroir de l'âme ; comme tout miroir il influe puissamment sur la nature des images
qu'il réfléchit ; il leur impose un ordre qui est son
propre fond, sa propre essence toujours semblable
à elle-même, c'est l'ordre parfaitement homogène
et continu du temps. Pas plus que l'espace, le temps
n'existe hors de la pensée humaine et jamais la philosophie n'arrivera à connaître ce qui, dans nos pensées, est cause qu'elles nous apparaissent comme
successives.

Une fois lancé dans cette voie, Kant ne pouvait
plus s'arrêter. On ne fait pas au scepticisme sa part,
a dit un philosophe. Le principe qu'invoquait le
père du criticisme, principe d'où sortit toute la philosophie allemande, c'était que tout ce qui est a
priori ou inné ne peut entrer dans la connaissance

ou dans la science qu'à titre d'élément humain, de vérité relative, vraie seulement pour un esprit fait comme le nôtre. A ce compte, tout principe de raison est frappé d'impuissance, et, comme on dit, de *subjectivisme*. Sans en avoir le droit, nous attribuons une valeur réelle, objective, aux idées de cause, de substance, d'infini que nous créons de toute pièce et à travers lesquels nous voyons les choses transfigurées à l'image de nos pensées, soumises aux lois de notre esprit. Après un long circuit, Kant retrouve donc David Hume. L'idée de cause, disait Hume, est un préjugé dont il faut travailler à se dépouiller. La raison tout entière, dit Kant, n'est bonne qu'à donner des lois au monde phénoménal et fantasmagorique qui nous est donné par l'expérience ; prise en elle-même et considérée comme capable d'atteindre à ce qui existe véritablement, ce n'est qu'une illusion sans correctif possible, un préjugé nécessairement universel.

Voilà le système où beaucoup d'esprits sérieux ont cru voir un grave danger pour la méthode platonicienne, une grave objection à la doctrine des idées innées. N'est-il pas cependant de la dernière évidence que ce nouveau scepticisme est tout entier appuyé sur une fausse assimilation de la raison et de la sensation (1)? On conçoit que l'image sensible

(1) J'ai précédemment insisté sur cette erreur de Kant.

19

d'un objet matériel ne soit qu'une représentation infidèle, dépendante en grande partie des conditions subjectives de l'organisme. En ce sens Aristote avait dit avec beaucoup de précision : la sensation est l'acte commun de deux facteurs, le sujet sentant et l'objet senti. Mais quand il s'agit d'une notion, d'un principe purement intelligible, par exemple des idées de l'être, de la subsance, de la cause, du principe de contradiction, etc. peut-on concevoir qu'il y entre encore quelque élément purement humain et qui n'ait de valeur que pour nous ? Qu'est-ce qu'une intelligence qui ne distinguerait pas le oui du non, la substance de l'accident, l'effet de la cause ? Il est absurde de dire que nos pensées, parce que nous en avons conscience et qu'elles sont nôtres, sont par le fait même irrémédiablement entachées d'illusion et d'erreur. « Vouloir que la raison cesse entièrement d'être subjective, » a dit excellemment M. Cousin (1), « c'est demander une chose impossible à Dieu même. » Non, Dieu lui-même ne peut connaître qu'en le » sachant, avec son intelligenee et avee la conscience » de son intelligence. Il y a donc de la subjectivité » dans la connaissance divine elle-même ; et si cette » subjectivité entraîne le scepticisme, Dieu aussi y » est condamné. »

(1) *Hist. gén. de la philosophie*, p. 550, Paris 1864.

Ainsi répondent à Kant tous ceux qui ont foi aux principes et à leur valeur absolue. Mais M. Ravaisson insiste et il demande comment il se fait que la raison conçoive l'absolu, le nécessaire *à l'occasion* des phénomènes. Kant, dit-il, a du moins essayé de donner une réponse à cette question. D'après Kant, « les » phénomènes sont dans le temps (*intuition primi-* » *tive, imagination a priori*) comme une succession » dans une durée immuable. Telle est la base des » jugements qui affirment à priori des causes et des » substances ; tout phénomène a dans le temps une » place déterminée, et c'est par le passé que le pré- » sent où il arrive se détermine. Il faut donc dans le » passé quelque chose qui fasse être le phénomène » présent à cette place qu'il occupe ; cette règle c'est » l'idée de la cause... Ainsi la cause n'est que l'ex- » pression du rapport des phénomènes entre eux » dans le temps... Or, le temps dans la doctrine de » Kant, n'est pas une chose subsistante en elle-même » mais seulement une manière, la seule possible, » d'imaginer les faits et par conséquent une simple » *forme* de notre intelligence... Quand donc nous » affirmons que tout phénomène a une cause, nous » ne faisons qu'énoncer une règle indispensable à » notre esprit pour se représenter un phénomène » quelconque (1). » Il est bien entendu que M. Ra

(1) Article de la *Revue des deux Mondes*, p. 208.

» vaisson n'adopte en aucune façon cette solution désespérée du plus grand problème de la philosophie. Il la trouve, toutefois, en progrès sur la « foi à la raison » des platoniciens, foi aveugle qu'on s'impose, prétend-il, sans même essayer de la justifier. » Dans la philosophie écossaise... il n'y a entre le » monde des phénomènes et le monde intelligible » aucun lien ; la raison passe du premier au second » sans point d'appui, sans intermédiaire et *son juge-* » *ment porte à vide*. Non-seulement elle ne justifie » pas la *réalité des objets* de ses idées nécessaires, » mais elle ne justifie pas la *possibilité de l'idée* (1). »

N'en déplaise au savant auteur, je le crois trop exigeant, trop difficile en fait de certitude. Le criticisme de Kant lui fait trop peur. Dans cette dernière forme du scepticisme, plus ingénieuse, plus méthodique et plus savante que toutes les autres, quelques esprits, même sérieux, ont pu voir au premier abord une conséquence au moins apparente de la méthode communément appelée spiritualiste ; mais tout bien considéré, ne devrait-on pas reconnaître que ce fut là pour cette méthode un triomphe plutôt qu'un péril ? Après deux mille ans de luttes et de discussions sur le grand fait psychologique victorieusement démontré, quoique mal expliqué, par Platon, voici qu'un esprit d'une pénétration rare, d'une rigueur et

(1) *Ibid.*, p. 209.

d'une circonspection excessives, ne trouve sur la pente qui l'entraîne au scepticisme que ce même fait, devenu plus imposant et plus impérieux à mesure que l'esprit humain devenait plus habile à se replier sur lui-même et à s'interroger dans ses profondeurs. Qu'importe après cela que ce hardi penseur en donne à son tour une explication fausse? Un fait mal expliqué cesse-t-il d'être vrai? — Mais Kant soutient, dira-t-on, que son explication est la seule admissible; qu'elle est inséparablement liée au fait lui-même, comme sa conséquence logique. Je répondrai qu'en ce cas toute affirmation est vaine, toute recherche de la vérité un non-sens. Il a voulu démontrer, n'est-il pas vrai, que nous ne pouvons jamais rien connaître *en soi*, rien qui puisse être objectivement et réellement tel que nous le pensons. Mais sa conclusion du moins est-elle vraie? Vraie ou fausse elle renverse son système. Si elle est vraie, nous connaissons donc quelque chose *en soi*, à savoir que nous créons, en rêvant, les lois de la logique; s'il la dit fausse, il accorde qu'il s'est trompé et qu'il y a hors de nous des règles du vrai auxquelles nos pensées doivent se conformer. Parti du point d'où est parti Platon, Kant ira jusqu'à Dieu ou il ne fera pas un pas. Il affirmera toute la vérité, l'Infini, ou il niera tout, même l'idée de l'être, même le principe de contradiction; ou plutôt il ne pourra même rien nier. Il restera immobile, hésitant, muet et l'on dira de lui le mot d'Aristote à l'adresse d'Héraclite: «Un tel homme est semblable à une plante. Ὅμοιος φυτῷ (1).»

Nous répondrons donc à M. Ravaisson que *l'objet* de nos jugements absolus c'est l'absolu lui-même, non pas vu sans doute ni senti de la manière dont nous voyons les objets sensibles ou dont nous sentons les phénomènes de conscience, mais toutefois réellement atteint par la pensée, de telle sorte que ce que nous en affirmons soit tel qu'il nous paraît et objectivement vrai. Relativement à la *possibilité* de ces mêmes jugements, nous dirons que si notre intelligence n'avait d'autre objet primitif que les êtres matériels et le sujet pensant, le moi, ils seraient de tout point impossibles et contradictoires. Sans cause en nous ni hors de nous, sans point de départ et sans but à atteindre, ils *porteraient* absolument *à vide*. Encore faut-il, par une confiance raisonnable dans la valeur indiscutable des premiers principes, franchir d'un seul coup l'intervalle qui sépare le fini de l'Infini et s'élancer de l'un à l'autre sans prétendre y arriver par un chemin continu qui s'élèverait insensiblement jusqu'à Dieu. Ici nous touchons au cœur même de l'aristotélisme perfectionné qu'on nous donne comme le dernier mot de la métaphysique. Pour trouver

(1) Aristote, *Métaphysique*, Livre IV, chap. 4.

Dieu, nous dit en substance M. Ravaisson, partez du spectacle de ce monde. Les êtres, depuis le grain de sable jusqu'à l'homme, y sont manifestement rangés dans un ordre ascensionnel et dans une progression continue. Arrivé à l'homme, fermez les yeux, débarrassez-vous des images sensibles et même de ces formules générales comme les principes de contradiction, de causalité, de substance, etc., dont vous vous êtes servi pour réduire en sciences les faits que vous aviez recueillis. Tâchez de saisir, sans aucune préoccupation logique, ce qui se passe dans votre conscience. Vous vous sentez agir, voilà l'*idée de cause*. Non pas, remarquez-le bien, une notion générale de cause, mais l'intuition directe d'un être-cause. Être vraiment cause c'est donc vouloir. Mais pour vouloir quelque chose, il faut le trouver bon; un certain désir, une certaine tendance innée et primitive est donc une condition antérieure de tout acte de volonté. « Cependant le désir n'est pas encore le » fond de la conscience; lui-même il a un fond plus » reculé. Pour désirer il faut que, sans le savoir, on » se complaise par avance et se repose dans l'objet » de son désir; » de telle sorte que le désir se ramène à l'amour. Or, l'amour, ce n'est plus seulement, comme le désir, un mouvement de l'âme vers sa fin ou son bien; « c'est la réalité achevée, la perfection, la consommation du Principe uni à sa

Fin (1), identifié avec elle. Ce n'est plus un mode
c'est la substance même de l'âme (2). »

Il nous faut renoncer, je le sens, à pénétrer plus
avant dans ce nouveau spiritualisme. M. Ravaisson
n'a jamais écrit que pour les métaphysiciens de profession, et encore est-il juste de dire qu'il n'a nulle
part franchement exposé les résultats définitifs de
ses méditations, assurément très-sérieuses et très-
élevées. Bornons-nous à deux remarques qui suffi-
ront, je l'espère, à montrer aux lecteurs le fond de
cette doctrine en même temps que son faible.

Si c'est la conscience de notre activité volontaire
qui nous révèle l'idée de cause, n'est-il pas évident
que nous avons tort d'appliquer le principe de causalité d'une manière universelle à tout ce qui existe ?
De ce que nous nous sentons causes de nos déci-
sions, pouvons-nous conclure que *tout ce qui arrive
dans l'univers a une cause?* Evidemment non. Rien ne
nous autorise à étendre à la matière une perfection
que nous ne trouvons qu'en nous.

Autre difficulté, plus grave encore. Si, comme on
le dit, (un peu vaguement, je l'avoue, et avec des
ménagements de toute sorte,) si nous découvrons
l'idée de la *substance* dans l'acte même par lequel

(1) Les mejuscules sont dans le texte ; elles ont leur signi-
fication.

(2) *Revue des deux Mondes,* article cité, p. 220.

Dieu nous crée, et comme en nous sentant sortir
« du fond de l'éternel amour », n'est-il pas à craindre
que nous ne soyions que des substances imaginaires
et que l'univers entier ait encore moins que nous une
vraie substantialité? « Il n'y a de réalité véritable, »
nous dit-on, « que dans l'activité interne de l'esprit.
» On veut le réduire aux phénomènes, lui en inter-
» dire le fond intelligible, la substance. Et le fond,
» la substance, au contraire, c'est l'Esprit lui-même
» dont la nature *est de s'étendre et de se posséder.*
» Ce qu'il conçoit au-dessus et au-delà de la Nature,
» c'est ce qu'il voit en lui, et ce qu'il voit, c'est ce
» qui est lui-même (1). »

On pourrait tirer des différents ouvrages de M. Ravaisson vingt passages aussi étranges, aussi sus-
pects, aussi empreints d'un mysticisme outré et bien
voisin du panthéisme. Suspendons toutefois notre
jugement. Achevons notre étude en recueillant avec
attention les arrêts que va prononcer l'éminent critique sur les doctrines de ses contemporains; ne
formulons d'accusation grave qu'à la dernière extrémité et là encore, tout en nous confiant sans réserve
aux enseignements de la foi, efforçons-nous de concilier l'assurance d'un chrétien pleinement convaincu
avec la modération et la modestie que nous com-

(1) *Revue des Deux-mondes,* loc. cit.

mandent ici une intention évidemment droite et une incontestable supériorité d'esprit.

II.

A jove principium. Victor Cousin est assurément l'homme de ce siècle qui a imprimé aux études philosophiques en France, l'impulsion la plus puissante et la plus durable. On peut lire dans le *Rapport* une page consacrée toute entière à la simple énumération des travaux accomplis, soit par lui-même, soit par ses disciples sous la direction de leur maître. Ces ouvrages, la plupart d'histoire et de critique, attirent peu l'attention, encore moins les éloges, de notre austère critique. « A voir comment M. Ravais-» son parle de Victor Cousin, dit Vacherot (1), de » ses travaux, de ses idées et de son école, qui se » douterait du rôle extraordinaire, unique, joué par » le chef de l'éclectisme dans l'enfantement et le » développement de la philosophie contemporaine?» La raison de cette froideur un peu dédaigneuse est patente. M. Cousin a beaucoup insisté sur le côté absolu et impersonnel des idées communément appelées innées; il a constamment affirmé que la raison, comme faculté distincte des sens et de la conscience, est la manifestation directe de Dieu à

(1) *Revue des Deux-mondes*, t. 75, p. 251.

l'homme, « une véritable révélation de l'absolu. »
Nous l'avons vu, c'est précisément là ce que notre
auteur regarde comme « l'idéologie superficielle » du
« demi-spiritualisme. » S'arrêter aux idées de substance et de cause comme à des principes premiers,
d'une évidence immédiate et d'une valeur absolue ;
prononcer ensuite, à la lumière de ces premiers
principes, que les faits de conscience postulent nécessairement une substance qui les soutienne, une
cause qui les produise, c'est, suivant lui, prendre
les choses à rebours ; c'est remonter à la surface de
l'âme pour en étudier le fond ; c'est en sortir pour la
trouver.

Pour être juste, il faut reconnaître que M. Cousin
n'a pas dès l'abord exposé avec toute la précision
désirable l'ancienne dialectique de Platon, perfec-
tionnée par les métaphysiciens chrétiens. Appelé
bien jeune et après une préparation dérisoire, à la
principale chaire philosophique de France, ce lui fut
une nécessité de recommander la prudence et la circonspection. Il insista sur le danger des hautes
spéculations métaphysiques et recommanda l'observation, l'observation purement empirique et baco-
nienne, qui ne fait qu'additionner les faits et les
grouper. Seulement au lieu de prendre pour objet
d'étude Dieu ou la nature, il s'arrêta, toujours par
prudence, au sujet pensant. L'analyse qu'il en fit eut

beaucoup de succès, plus qu'elle n'en méritait, quoiqu'elle fut loin d'être sans mérite. Mais, comme l'a dit le plus remarquable de ses disciples, Jouffroy, toute la philosophie n'est pas dans l'étude de la perception, et il fallait « sortir de ce trou. » Un voyage en Allemagne vint fort à propos fournir des développements tout neufs à la fameuse théorie de la « raison impersonnelle. » Après avoir entendu Schelling et découvert Hégel, (car M. Cousin s'est vanté d'avoir deviné et prédit, le premier, la vogue extraordinaire de ce roi des sophistes), il passa très-habilement, grâce au sens équivoque du mot « raison impersonnelle, » de la réserve écossaise à toutes les audaces de la philosophie transcendentale. Aux applaudissements de deux mille élèves, il se laissa entraîner sur la pente de l'idéalisme jusqu'aux absurdités du panthéisme, pente facile et fleurie qu'il descendit en s'enivrant d'éloquence, plutôt que de raison, mais qu'il fallut bien remonter plus tard, péniblement et par mille détours, pour n'avoir pas l'air de se contredire.

Chose étonnante! notre savant critique ne dit absolument rien de cette laborieuse odyssée. Elle résume cependant tous les travaux de M. Cousin. Cette amère déception qu'il a éprouvée quand il a vu le vide des spéculations allemandes; cette courbe rentrante qu'il a décrite en revenant à l'étude de l'âme humaine où il a successivement retrouvé Dieu, la création, la Providence, l'immortalité, tous les dogmes de la religion naturelle, c'est le plus puissant enseignement qu'il nous ait laissé. Dieu, l'âme, la vie future seront dans tous les temps le grand souci de l'homme. On n'a pas dit ce qu'a pensé un philosophe, ce qui l'a obsédé, ce qui a mis en activité toutes les puissances de son âme, quand on a tu ses hésitations sur tous ces points. C'est évident.

Qu'on note après cela que le chef de l'éclectisme, grâce à une lecture sérieuse des œuvres de Maine de Biran, s'est aperçu enfin que l'âme se sent être ou exister; qu'elle atteint directement par le sens intime, non pas seulement des phénomènes internes, mais la réalité substantielle qui les produit. J'applaudirai à cette remarque, qui, certes, a son importance. Effectivement, jusque vers 1840, M. Cousin avait trop assimilé la science de l'âme humaine aux sciences physiques ou naturelles. Les sens externes ne nous font connaître que les qualités apparentes (phénoménales) des objets matériels, et c'est par le raisonnement que nous devons nous efforcer d'atteindre à ce qui en fait la réalité et la substance. L'âme, au contraire, se sent directement exister comme substance, comme énergie, comme cause permanente et identique de tous ses actes; il n'y a qu'un esprit superficiel pour s'imaginer que c'est réellement en vertu du raisonnement : je pense *donc j'existe*, que nous acquérons la certitude de notre existence. Cette certitude n'est pas une conclusion raisonnée, mais une intuition primitive, indestructible, inévitable. On ne reviendrait plus jamais *à soi* si par un inconcevable effort d'abstraction on pouvait un seul instant se séparer *de soi* : « Comment com- » prendre, » dit Jouffroy, « que des pensées que j'au- » rais sans penser que ce fut moi qui les eus j'en » vinsse jamais à moi. » Mais à mon tour, je le ferai remarquer : cette présence intime de l'âme à l'âme (et non pas seulement de la pensée à la pensée) n'est pas une pure et simple expérience. Dans l'affirma- tion que nous faisons de notre être et de notre sub- stance, nous employons déjà un principe inné que l'expérience éveille sans le donner de toute pièce, l'idée de la substance ou de la cause ou de l'être.

Je veux bien dire avec Maine de Biran : « Il faut » rayer de la psychologie cette proposition consa- » crée : L'âme ne nous est connue que par ses actes » et ses modifications. » Mais si, comme M. Ravais- son, on veut en quelque sorte *toucher* directement l'absolu par le sens intime et trouver, dans la con- science même, l'origine de la raison, on tombe alors dans un excès contraire. Le sens intime est un moyen de connaissance si personnel, le sujet et l'ob- jet y sont si complétement confondus, que je ne vois aucune possibilité d'arriver par lui seul à rien de nécessaire ni d'immuable. En un mot il faut absolument reconnaître, comme M. Cousin, trois sources générales de connaissances, trois sources primitives et irréductibles : les sens externes, la conscience et la raison. Cette dernière est tout aussi primitive que les deux autres et c'est elle qui nous met en relation avec Dieu.

Cette réserve faite, accordons à notre auteur que M. Cousin est encore tombé dans d'autres erreurs très-graves. La plus impardonnable, celle qui a vicié toutes ses leçons d'histoire et froissé pendant quarante ans toutes les consciences catholiques ou seulement chrétiennes, c'est cette malheureuse division de tous les systèmes philosophiques en quatre grandes classes : Sensualisme, Idéalisme, Scepticisme, Mysticisme. C'est un défi jeté à toutes les âmes religieuses, à tous les disciples d'une révélation, quelle qu'elle soit. En voici le sens. Dès qu'un esprit sérieux se met à la recherche de la vérité, il hésite incertain entre l'idéalisme et le sensualisme, c'est-à-dire entre la raison et l'expérience. Est-il parvenu à comprendre, après bien des déceptions, que ni l'un ni l'autre de ces systèmes ne peut lui donner ce qu'il cherche, c'est le moment décisif; une crise va se déclarer dans cette âme inquiète. Bien des routes s'ouvrent devant elle. Une seule mène au

vrai, mais elle est longue et pénible. Il faut des forces et du courage pour la suivre jusqu'au bout, pour
analyser patiemment la pensée, pour la décomposer
dans ses éléments, moitié sensibles, moitié rationnels ; mais cela fait, on voit les grandes directions
se rapprocher puis se réjoindre ; tous les systèmes
rivaux se confondre en une synthèse harmonieuse.
On est *éclectique*, on est sauvé ; on est au centre de
la vérité, également éloigné de tous les extrèmes et
de toutes les erreurs. Quant à ceux qui ne suivent
pas docilement M. Cousin, voici où ils vont se
perdre.

Quelques puissants génies, quelques géants,
comme Plotin, Spinosa, Hégel, démesurément lancés
vers l'absolu, s'acharnent à rester *idéalistes* quand
même, et meurent dans le vide, à une hauteur qui
les sauve des insultes vulgaires. Quelques savants
naturalistes se résignent, sans trop le savoir, à un
sensualisme indigne d'eux, partagé qu'il est par les
plus abjects représentants de la nature humaine.
Enfin quelques très-rares esprits, d'une subtilité
malheureuse puisqu'elle les rend trop exigeants,
tirent de l'antagonisme des systèmes des conclusions
sceptiques. Le reste des hommes, et c'est la foule,
est *mystique*. Dans cette foule, il faut distinguer deux
sortes de gens. La foule proprement dite, « les
masses, » qui croient à la révélation sans se deman-

der pourquoi ; puis bon nombre d'esprits cultivés
que ni le sensualisme, ni le spiritualisme, ni même,
chose singulière, l'éclectisme n'ont pu satisfaire.
Un moment, peut-être, ils hésitent, comme Pascal,
sur le bord de l'abîme du scepticisme ; mais le suicide leur semble une lâcheté. Elles se rejettent vio-
lemment en arrière et tombent dans les bras de la
foi. Les voilà bien punies d'avoir repoussé ceux que
leur tendait M. Cousin !

Je le demande, cette prétention et cette morgue
ne sont-elles pas insupportables dans la patrie de
Descartes et de Bossuet ! Mais il est notoire que
l'université de France depuis son rétablissement, au
commencement de ce siècle, s'est crue obligée de
marcher tout au moins l'égale de l'Église. Elle a
enseigné, en moins de cinquante ans, tous les systèmes imaginables et toujours avec le même aplomb
vis-à-vis de la foi. Ne conviendrait-il pas de se reconnaître faillible quand on est si changeant ? Voyez,
d'ailleurs, à quelles pauvretés on se condamne
quand on est si dédaigneux.

Devenu sage à ses dépens, après la décevante
campagne allemande, M. Cousin se défia de plus en
plus des hautes spéculations métaphysiques. D'un
autre côté, il avait l'esprit trop bien fait et trop
d'érudition philosophique, pour s'arrêter à des solutions ou sceptiques ou abjectes. Si, en ce moment

où la crise se déclarait pour lui, il eût tout-à-coup
avoué ce qu'il voyait si bien, que l'esprit de l'homme
est borné, qu'il ne peut répondre que quelques mots
aux innombrables questions qu'il se pose; qu'il y a
dans notre âme une soif de vérité et une soif de justice que la philosophie, laissée à elle-même, est
impuissante à satisfaire; si enfin il eût solennellement déclaré avec « son maître, » Maine de Biran,
que la métaphysique conduit naturellement à la foi,
et, qu'en ce sens, le mysticisme est éminemment
raisonnable; quel vaste champ d'études s'ouvrait
devant lui! Comme son enseignement eût grandi!
Mais non, revenu de ses illusions, dépouillé de ses
fausses richesses, il se drapa dans une indigence
orgueilleuse : «En dernier lieu, sa doctrine se ré-
» duisait à des généralités, formant une sorte d'in-
» troduction à cette partie de la psychologie qui
» traite de l'origine des idées....

» L'éclectisme en même temps se tenait à l'écart,
» non sans quelque sécheresse scolastique, *des*
» *choses de l'âme et du cœur*... En recommandant
» l'accord de la philosophie et de la religion,...
» c'était le plus souvent à la religion qu'il paraissait
» adresser les qualifications défavorables par les-
» quelles il caractérisait le mysticisme....

» Après avoir gagné une grande partie des intelli-
» gences d'élite, il se trouvait ne satisfaire ni les

» esprits scientifiques ni les âmes religieuses. Long-
» temps, dans ces termes à la fois généraux et figu-
» rés dont il aimait à se servir, on avait cru trouver
» de quoi répondre aux principales questions de la
» philosophie. On s'apercevait à la fin, que ces
» termes le plus souvent ne contenaient point ce
» qu'on eût voulu savoir... Par toutes ces causes
» diverses et d'autres encore, l'éclectisme, dans ces
» dernières années, quoique encore en possession
» presque partout de l'enseignement public, avait
» beaucoup perdu de son crédit et de son in-
» fluence (1). »

Jugement sévère, mais juste, que la postérité ra-
tifiera.

Plus coupable que M. Cousin, *Lamennais* rejeta les
enseignements de la foi après les avoir mieux connus. Le fit-il par conviction et avec certitude d'avoir
découvert une doctrine plus satisfaisante? Qu'on en
juge. Traditionaliste d'abord, c'est-à-dire sceptique
en philosophie, il devint bientôt idéaliste, c'est-à-
dire présomptueux à l'excès, et même panthéiste,
dans son *Esquisse d'une philosophie;* puis, le bon
sens français le tourmentant, il écrivit, dans les derniers livres de cet ouvrage, que l'acte créateur est
libre et que les êtres finis sont substantiellement

(1) *Rapport,* p. 30, 31, 32.

distincts de Dieu. Encore une courbe rentrante trop cauteleusement décrite et qui, sans doute, se fût achevée, si le cœur n'avait ses raisons que l'esprit ne connaît pas!

Paix à ces illustres morts! Nous n'avons pas le temps de méditer ces graves leçons. Pour marcher plus vite, efforçons-nous de mettre de l'ordre dans le pêle-mêle où l'auteur a trop négligemment groupé ses confrères en philosophie. Et d'abord écartons beaucoup de noms. Saint-Simon, Fourier, Proudhon, P. Leroux, etc. etc. ne doivent pas figurer dans une galerie de penseurs. Discuter avec eux c'est de la part de M. Ravaisson une condescendance, sinon un caprice, de grand seigneur. Jean Reynaud n'est lui-même qu'un métaphysicien très-équivoque. Son li·vre *Terre et Ciel* dont les gazettes ont beaucoup parlé, que Vacherot ose nommer «un beau livre» et que le concile de Périgueux a bien voulu solennellement condamner en 1857, s'adresse à la foule plutôt qu'aux hommes d'étude, à l'imagination plutôt qu'à la raison, et, pour tout dire, aux femmes plutôt qu'aux hommes. Mais il y a dans cet ouvrage une idée chère à M. Ravaisson qui, comme on vient de le voir, n'aime pas qu'on oublie « les choses du cœur.» Cette idée, « qui semble devoir durer » c'est que «l'âme humaine, disons mieux, toute âme est en » marche, en progrès, et, à partir des plus téné-

» breuses profondeurs de l'existence embryonnaire,
» va toujours, en dépit de mille dérivations acci-
» dentelles, se rapprochant de Dieu.... «*Toute créa-*
» *ture soupire vers le Seigneur.*» Et s'il est vrai,
» comme on l'a dit encore, que « *c'est l'esprit même*
» *du Seigneur qui prie en nous avec des gémissements*
» *ineffables,*» peut-il y avoir un soupir vers le Sei-
» gneur qui, tôt ou tard, ne soit exaucé (1)?» — Passent les hérésies!... Mais le panthéisme?... Rappe-
lons-nous que le fond de toute chose, c'est l'Esprit
dont la nature est de s'étendre et de se posséder.»
Et toutefois attendons.

Positivisme et Matérialisme, — Idéalisme et Criticisme, — Spiritualisme, telles sont les trois grandes divisions dans lesquelles on peut ranger les
philosophes français contemporains. Il faut nommer
aussi quelques célébrités savantes que des vues
larges ou élevées ont entraînées sur le terrain de la
métaphysique.

A. C'est une curieuse et instructive étude que
celle du Positivisme. *Auguste Comte* en formula les
principes et l'exposa en entier dans un volumineux
Cours de philosophie positive, qui parut de 1830 à
1842. Dégageons en nettement l'idée fondamentale.
Nous verrons pourquoi ce système, essentiellement

____

(1) *Rapport,* p. 49.

négatif, ne contenta jamais personne, pas même son inventeur.

« La science positive se borne à constater quels
» sont les faits sensibles qui précèdent, suivent ou
» accompagnent les faits sensibles, quelles sont les
» relations qu'ils ont les uns avec les autres dans
» l'espace et dans le temps (1).»

Cette définition me semble heureuse, adoptons-là.
Il s'ensuit que, d'après les positivistes, il faut bannir de la science non-seulement Dieu, mais même tout être, toute qualité et tout rapport, qui ne tombent pas directement sous le sens.

Recueillez avec soin des observations; réunissez ensemble toutes celles qui se présentent dans les mêmes circonstances; considérez ensuite ce qui se trouve être semblable dans toutes ces expériences; il en sortira une loi générale, une formule : dressez ainsi successivement le tableau de toutes les lois et de toutes les formules des sciences particulières; cette vaste nomenclature achevée, traitez ces lois comme des faits qu'il faut encore généraliser, dont il faut degager des rapports de plus en plus généraux. Surtout prenez garde de ne rien affirmer de la *nature* des objets sensibles sur lesquels ont porté vos premières observations; ne prononcez jamais le

(1) *Rapport*, p. 53.

mot de matière ni d'esprit : ces mots n'exprimant pas un rapport, n'ont aucun sens. Ce sont comme la *substance*, la *cause*, le *but*, des entités logiques imaginées après coup pour *expliquer les faits*. Expliquer les faits, c'est-à-cire les dépasser! vaine prétention d'un temps où l'on se flattait naïvement de connaître ce que sont les choses *en elles-mêmes* alors qu'il est démontré qu'un objet particulier ne peut nous manifester que *ses caractères extérieurs*, et que la pensée de l'homme ne peut que comparer ces manifestations entre elles. La «vraie science» la science positive, s'est tout entière renfermée dans ces étroites limites. D'après Auguste Comte, les matérialistes eux-mêmes sont des « esprits anti-scientifiques.» Ils s'obstinent à poser la question de l'origine des choses, quesfion qui dépasse évidemment l'expérience, et pour la résoudre, ils imaginent l'*atome* qui n'est qu'un ensemble équivoque de quelques rapports abstraits, greffés sur une idée purement logique, la substance.

Tant que le chef de cette école, mathématicien assez distingué, se borna à étudier le monde inorganique, il ne vit pas combien ses vues étaient incomplètes; les mathématiques rendent admirablement raison de cette portion inférieure du monde, dans les limites du temps et de l'espace. Mais lorsque, dans les derniers volumes de son *Cours*, il se trouva en présence de la vie, il avoua franchement qu'il fallait désormais expliquer, non plus le tout par les détails, mais les détails par l'ensemble. Or, l'ensemble dans un être organique, est évidemment une idée; il le reconnut encore et proclama que c'est dans l'unité à laquelle tout concourt, en d'autres termes dans le *but*, dans la fin, dans la *cause finale*, qu'il faut chercher le secret de l'organisme. Stuart Mill, en Angleterre, reprochait à son maître d'être devenu infidèle à ses principes. Le 16 juillet 1848, Auguste Comte lui répondit en substance : si vous ne me suivez pas dans la nouvelle voie où je m'engage c'est que, très-savant physicien, vous êtes peu versé dans les sciences de la vie. — Il arriva ainsi peu-à-peu à concevoir clairement, qu'à mesure qu'on s'élève dans l'échelle des êtres, il faut considérer les inférieurs, non comme la cause totale et suffisante des supérieurs, mais comme leur matière, en quelque sorte, et comme la condition de leur existence, condition indispensable et absolument nécessaire, mais évidemment impuissante à les produire tout entiers. Les mathématiques n'expliquent pas toute seules la physique, ni celle-ci la chimie, ni la chimie la biologie, ni la biologie la sociologie. (Sous ce dernier nom un peu barbare, Auguste Comte désignait la science de l'homme comme être moral et social). Mais si c'est folie d'expliquer,

comme fait le matérialiste, le supérieur par l'inférieur, d'où vient le supérieur et comment s'opère
cette progression? Si sa cause n'est pas en bas; s'il
est absurde de dire que sur notre globe, nébuleuse
peu-à-peu refroidie, la vie, la sensibilité, la pensée
se sont produites mécaniquement, qui donc les a
produites? Ici, après tant d'inconséquences, cet
esprit ondoyant reprend une rigidité inexplicable.
Parvenu à la vieillesse, il répète avec entêtement
que la science n'a pas à s'occuper de questions
d'origine. Lui qui a si profondément compris que la
vertu et la charité sont la fin de toutes choses; lui
qui lit assidûment l'Imitation de Jésus-Christ, il
s'arrête à ce *fait* que la morale s'impose à l'homme;
que l'homme a des devoirs envers ses semblables,
que sa loi suprême est de les aimer. Il se fait l'apôtre d'une religion, toute de dévoûment, qu'il nomme
l'*Altruisme*. Et comme il sent qu'il faut au cœur de
l'homme un Dieu, il élève des autels à l'Humanité.
On peut voir dans le *Catéchisme positiviste*, publié en
1852, ce qui fait le fond de ce culte. Je n'en pourrais
rien dire sans tomber dans la plaisanterie. En dépit
du parti pris le plus décidé, la réflexion avait forcé
cet homme à s'occuper du *pourquoi* et du *comment*.
Quand elle l'eut conduit malgré lui jusqu'à la première cause, jusqu'au dernier pourquoi, il s'arrêta
en déclarant que la morale et la religion sont à elles-

mêmes leur propre cause, leur propre fin et, pour se donner le change, il adora une trinité composée du « grand Être, » (l'Humanité), du « grand Milieu, » (l'Espace) et du «grand Fétiche» (la Terre). Tout cela de peur d'adorer Dieu!

Des disciples de Comte, les uns sont tombés dans le matérialisme, comme M. *Littré* qui, tout en professant un parfait désintéressement entre le matérialisme et le spiritualisme, a cependant donné, avec M. Robin, cette fameuse édition du «Dictionnaire de médecine de Nysten» où la balance n'est assurément pas tenue égale entre les deux systèmes. Il faut du reste une singulière audace pour se dire purement positiviste quand, dans la préface d'un livre dont l'auteur se déclare «franchement matérialiste», on a écrit en toutes lettres que l'on veut en quelques pages «soutenir ce que le livre soutient, combattre ce que le livre combat (1).»

Les autres, tout en voulant lui rester fidèles, approfondirent ce système sans corps, purement négatif, vrai protestantisme philosophique; ils en firent logiquement découler le scepticisme, et le scepticisme le plus radical. En effet, si l'expérience doit seule tout expliquer, on n'est jamais fondé à déduire logiquement une connaissance d'une autre, et la

(1) Voy. l'ouvrage de M. Leblais : *Matérialisme et spiritualisme*. Paris 1865.

vraie science ne peut être qu'une suite de pensées rangées dans un ordre de concomitance et de succession, ordre conforme à celui que l'on a observé dans la nature. C'est la suppression de la raison au profit de la mémoire purement sensible. *Stuart Mill* a exposé cette théorie superficielle qu'il a nommée la logique positive. Il va jusqu'à soutenir que, dans d'autres planètes, on a peut-être inventé une autre géométrie et une autre logique. Nous voyons cependant nos physiciens et nos astronomes devancer à chaque instant l'expérience. D'où vient que la réalité se plie à leurs calculs? Mais avec qui allais-je discuter?... Eh! que me servirait-il de prouver apodictiquement, tous mes dires? A bout de sa logique terrestre, Stuart Mill n'aurait-il pas toujours à son service quelque raison d'un autre monde?

B. A côté de ces systèmes si ondoyants, si timides ou si radicalement faux, qu'ils se dérobent à la critique, ou restent au dessous de la raison, il existe une école, plus ferme dans ses principes, et plus digne de l'attention du philosophe. Ce n'est pas que ses adeptes se prononcent toujours bien clairement. *M. Renan*, par exemple, est souverainement l'homme aux nuances et aux points d'interrogation. Mais du moins il tient compte de l'idée et ne se contente pas de l'explication puérile qu'en donnent les positivistes. C'est le représentant le plus connu, quoique le moins métaphysicien, d'une doctrine qui aime à se nommer *philosophie critique*. Kant est le père commun de tous ces esprits pénétrants, subtils, laborieux et assez souvent dédaigneux, qui pourtant ne sont guère arrivés à des résultats capables de les satisfaire, ni de justifier leur morgue aristocratique.

M. Renan étudia d'abord la théologie. Des doutes lui vinrent, qu'il résuma d'un mot en disant qu'il ne pouvait « croire au miracle.» Preuve manifeste que dès-lors il ne croyait plus à Dieu. Mais, nous allons le voir, cela ne se dit jamais que de biais dans cette école. On s'y respecte tant! Après mille détours, beaucoup trop capricieux pour être d'un philosophe, il se reposa dans une sorte de scepticisme, à l'endroit des principes rationnels, qui le rapproche singulièrement des positivistes. Pourtant, il n'a jamais pu croire, et il ne croit pas encore, tout épris qu'il soit de Darwin, que l'ordre et le progrès ascendant de l'univers, depuis les minéraux jusqu'au monde intelligible et moral, n'ait point de cause, comme le soutient sottement le matérialisme. Mais que sera cette cause? « Le temps » a-t-il dit un jour, «fut l'agent par excellence. » Eh! que peut le temps pour réaliser l'absurde? Dans une lettre à Berthelot sur l'*Avenir de la science et de la métaphy sique* (1), il donne pour cause au progrès « l'i-

(1) *Revue des Deux-Mondes*, 15 octobre 1865.

» déal. » Mais que peut être cet idéal sinon une simple pensée de notre esprit ou la Raison divine elle-même, ou bien encore une raison panthéistique, immanente à l'univers? M. Renan hésite entre ces trois réponses, car il écrit d'abord : « L'organe fait » le besoin, mais il est aussi le résultat du besoin. » En tout cas, le besoin lui-même, qu'est-il sinon » cette *conscience divine* qui se trahit dans l'instinct » de l'animal, dans les tendances innées ae l'homme, » dans les dictées de la conscience, dans cette har- » monie suprême qui fait que tout est plein de » nombre, de poids et de mesure? — C'est donc du réel que l'idéal? Point du tout. « Ne nions pas qu'il y » ait des sciences de l'éternel et de l'immuable; » mais mettons les bien nettement hors de toute » réalité.» Conclusion : tout dépend d'une cause qui n'a rien de réel.

Au fond, on est sceptique et subjugué par Kant; mais on est plus prudent parce qu'on se sent moins fort.

Bien plus correcte et bien plus nette est la pensée de M. *Renouvier*. Dans ses « *Essais de critique gé- nérale*», publiés en quatre volumes considérables de 1854 à 1864, il analyse sérieusement la connaissance. Comme l'auteur de la « Critique de la Raison pure » il commet la faute impardonnable de supposer, sans le prouver le moins du monde, qu'il n'y a de réalité

directement perçue, «donnée en intuition,» disait
Kant, que les phénomènes sensibles. Mais il est loin
d'admettre le sensualisme de certains positivistes.
Dans la sensation qui nous *représente* tel objet sensible il y a, dit-il, des éléments que l'objet n'y a pu
mettre. (Aristote, nous l'avons vu, savait déjà cela.)
De plus, en prenant conscience de cette sensation,
nous y introduisons encore nécessairement d'autres
formes ou *conditions subjectives*. De cette critique,
M. Renouvier conclut la fausseté du matérialisme et
de l'idéalisme : Le premier de ces systèmes prend
pour base de toute réalité une apparence en grande
partie imaginaire ; le second veut construire la réalité à l'aide de l'autre élément de la connaissance,
l'élément purement rationnel ou subjectif, lequel,
séparé de l'impression extérieure, sensible, s'évanouit comme le second terme d'un rapport après la
suppression du premier terme. — On voit qu'il y a
beaucoup de vrai dans ces remarques. Le matérialisme ne répondra jamais à l'objection qui lui est ici
faite et c'est pour cela qu'il est permis de dire que
la théorie atomistique du mécanisme universel, vu
le progrès de la philosophie, ne doit plus être admise
aux honneurs de la discussion. Relativement à
l'idéalisme, il faut prendre garde et parler prudem-
ment. Si, comme le prétend M. Renouvier, notre
raison n'était qu'un ensemble de lois uniquement

destinées à créer une forme intelligible pour chaque représentation sensible, puis à établir des rapports entre ces diverses représentations, il n'y aurait pas plus de fond à faire sur la logique que sur les atomes. Toute connaissance et toute science deviendraient quelque chose d'intermédiaire entre le vrai et le faux : comme le son, comme la couleur, comme la saveur, l'idée de l'être, les principes de contradiction, de causalité, etc., seraient en grande partie fantastiques. C'est là un scepticisme sans remède : en y voulant échapper par la réflexion on ne peut que s'y enfoncer de plus en plus. L'idée, dans cette hypothèse, n'étant originairement qu'un rapport, le produit mixte de deux facteurs, comme Aristote l'a si bien dit de la sensation, plus on pense, plus on s'éloigne de la réalité. On ne fait qu'ajouter sans cesse, à l'illusion première, des apparences et des formules de plus en plus trompeuses. Donc, et la conclusion est manifeste, sous peine de scepticisme, il faut nécessairement dire que la raison peut atteindre au vrai en soi, à l'absolu. Mais comment et dans quelles limites ?

M. *Vacherot*, on le sait, a cru pouvoir le dire.

L'un des premiers disciples de M. Cousin, il ne tarda pas à s'émanciper, et montra de bonne heure cette âpre indépendance de pensée, bien voisine de la complète anarchie et de la confusion universelle que le P. Gratry lui reprocha si vivement, dans une *Lettre* fameuse (1), restée sans réponse pour la science, sinon pour les journaux. L'*Histoire de l'école d'Alexandrie* couronnée par l'Institut, retravaillée ensuite et agrandie *con amore* fut, dans cette *Lettre*, convaincue d'erreur en deux points excessivement graves, l'auteur n'ayant pu attribuer au néo-platonisme la paternité de certains dogmes chrétiens qu'aux dures conditions de défigurer les textes et d'appeler à son secours la logique hégélienne. On vit alors M. Vacherot remplacer par un carton une page de son troisième volume plus malheureuse que toutes les autres. Mais le P. Gratry avait déjà pris ses précautions, comme il nous l'apprend lui-même(2); il n'a pas à craindre de passer pour un faussaire dans les siècles à venir.

Rarement il arrive qu'une défaite de ce genre convertisse le vaincu. M. Vacherot dut donner sa démission de directeur de l'école normale, mais il n'abdiqua pas ses principes, c'est-à-dire ses doutes en matière de logique aussi bien que de religion. Il semble même n'avoir tiré de cette lutte, terminée en 1851,

(1) *Une étude sur la sophistique contemporaine*, lettre à M. Vacherot.

(2) « Depuis que j'ai imprimé de mon côté cette page afin de la conserver précieusement, M. Vacherot l'a fait disparaître dans beaucoup d'exemplaires... » Gratry, *op. citato*, 4e édition, Paris 1863, p. 199.

qu'une sorte de mépris pour les philosophes ortho-
doxes, qu'il n'appelle jamais que « théologiens, » et
plus d'éloignement, si c'est possible, pour le christianisme. Son dernier ouvrage, *La Religion* (1), a
exclusivement pour but de démontrer que la foi
chrétienne, malgré la vitalité énergique qu'elle a
reprise depuis la révolution française, marche cependant vers une ruine inévitable, voire même assez
prochaine. Le livre est déplorable à tous égards ; ce
n'est pas l'œuvre d'un métaphysicien, mais une sorte
de revue critique où diverses productions, moitié
littéraires, moitié religieuses, sont successivement
appréciées par un juge dont les convictions sont
faites depuis longtemps. J'ai vu là mille pensées vulgaires, mille affirmations incroyables, celle-ci entre
autres : si, dans nos villes, nos savetiers et nos
tailleurs ont moins de religion que les ouvriers de
la campagne, c'est que leur travail, plus sédentaire,
les empêche moins de réfléchir.

En métaphysique, après avoir retourné dans tous
les sens, examiné sous toutes ses faces, le grand
problème de la connaissance, M. Vacherot est arrivé,
sinon à résoudre, du moins à résumer en une seule
antithèse, les oppositions et les contradictions qui
ont tourmenté de bonne heure sa pensée. On connait

(1) Paris 1869, in-8o.

la formule Dieu *existe* comme infini il n'est que *conçu* comme parfait. Nous n'avons pas à y revenir.

Quand, à soixante ans, après une vie de recherches ardues, on n'est arrivé qu'à un athéisme si peu satisfaisant, ne devrait-on pas, tout au moins, se résigner à douter encore? Je conçois qu'un esprit pénétrant, subtil à l'excès, très peu instruit des enseignements chrétiens dans son enfance (1), atteint dès sa jeunesse par la contagion des idées hégéliennes, alors dans toute leur gloire; je comprends qu'un tel esprit trouve mille difficultés, mille obscurités, dans la métaphysique de Platon, d'Aristote, de Descartes, de Bossuet. Je conçois encore qu'il expose ses doutes et qu'il les défende avec chaleur dans un ouvrage comme *La métaphysique et la science*, exclusivement destiné aux métaphysiciens de profession. Même quand on n'a pas pris le parti le plus sûr, la foi, il y a certaine gloire et certain charme à explorer ces abîmes... Mais, qu'au sortir de ces méditations inquiètes, où le doute appelle le doute; quand on a tout ébranlé et tout nié, même Dieu, même la logique, on prenne tout-à-coup l'air assuré d'un oracle et le zèle d'un apôtre pour crier, non plus aux philosophes, mais à la foule : le christianisme s'en va, je le vois, je le sais ! — C'est pour moi un mystère étrange...

(1) C'est ce que M. Vacherot raconte lui-même. Voyez *La Religion*, p. 231, 232, 233.

A moins que cette assurance ne soit de parade et cette audace un reste de peur.

C. Aux vagues négations du positivisme, aux pauvretés du matérialisme, aux subtilités sophistiques du criticisme, des esprits nets, des professeurs distingués, formés la plupart à l'ecole de M. Cousin, ont opposé, avec un succès qui va croissant, les vérités qui se présentent à toutes les époques de l'histoire comme le fond même de la raison, ce que Leibnitz appelait la philosophie vivace, impérissable, *perennis philosophia*. M. *Caro* a combattu toutes les fausses méthodes contemporaines dans son ouvrage : *L'idée de Dieu et ses nouveaux critiques*. Plus récemment encore, en 1868 (1), il s'est appesanti sur les inconséquences où tombent les matérialistes et même les positivistes. Il leur oppose une école plus sage, l'école expérimentale, dont le représentant le plus illustre est M. Claude Bernard. Tout en affirmant que la vie, pour un physiologiste, doit être ramenée aux lois fixes qui gouvernent les éléments organiques aussi invariablement que la matière brute, Claude Bernard fait cependant ses réserves sur les questions d'origine ; il déclare frivole l'opinion matérialiste qui prétend créer l'organisme par les seules lois physico-chimiques, et proclame, à l'encontre des positi-

(1) Dans l'ouvrage qui a pour titre : *La matérialisme et la science*.

vistes, la nécessité de recourir au principe de finalité et à une cause intelligente pour expliquer la *production* de l'être vivant.

M. *Janet* a aussi combattu vigoureusement le matérialisme par un livre court mais substantiel : *Le matérialisme contemporain*. Mais ni M. Caro. ni M. Janet, ni M. Th. Henri-Martin, ni M. Bouillier, ni aucun de ceux qui défendent victorieusement le spiritualisme contre les prétentions exagérées des sciences naturelles, ne doivent nous faire oublier les travaux bien plus vastes et bien autrement remarquables du P. *Gratry*. Grâce à l'hypothèse grandiose de l'«Esprit» descendant par degrés continus jusqu'à la vie de la plante et jusqu'aux dernières forces du monde inorganique, M. Ravaisson a pu trouver chez tous les philosophes, et même chez tous les grands naturalistes de l'époque, quelques tendances et quelques aspirations vers les doctrines spiritualistes. Quoiqu'ils disent, et quelques carrées que soient leurs négations, ne sont-ils pas tous forcés de recourir à des lois pour construire leur système? Or, la loi c'est évidemment le côté intelligible des choses et, pour notre savant critique, l'intelligible c'est l'Esprit descendu dans la matière. Le moyen, après cela, d'échapper au spiritualisme? Qu'avec Taine, on se moque de la métaphysique, ou, qu'avec Vulpian, on se renferme à son égard dans le silence le plus significatif, on peut compter sur les sympathies de M. Ravaisson pourvu que l'on croie au « progrès ». « La loi du progrès », ou « du développement » c'est, pour lui, l'essence du spiritualisme. Toutes les exigences, toutes les rigueurs de sa critique sont pour les métaphysiciens de profession, et spécialement pour ceux qui ont le moins besoin d'indulgence. M. Beaussire appelle cela du « libéralisme » (1). Soit ; mais avant tout il faudrait être juste.

Après M. Cousin, personne n'a été aussi sévèrement jugé que le P. Gratry. L'illustre oratorien a reproché à M. Vacherot ses faiblesses étranges pour la doctrine hégélienne de l'identité universelle : « Il » s'en faut de beaucoup, » répond M. Ravaisson, « qu'on puisse considérer comme identiques la phi- » losophie de M. Vacherot et celle de Hégel. Aussi » ne voyons-nous pas que M. Vacherot invoque nulle » part, ni qu'il mette en usage la maxime hégélienne » de l'identité des opposés (2). » Certes, M. Vacherot n'est pas de tout point hégélien ; il est lui-même ; il est et restera toujours, je l'espère, absolument seul de son avis. Nulle part que je sache, le P. Gratry n'en a voulu faire un disciple soumis du célèbre sophiste de Berlin. Il l'a accusé d'avoir osé écrire en parlant d'Hégel, de sa doctrine

(1) *Revue des cours littéraires*, n. 24, p. 382. Année 1868.
(2) *Rapports*, p. 130.

de *l'absolu* et du *principe de l'identité* : « Cette doc-
» trine de la connaissance nous semble la vraie solu-
» tion du problème de la vérité» et vingt autres dé-
clarations aussi compromettantes. Il l'a convaincu
d'hégélianisme pratique en reproduisant des pages
entières de l'*Histoire de l'Ecole d'Alexandrie;* pages
qui parfois n'ont plus aucun sens, tant on y fait peu
de cas de la logique. On sait l'issue de ces débats, et
ce qu'est devenue l'une de ces pages. Que plus tard,
dans un grand ouvrage *ad hoc, La Métaphysique et la
Science,* M. Vacherot ait pris soin de marquer avec
précision les points où il entendait se séparer de
Hégel, cela démontre-t-il qu'il y ait eu de l'injustice
dans les accusations lancées contre lui, dans le
temps que ses opinions n'avaient pas encore trouvé
leur expression rigoureuse, leur forme définitive?
Qu'est ce d'ailleurs que cette forme nouvelle, sinon
une dissimulation plus ou moins habile de ce que
l'hégélianisme a de plus repoussant? M. Vacherot ne
dit-il pas, tout comme Hégel, qu'il ne peut y avoir
qu'une seule substance et, qu'au fond tout ce qui est
réel est un : « La *raison* ne peut *concevoir* l'Etre uni-
» versel comme substantiellement distinct des indi-
» vidus qui y sont compris. Donc la métaphysique a
» le droit de dire, avec une parfaite rigueur que la
» Nature, que l'Humanité, que toute forme indivi-
» duelle de la vie universelle est l'Etre en soi, l'Être

» absolu à un moment donné, à un certain degré de
» son infinie activité (1).» Qu'après cela on écrive
dans le même ouvrage : «Vous comprenez le *crime*
du panthéisme!»; ou qu'on réponde au P. Gratry :
« Grâce à Dieu les athées sont rares!» que peuvent
valoir ces protestations? Prendre en pitié, comme
M. Vacherot le fait depuis quarante ans, la théologie
de Platon, de Descartes, de Leibnitz, de tous ceux
qui ont cru à l'existence d'un Dieu personnel et
repousser en même temps, comme deux sanglants
outrages, les accusations de panthéisme et d'a-
théisme, n'est-ce pas se mettre en dehors du sens
commun et de la logique ordinaire?

Autre reproche. Dans la lettre éloquente où il a
déclaré vouloir « extirper par le fer» la gangrène du
sophisme qui gagnait peu à peu le bon sens français,
Gratry a rappelé que, deux mille ans avant Hégel, Gorgias et Protagoras avaient nié le principe de contradiction. «Malgré ce que la méthode de Hégel peut
» avoir *soit en apparence, soit même en réalité,* de so-
» phistique,» répond sentencieusement M. Ravaisson, «il est difficile de confondre la doctrine mo-
» derne, où tout se réduit à la pensée, avec l'antique
» sensualisme de Protagoras et de Gorgias. » Eh!
qu'importe d'où les sophistes tirent leurs absurdités?

(1) Vacherot, *La métaphysique et la science,* t. III, p. 326,
seconde édition. Paris 1863.

Est-il toujours nécessaire de renverser tout un système pour faire justice d'un paradoxe? Quand, après un long travail fait à rebours, un philosophe arrive à se résumer dans une proposition contradictoire, on peut s'enfoncer dans les chemins ténébreux qu'il a suivis et chercher à se rendre compte de la déviation croissante de sa pensée; mais on a bien aussi le droit d'opposer directement à ses conclusions les arrêts du bon sens, renforcés des anathèmes d'Aristote et des sifflets de Socrate.

Mais voici qui est plus grave encore. On sait que Gratry, dans tous ses ouvrages, s'est appliqué à montrer la nécessité de l'induction et la stérilité de la déduction logique, privée de l'induction. La déduction, dit-il en substance, ne va que du même au même; elle ne peut que décomposer nos pensées dans leurs éléments, en sorte qu'elle est manifestement impuissante à rattacher à Dieu un esprit qui s'en est d'abord radicalement séparé. M. Ravaisson exagère et fausse ces idées assurément très-justes : « Pour ce qui concerne le rapport que le savant au-
» teur établit entre *le système de l'identité universelle*
» et la méthode déductive, peut-être y a-t-il lieu de
» faire remarquer que si la déduction consiste effec-
» tivement, en tirant les conséquences d'une notion,
» à développer ce qu'elle renferme... il ne résulte pas
» de là que *toutes les notions qui servent de principes*

thématique n'est point l'Infini véritable, Dieu. En ce
sens il m'a toujours semblé que le P. Gratry dépas-
sait la vérité en disant que le procédé infinitésimal
est *identique* à celui des philosophes et des théologiens. Les mathématiciens ne conçoivent et n'em-
ployent qu'un infini purement négatif, *une grandeur*,
comme ils disent, *ou une quantité plus petite ou plus
grande que tout ce qu'on peut imaginer*. Tout le positif de cette notion est, déjà pour eux, dans la représentation du nombre et de l'espace. Ils ne sortent
pas de ces données, en introduisant dans leurs calculs un infini quelconque ; car, dès le premier instant, ils ont considéré ces données comme indéter-
minées et indéfinies. Au contraire, en métaphysique,
il faut démontrer l'existence d'une nature radicalement distincte de tout être fini, et qui n'est pas du
tout accordée par hypothèse. Qui oserait dire que
l'intelligence de l'homme postule aussi nécessairement l'existence d'une Intelligence parfaite, que le
concept mathématique de l'espace suppose la divisibilité à l'infini ?

Mais à côté de cette exagération, il y a dans la
conception du P. Gratry des vues profondes et admirables. Tel qui l'a critiqué amèrement, Saisset,
par exemple, est, à mon sens, beaucoup plus loin
que lui de la vérité (1). Qu'importe, en effet, que le

(1) *Revue des Deux-Mondes*, 15 septembre, 1865, p. 917.
Une logique nouvelle à l'Oratoire.

mathématicien ne voie dans l'infini que l'évanouisse-
ment du fini et qu'il ne l'emploie qu'à ce seul titre
dans ses calculs? Un métaphysicien n'a-t-il pas le
droit de trouver quelque analogie entre ce procédé
particulier de la science et l'induction naturelle qui,
en tout ordre de choses, élève spontanément l'esprit
humain vers l'infini et le parfait, c'est-à-dire vers
Dieu? Et si en dépassant ainsi, autant du moins
qu'il est en son pouvoir, la sphère inférieure où
l'imagination se mêle à la raison, le mathématicien
trouve des aperçus qui centuplent la force de sa pensée, n'y a-t-il pas là comme un pressentiment que
« les sciences exactes, » comme toutes les autres,
ont leur source dans une Vérité supérieure aux limites du temps et de l'espace? Au reste, je l'avoue,
les mathématiciens ne font jamais complétement abstraction du fini, et c'est pourquoi ils trouvent
étrange le mystère que l'on fait de l'infini mathématique. Mais M. Ravaisson, quand il conçoit Dieu
comme l'*Esprit universel*, n'agit-il pas exactement
comme eux? Sort-il assez complétement du fini pour
atteindre au véritable Infini? C'est ce qui nous reste
à voir.

III.

« A bien des signes, il est permis de prévoir,
» comme peu éloignée, une époque philosophique

» dont le caractère général serait la prédominance
» de ce qu'on pourrait appeler un *réalisme* ou *po-*
» *sitivisme spiritualiste* (1). »

Le positivisme, on le sait, fait tous ses efforts
pour bannir de la science ce qu'il appelle tantôt
« abstractions logiques, » tantôt « principes ou idées
métaphysiques. » M. Ravaisson redoute aussi, nous
l'avons vu, les « révélations de la raison. » Dire que
l'on conçoit subitement le nécessaire « à l'occasion »
du contingent ; la cause, la substance « à l'occasion »
du phénomène ; l'infini à l'occasion du fini, c'est
un non sens, d'après lui. Le principe de cause,
dit-il, c'est, au fond, la conscience que nous
avons de notre énergie ou causalité interne ; et
quant à la substance, au *moi*, qu'une prétendue loi
de la raison nous fait toujours concevoir comme un
sujet distinct de nos actes, c'est une pure illusion.
« Leibnitz a eu tort de ne pas suivre Descartes dans
» cette conception hardie d'après laquelle la pensée
» n'est pas un mode de l'âme, mais sa substance,
» mais son être même. » De là il conclut qu'être et
penser sont rigoureusement une même chose, et il
ajoute : « Il faut admettre que la première et absolue existence dont tout autre ne nous offre qu'une
limitation, que la seule parfaite substance est la
pensée (2). »

(1) *Rapport.* Conclusion.
(1) *Ibid.*, p. 259.

Nous voilà revenus à la formule péripatéticienne, à « la pensée de la pensée, car on ne peut admettre, dit notre auteur, que « l'être infini, en se contemplant, considère par sa pensée quelque chose de différent de sa pensée même. »

Soit. Tout va bien tant qu'on parle de Dieu. La difficulté est de passer de Dieu au monde. Aristote, on s'en souvient, croyait à une matière éternelle, incréée. La philosophie, grâce aux lumières de la révélation, voit clairement aujourd'hui l'absurdité de cette hypothèse ; il faut la remplacer. Mais comment? La métaphysique chrétienne, voire même le spiritualisme ordinaire, fut-il étranger à la foi qui l'a nourri, répond hardiment que Dieu a créé de rien les substances finies ; qu'entre ce monde borné, contingent, changeant, et l'Être immuable et infini, il y a un abîme que jamais nous ne pourrions franchir, si la raison, à l'aspect du fini, ne concevait un Être supérieur à tout ce qu'elle peut voir ici-bas et à tout ce qu'elle est elle-même. Par amour pour Aristote, par éloignement pour Platon, M. Ravaisson ne veut pas admettre que notre âme puisse ainsi passer, sans intermédiaire et par bond, du peu, du néant qu'elle est, à l'infini qu'elle conçoit. Il ne comprend pas, ou plutôt il ne veut pas comprendre que, puisque Dieu existe, il est naturel que nous en ayions quelque idée innée, quelque vue plus ou moins directe, plus

TABLE DES MATIÈRES.

III. M. F. RAVAISSON.